Empirische Methoden der Deutschdidaktik:

audio- und videografierende Unterrichtsforschung

Herausgegeben von

Astrid Neumann

Isabelle Mahler

Schneider Verlag Hohengehren GmbH

Umschlagentwurf: Gabriele Majer, Aichwald

Zeichnung: Nina Maria Engel

Gedruckt auf umweltfreundlichem Papier (chlor- und säurefrei hergestellt).

Bibliografische Information der Deutschen Nationalbibliothek

Die Deutsche Nationalbibliothek verzeichnet diese Publikation in der Deutschen Nationalbibliografie; detaillierte bibliografische Daten sind im Internet über ›http://dnb.d-nb.de‹ abrufbar.

ISBN: 978-3-8340-1298-2

Schneider Verlag Hohengehren, Wilhelmstr. 13, D-73666 Baltmannsweiler

Homepage: paedagogik.de

© Schneider Verlag Hohengehren, 73666 Baltmannsweiler 2014
Printed in Germany – Druck: Djurcic, Schorndorf

Astrid Neumann & Isabelle Mahler

Vorwort

In Lüneburg wird in der Lehrer_innenausbildung[1] besonderer Wert auf die Förderung von professionellen mündlichen Sprachfähigkeiten gelegt. Diese werden immer in der Verbindung von Theorie und Praxis in der Schule vermittelt. Zur Unterstützung dieses Anliegens wurde eine Tagung organisiert, aus der dieser Band hervorging.

Vor dem Ausrichten so einer Tagung muss das tagungsrelevante Thema präzisiert werden. Dieses sollte natürlich sowohl grundlegend mit dem primären Forschungsinteresse der Ausrichter_innen einhergehen als auch auf breiteres Interesse in der Wissenschaftsgemeinschaft stoßen. In unserem Fall entwickelte sich daraus der Tagungstitel: „Empirische Methoden in der Deutschdidaktik: Audio- und videografierte Unterrichtsforschung". Das Ziel sahen wir darin, methodische Spezifika unserer Fachdisziplin aufzugreifen und uns dabei in einem methodisch modernen Feld zu bewegen, das zunehmend an Relevanz gewinnt. Dabei sollten aber auch die forschungsmethodischen Grundfragen nicht außer Acht gelassen werden, sodass wir eine antizipierte sinnvolle, inhaltliche Strukturierung der gewünschten Themen mit potenziellen Referent_innen abklären wollten/konnten. Es hat uns sehr gefreut, dass viele der angefragten Wissenschaftler_innen sehr schnell zusagten und die Tagung deshalb tatsächlich einen Auszug der inhaltlichen Vielfalt der empirischen Methoden in der Deutschdidaktik abbilden konnte. Die Tagung bestand aus spannenden Vorträgen und nachhaltig informierenden Intensivworkshops in einem harmonischen Rahmen, für den wir allen Mitgestalter_innen herzlich danken.

Es war auffallend, dass das Besondere der vorgestellten aktuellen fachdidaktisch orientierten Mündlichkeitsforschung in der Präsentation der eigenen Forschungsaspekte einer *neuen Generation engagierter Fachdidaktiker_innen* liegt. Es scheint, als läge die audio- und videobasierte Unterrichtsforschung der Deutschdidaktik in den Händen dieser neuen Generation. Dies erwies sich für uns als besonders charmant, weil auch die Zielgruppe dieser Tagung, die als Nachwuchstagung organisiert war, insgesamt jung war.

---

[1] Im Laufe des Buches werden die formalen Ausdrücke für die geschlechtlichen Differenzierungen von den einzelnen Autor_innen festgelegt und sind bewusst nicht vereinheitlicht, um der vorhandenen Vielfalt der Sichtweisen gerecht zu werden.

Allerdings ist nicht zu vergessen, dass es auch immer erfahrener und etablierter Wissenschaftler_innen bedarf, um einer neuen Generation von Wissenschaftler_innen einen möglichen Weg aufzuzeigen und auf wesentliche Fragen hinzuweisen. Deshalb freuen wir uns besonders, dass wir die Uta Quasthoff gemeinsam mit der von ihr promovierten Vivien Heller dafür gewinnen konnten, den Eröffnungsvortrag zu halten und diesen als einleitenden Basisartikel in verschriftlichter Form hier abbilden zu können. Es folgen in einem ersten inhaltlich zusammengefassten Bereich, der sich mit der theoretischen Modellierung audio- und videografierter Methodik befasst, Beiträge von Ulrike Behrens, Astrid Neumann, Michael Krelle sowie Isabelle Mahler & Annika Nissen. Der darauffolgende zweite Inhaltsbereich konkretisiert exemplarisch Forschungsansätze der Mündlichkeitsforschung. Verorten lassen sich hier die Beiträge von Vivien Heller, Diana Maak & Julia Ricard Brede, Anne Brandenburg & Inga Buhrfeind sowie Núria Castells, Astrid Neumann & Isabel Solé.

Zur besseren Orientierung werden im Folgenden die Verfasser_innen jeweils kurz sowie eine die wesentlichen Schwerpunkte der einzelnen Beiträge vorgestellt.

Der Basisartikel mit dem Titel ‚Mündlichkeit und Schriftlichkeit aus sprachwissenschaftlicher und sprachdidaktischer Sicht: Grundlegende Ein-/ Ansichten und methodische Anregungen' ist von Frau Prof. Dr. Uta Quasthoff und Dr. Vivien Heller. Uta Quasthoff lehrte und forscht an der Technischen Universität Dortmund am Institut für Deutsche Sprache und Literatur. Gemeinsam mit Vivien Heller, die zum gesprächsanalytischen Thema ‚Familiale Diskurspraktiken und unterrichtliche Diskursanforderungen. Die interaktive Konstitution von Passung und Divergenz am Beispiel des Argumentierens' promovierte, schreibt Uta Quasthoff über Mündlichkeit im schulischen Kontext. Dieser Artikel fokussiert Aspekte der Gesprächsforschung, der empirischen Unterrichtsforschung sowie der Diskurskompetenz, auch in der historischen Entwicklung der Mündlichkeitsforschung.

Es folgt ein Beitrag von Dr. Ulrike Behrens, die derzeit als wissenschaftliche Mitarbeiterin an der Universität Duisburg-Essen im Institut für Germanistik der Fakultät Geisteswissenschaften lehrt und forscht. Sie legte ihren Arbeitsschwerpunkt in den Bereich der pädagogischen Diagnostik, sodass es nicht verwundert, dass sich ihr ebenfalls theoretischer Artikel mit dem Testen der Zuhörfähigkeit befasst und so im diagnostischen Bereich dem Themenfeld des Zuhörens zuzuordnen ist. Zudem werden allgemeine, testtheoretisch relevante Aspekte aufgegriffen, sodass der Artikel auch eine Schnittstelle zur empirischen Unterrichtsforschung aufweist.

2

Daraufhin folgt ein Artikel von Prof. Dr. Astrid Neumann, Professorin am Institut für Deutsche Sprache, Literatur und ihre Didaktik der Leuphana Universität Lüneburg und Mitherausgeberin dieses Buches. Der Artikel befasst sich mit der Kodierung mündlicher und schriftlicher Texte und modelliert theoretisch die Grundsätze von Kodierungen, die für beide Modi (mündlich/schriftlich) an verschiedenen Forschungsprojekten verdeutlicht werden.

Die Arbeit von Michael Krelle stellt Grundsatzannahmen zum Forschungsprozess vor. Michael Krelle arbeitet auch als wissenschaftlicher Mitarbeiter am Institut für Germanistik der Fakultät Geisteswissenschaften der Universität Duisburg-Essen. Seine Arbeitsschwerpunkte sind die Gesprächslinguistik und -didaktik sowie die Erforschung sprachlicher Kompetenzen bei Schüler_innen. In seinem Beitrag äußert sich Michael Krelle zur systematischen Arbeit mit Unterrichtsvideos und stützt sich mit seinen Erläuterungen auf das Unterrichtsfach Deutsch. Einen Schwerpunkt stellt weiterhin die Auseinandersetzung mit dem Testgütekriterium der Reliabilität dar.

Der letzte Artikel, der sich mit einer theoretisch-methodischen Modellierung befasst, stammt von den beiden Doktorandinnen Isabelle Mahler und Annika Nissen. Sie promovieren an der Leuphana Universität Lüneburg am Institut für Deutsche Sprache, Literatur und ihre Didaktik sowie dem Institut für Bildungswissenschaften. Der gemeinsame Artikel befasst sich mit einer methodischen Gegenüberstellung von Fragebogen- und Videodaten und stellt die Gemeinsamkeiten, Probleme und Unterschiede heraus.

Der zweite große Inhaltsbereich wird durch einen Artikel von der bereits vorgestellten Dr. Vivien Heller eingeleitet. Sie illustriert in diesem Artikel an einem transkribierten Unterrichtsbeispiel die Methode der Gesprächsanalyse unter Berücksichtigung des aus der Ethnomethodologie hervorgegangenen Ansatzes der Konversationsanalyse.

Es folgt ein gemeinsamer Artikel von Diana Maak und Prof. Dr. Julia Ricart Brede. Diana Maak ist Mitarbeiterin am Institut für Auslandsgermanistik/Deutsch als Fremd- und Zweitsprache, von wo aus Julia Ricart Brede inzwischen auf die Professur für DaF/DaZ am Seminar für Germanistik der Universität Flensburg berufen wurde. Die beiden untersuchen in ihren Ausführungen ein Spezifikum des Einsatzes von Videokameras im (Schul-)Unterricht, indem sie die beobachtbare Invasivität anhand eines eigenen Beobachtungssystems messen.

Ein weiteres Anwendungsbeispiel für einen unterrichtsbezogenen Forschungsansatz ist der Artikel von Anne Brandenburg und Inga Buhrfeind. Die Autorinnen, die beide Studentinnen der Leuphana Universität Lüneburg mit dem Unterrichtsfach Deutsch sind, arbeiten anhand einer Audioaufzeichnung ein illustrierendes Beispiel zur Analyse von Unterrichtskommunikation aus. Dabei wird die Transkription mit dem Programm EXMERaLDA fokussiert.

Abgerundet wird das vorliegende Buch durch einen englischsprachigen Artikel der Forschergruppe Núria Castells, Astrid Neumann & Isabel Solé. Bei ihnen handelt es sich um eine aus der Cost-Action ISO703 „European Research Network on Learning to Write Effectively" hervorgegangene interdisziplinäre Forscherinnengruppe zwischen der Universidad de Barcelona und der Leuphana Universität Lüneburg. Der gemeinsame Artikel beschreibt die sog. ‚thinking-aloud'-Methode, bei der die Lernenden dazu angehalten werden ihre Denkprozesse zu verbalisieren. So lassen sich nützliche Informationen bezogen auf mentale/metakognitive Prozesse gewinnen.

Inhaltsverzeichnis

Uta Quasthoff & Vivien Heller

Mündlichkeit und Schriftlichkeit aus sprachwissenschaftlicher und sprach- didaktischer Sicht: Grundlegende Ein-/ Ansichten und methodische Anregungen

1 Einführung: Zur Relevanz von Sprache für Unterricht, Lernen und Schulerfolg

Der thematische Blick auf die empirischen Methoden der Unterrichtsfor- schung erfordert aus unterschiedlichen Gründen die grundlegende Fokussie- rung auf Sprache in ihren schriftlichen und mündlichen Modalitäten:

Sprachlich-kommunikative Praktiken haben im Vergleich zu Aneignungs- prozessen in anderen Domänen eine Doppelfunktion beim Lernen: Sie sind gleichzeitig Lernziel und Lernmedium (Becker-Mrotzek & Quasthoff 1998). Das verleiht ihnen eine besondere Rolle im Unterricht: Es geht nicht nur um die Aneignung (schrift)sprachlichen Wissens und entsprechender produk- tiver und rezeptiver Fähigkeiten. Vielmehr stellt die Partizipation am weitestgehend sprachlich konstituierten mündlichen Unterrichtsgeschehen sowohl rezeptiv als produktiv eine grundlegende Bedingung erfolgreichen Lernens in allen Fächern dar. Die Sprachlichkeit des Unterrichtsgeschehens als basale Bedingung wurde jedoch in Forschung und Praxis lange zugunsten der Beschäftigung mit unterrichtsmethodischen Verfahren (Meyer 2003) ausgeblendet. Die Rolle schriftsprachlicher Praktiken in Lernmaterialien (Ahrenholz 1995), Aufgabenstellungen (Schleppegrell 2004) und Tests (Walzebug demn.) rückte noch später in die Aufmerksamkeit der Bildungs- forschung.

Die Redeweise von sprachlichen Kompetenzen als Schlüsselqualifikationen gewinnt unter diesem Aspekt eine sehr konkrete Bedeutung: Ein eingeschränkter Erwerb sprachlicher Kompetenzen führt eben nicht nur zu mangelndem Lern- bzw. Schulerfolg in einer Domäne, der Sprachbeherr- schung in (der Erst- oder Zweitsprache) Deutsch, sondern er schränkt die Teilhabe an fortschreitenden Lernprozessen in allen Domänen ein, weil die kommunikativen und in der Folge auch die kognitiven Ressourcen zur Aneignung von Wissen und Fähigkeiten nicht in hinreichender Form zu Verfügung stehen.

6

Unsere gegenwärtigen Konzeptionen der Lernprozesse sind – wie sie auch immer im Einzelnen modelliert werden – geprägt von der Fokussierung auf das Kind statt auf den Lehrenden. Die Vorstellung eines im Kind stattfindenden aktiven kognitiven Konstruktionsprozesses, der im Maße der jeweiligen Prozessierungsmöglichkeiten und motivationalen Bedingungen Lerngelegenheiten mehr oder weniger intensiv und zielführend nutzt, rückt gemäß unserer sozialkonstruktivistischen Auffassung wiederum die Rolle von Sprache in den Mittelpunkt, denn sowohl Erwerbskontexte als auch Verarbeitungsprozesse sind wesentlich sprachlich konstituiert. Die *kommunikative Funktion* von Sprache, die das Kind von Anfang an als Kommunikationspartner involviert, ist eine wesentliche Voraussetzung für den vorschulischen Erstspracherwerb (Quasthoff 2003; 2009). Die informationsübermittelnden, die kognitiven Prozesse steuernden und instruktionalen Aktivitäten der Lehrperson und der Peers im Unterricht sind ebenfalls als eine institutionenspezische Form von Kommunikation zu betrachten, die als Erwerbskontext für institutionell angemessenen Sprachgebrauch fungiert. Kommuniziert wird jedoch nicht nur über (Lern-) Inhalte. Vielmehr sind auch die nicht-referentiellen Funktionen dieser Kommunikation relevant: die (verdeckten) Verfahren der Allianzbildung bzw. des Ausschlusses durch sprachliche Praktiken (Cekaite 2012), die Prozesse des Managements von Selbst- und Fremdbildern (Quasthoff demn.), die affektiven Komponenten (Goodwin 2007). Die Art dieser kommunikativen Prozesse in ihrem Zusammenspiel macht die unterschiedlichen sprachlichen Praktiken mehr oder weniger passend für die Nutzbarkeit als Lernkontext für die einzelnen Lernenden. Es geht also bei der Rolle von Sprache als Lernmedium nicht nur im referentiellen Sinn um die Verstehbarkeit des Kommunizierten für Kinder mit unterschiedlichen sprachlichen Voraussetzungen, sondern ebenso um die sozial-interaktiven Mechanismen der Begegnungen, die jede authentische menschliche Kommunikation ausmachen.

Neben der kommunikativen Funktion hat Sprache jedoch auch wesentliche *kognitive Funktionen*, die sie zum Werkzeug des Denkens und des Wissenserwerbs machen. Begriffsbildungsprozesse, die in unterschiedlichen semantischen Domänen unterschiedlicher Art sind und unterschiedlich verlaufen können, spielen hierbei eine zentrale, aber nicht die einzige Rolle (Sumfleth & Pitton 1998; Schütte, Gogolin & Kaiser 2005).

Die Prozesse der m. o. w. gelingenden fachkulturellen Sozialisation durch Unterricht, die gegenwärtig in die Aufmerksamkeit der Forschung rückt (Prediger 2004), ist in der Schnittstelle zwischen kommunikativen Mustern des Lernkontextes und kognitiven Prozessen des Lernens anzusiedeln. Die Rolle der Sprache als Lerngegenstand beschränkt sich nicht auf den Aufbau eines – je spezifischen – Begriffssystems (lexikalischen Wissens), auf die

Verfügbarkeit hinreichend komplexer syntaktischer Strukturen zur differenzierten Vertextung bspw. von neuem und bereits etablierten Wissen, sondern z. B. auch auf die Verfügbarkeit von – fachkulturell jeweils angemessenen – diskursiven Mustern wie Erklären und Argumentieren. Alle diese zu erwerbenden sprachlichen Fähigkeiten („Lerngegenstand") sind nicht nur unter dem Aspekt des angemessenen Kommunizierens und des Partizipierens an Unterrichtsprozessen zu betrachten, sondern eben auch als epistemische Ressourcen des Erwerbs von Kompetenzen in allen Domänen („Lernmedium").

In diesem Sinne führt also die Fokussierung auf das Kind in wissenschaftlichen didaktischen Modellen zwangsläufig zu einer stärkeren Betrachtung der Rolle von Sprache bzw. den Kompetenzen bei ihrer Verwendung in (unterrichtlichen) Lernprozessen, die alle Beteiligte an diesen Prozessen umfasst: Die Kompetenz der sprachlichen Gestaltung von Lernumgebungen in ihrer Passung zu den sprachlichen Verarbeitungsmöglichkeiten der Lernenden ist eine professionelle Anforderung an die Lehrperson; der Erwerb des ausgebauten sprachlichen Repertoires auf Wort-, Satz- und Diskursebene und ihre institutionelle Kontextualisierung (s. u.) ist eine wesentliche Entwicklungsaufgabe für das Kind. Das Zusammenspiel von sprachlichem Lernmedium und Lerngegenstand erhält so durch die kindzentrierten Modelle des Lernens zusätzliche Brisanz.

Mit diesen einleitenden Überlegungen wird deutlich, dass Sprachdiagnostik und Sprachförderung (auch) domänenspezifisch erfolgen muss und damit eine professionelle Aufgabe für Unterricht in allen Fächern darstellt. Die Tatsache hingegen, dass ein erheblicher Anteil der Schülerinnen und Schüler, die in den Unterrichtssettings erreicht werden müssen, Deutsch nicht als Muttersprache spricht, hat zwar das Erkennen der Rolle von Sprache erleichtert und entsprechend wissenschaftliche wie politische Aktivitäten ausgelöst. Wir werden jedoch im Folgenden u. a. argumentieren, dass die Frage, ob Deutsch als L1 oder als Zweit- bzw. Drittsprache gesprochen wird, i. Allg. nicht der entscheidende Erklärungsfaktor für sprachbedingte Benachteiligungen ist. Entscheidend sind vielmehr der Zugang zu und die Teilhabe an den kommunikativen Prozessen des Unterrichts als Lerngelegenheit sowie die professionelle Unterstützung beim Aufbau eines sprachlichen Repertoires, das als Ressource für zunehmend komplexe kommunikative und kognitive Prozesse geeignet ist. Dies kann bei Lernenden mit Deutsch als Erstsprache wie bei Lernenden mit Deutsch als Zweitsprache gelingen oder misslingen.

2 Kurze Geschichte der Mündlichkeit in Sprachwissenschaft und Sprachdidaktik

In den 70er und 80er Jahren des vorigen Jahrhunderts lässt sich in der Sprachdidaktik eine Art Pendelbewegung beobachten, in deren Rahmen eine starke Orientierung an der Mündlichkeit von einer betonten Reinstallierung schriftlicher Kompetenzen als sprachliche Aufgabe des Deutschunterrichts abgelöst wurde (Becker-Mrotzek & Quasthoff 1998). Die „pragmatische Wende" in der Linguistik (Wunderlich 1976) und der Aufbruch der Pädagogik zu gesellschaftskritisch gedachten pädagogischen Zielen wie der „Mündigkeit" des selbstbewussten Bürgers im Zuge der kulturellen Bewegungen der späten 60er und frühen 70er Jahren führten zu auch sprachdidaktisch prononcierten Zielen wie etwa Kritikfähigkeit. Der gesellschaftspolitische Diskurs um die Chancengleichheit und die „Ausschöpfung der Bildungsressourcen" machten Bernsteins Arbeiten zur Bildungsbenachteiligung von (Unterschicht-)Kindern durch sprachliche „Codes" prominent (Bernstein 1964), die wie selbstverständlich nur als mündlich realisierte sprachliche Kompetenzen gedacht wurden.

Dieser gesellschaftliche und pädagogische Kontext betonte die mündlichen Aktivitäten und Fähigkeiten der Schülerinnen und Schüler, ohne dass dies eine linguistisch oder sprachdidaktisch besonders reflektierte Entscheidung gewesen wäre: Die Linguistik der Zeit war praktisch eine Linguistik der Mündlichkeit bzw. eine solche, die die medialen Unterschiede in der Sprachverwendung nicht reflektierte. Die pragmatische Erweiterung des Sprachkonzepts in dieser Zeit hatte eine didaktische Orientierung an der entsprechend konzipierten „kommunikativen Kompetenz" (im Unterschied zur durch Chomsky inspirierten rein sprachstrukturellen Kompetenz) zur Folge.

Die nordrheinwestfälischen Richtlinien von 1973 fordern im Bereich „Sprech- und Gesprächserziehung" z. B.:

> *„Der Sprachunterricht in der Grundschule muß die Voraussetzungen dafür schaffen, dass der Schüler sich später als verantwortlicher Sprachpartner in der Sprachgemeinschaft bewähren kann. Die Partnerschaft in Sprache verweist in besonderer Weise auf den dialogischen Charakter der Sprache, der im Gespräch seinen deutlichsten Ausdruck findet"* (D/SP 7).

Als Konsequenz einer öffentlich diskutierten Verschlechterung der Schreibleistungen einerseits und der Verfügbarkeit erster Ergebnisse der Schreibprozess- und -entwicklungsforschung (Feilke 1993) andererseits setzt in den 80er Jahren eine Gegenbewegung hin zur (Wieder-)Betonung der Schriftlichkeit ein (Becker-Mrotzek 1997).

Erste Bemühungen in der sprachdidaktischen Forschung, das Verhältnis von Mündlichkeit und Schriftlichkeit im Sprachunterricht neu zu bestimmen und den Unterricht entsprechend ausgewogen zu gestalten, prägen die 90er Jahre (Neuland 1995; Becker-Mrotzek & Quasthoff 1998). Die erwähnte Neuorientierung didaktischer Modelle („from teaching to learning") führten zu einer stärker erwerbs- statt instruktionsbasierten Konzeption auch schriftlicher Kompetenzen sowohl im Bereich der basalen Alphabetisierung als auch der Textproduktionsfähigkeiten und zur verstärkten Rezeption entsprechender Stufenmodelle (Bereiter & Scardamalia 1987; Günther 1995) durch die Sprachdidaktik. Prozesse nicht gesteuerten Spracherwerbs wurden teilweise als Modell auch für schulisch-institutionell angeleiteten Erwerb mündlicher und schriftlicher Fähigkeiten diskutiert.

Seit den 2000er Jahren ist ein Paradigmenwechsel sowohl in der Bildungsforschung als auch v. a. in der bildungspolitischen Steuerung prägend, der in gewisser Weise auch als eine logische Folge der kindorientierten didaktischen Konzepte gesehen werden kann und unter dem Stichwort ‚Kompetenzorientierung' schlagwortartig zu benennen ist: Die Bedingungen des schulischen Lehrens und Lernens sollen weniger durch staatliche Vorgaben auf die Art des Lehrens gesteuert werden; stattdessen wird – als Ergebnis des Lernens – der Erwerb vergleichbarer Kompetenzen garantiert, die in entsprechenden „Bildungsstandards" (Klieme et al. 2003) festgelegt und deren Erreichung kontrolliert werden muss. Hier ist eine enge Verbindung zu den großen large scale-Studien wie PISA (Deutsches PISA-Konsortium 2001) und IGLU (Bos et al. 2007) und damit zu der Messbarkeit entsprechender Kompetenzen ersichtlich.

Die Bildungsstandards im Bereich sprachlicher Fähigkeiten von 2004 setzen diese Einsichten um, indem sie die Kompetenzdomänen „Sprechen und Zuhören", „Schreiben", „Lesen – mit Texten und Medien umgehen" und „Sprache und Sprachgebrauch untersuchen" gleichberechtigt als Bildungsziele fordern. I. S. der erwähnten Verbindung zwischen Standards und Messbarkeit ist es nicht verwunderlich, dass der Kompetenzbereich „Sprechen und Zuhören" bisher die geringste wissenschaftliche Aufmerksamkeit erreicht und auch das Verfassen von Texten gegenwärtig gerade erst quantifizierend erfasst wird (Neumann 2007). Dagegen existieren für das Lesen als einer durch Textvorgaben leichter zu standardisierenden schriftsprachliche Kompetenz die meisten international eingeführten Messverfahren.

Aus der Perspektive der Unterrichtsrealität wird nach wie vor der gesellschaftliche Auftrag der Schule von Lehrerinnen und Lehrern sowie von Eltern sehr stark im Bereich der Literalisierung und der schriftlichen

Ausdrucksfähigkeit gesehen. Mündlichkeit – so immer noch die häufige Annahme – entwickele sich „von selbst".

Mit dem gegenwärtig viel diskutierten Konzept der Bildungssprache (Gogolin 2009; Morek & Heller 2012, s. u.) bzw. der „Explizitsprache" (Maas 2010) baut jedoch die sprachwissenschaftliche und (sprach-)didaktische Konzeption der notwendigen sprachlichen Kompetenzen, für deren Erwerb Schule und Unterricht verantwortlich sind, einen Argumentationszusammenhang auf, der jenseits der Mündlich-Schriftlich-Dichotomie (s. u.) anzusiedeln ist und der die oben angestellten Überlegungen zu den kommunikativen und kognitiven Funktionen von Sprache in Lehr-Lern-Zusammenhängen aufnimmt: Der Ausbau sprachlicher Fähigkeiten auf einem Niveau, das jeweils differenziertere und anspruchsvollere kommunikative und kognitive Prozesse ermöglicht und nach sich zieht, geschieht sowohl in mündlichen wie in schriftlichen Verwendungsformen und wird auch vorschulisch wie außerschulisch wesentlich vorbereitet und unterstützt.

Wir holen daher im Folgenden eine systematischere Vorstellung moderner Konzeptionen zu Mündlichkeit nach und schaffen damit eine Grundlage, auf der wir fundiert für die professionelle Verantwortung um den Erwerb mündlicher Kompetenzen während des Schulverlaufs argumentieren können.

3 Unhintergehbare Eigenschaften mündlicher Praktiken aus der Sicht der Sprachwissenschaft und methodologische Konsequenzen

Mit der Differenzierung zwischen der Medialität und der Konzeption sprachlicher Äußerungen haben Koch und Oesterreicher (1994) Beschreibungskategorien eingeführt, die in der Folge zu einer differenzierteren Betrachtung mündlichen Sprachhandelns – auch im Kontext des Unterrichts – beigetragen haben.[2] Während in Bezug auf den medialen Aspekt eine Dichotomie besteht, d. h. eine Äußerung entweder phonisch oder graphisch realisiert wird, sind in Bezug auf den konzeptionellen Aspekt fließende Übergänge zu beobachten. „Der Begriff ‚konzeptionelle Mündlichkeit/Schriftlichkeit' zielt also auf Aspekte der sprachlichen Variation, die in der Forschung häufig unscharf als ‚Umgangssprache/Schriftsprache', ‚informell/formell', ‚Grade

---

[2] Auf die kritische Diskussion der Begrifflichkeit „Sprache der Nähe" und „Sprache der Distanz" gehen wir an dieser Stelle nicht ein. Vgl. dazu u. a. Fiehler et al. (2004).

der Elaboriertheit' usw. erfaßt wurden" (Koch & Oesterreicher 1994: 587) und graduell gedacht sind (Quasthoff demn.).

Ausgehend von dieser begrifflichen Differenzierung sind in der Sprachwissenschaft und Sprachdidaktik Ansätze zu beobachten, die die Art der sprachlichen Anforderungen im Unterricht präziser zu fassen versuchen. So wird der Bildungssprache zumeist eine konzeptionelle Schriftlichkeit attestiert (vgl. u. a. Ahrenholz 2010; Gogolin & Lange 2011; Halliday 1993; Ortner 2009; Schleppegrell 2004), die wiederum sowohl epistemische als auch kommunikative Funktionen erfülle:[3] Die kommunikative Funktion bezieht sich auf die Rolle von Bildungssprache als Lernmedium; sie ermögliche es, komplexe Informationen in sog. dekontextualisierten Verwendungsweisen an eine fremde Zuhörer- oder Leserschaft zu vermitteln, die Genauigkeit, Expertenschaft und Autorität erwarte (Halliday 1993; Schleppegrell 2004). Die epistemische Funktion hebt auf den engen Zusammenhang von Sprache und Denken (Vygotsky 2005) ab; in diesem Sinne ermögliche Bildungssprache komplexe kognitive Operationen wie z. B. das Herstellen von Zusammenhängen, Abstraktion, Verallgemeinerung und Kausalität (Halliday 1993; Cummins 2008). In lexikalisch-semantischer und syntaktischer Hinsicht zeichne sich Bildungssprache daher u. a. durch eine differenzierende und fachspezifische Lexik, die Segmentierung von Propositionen in Sätze und das Herstellen lokaler Kohärenz durch Kohäsionsmarkierungen und Satzgefüge aus (Gogolin & Lange 2011; vgl. zsf. Morek & Heller 2012). Während Bildungssprache für schulische Aufgaben und Zwecke als hochgradig funktional erscheint, finden im Kontext der Familien- und Peerinteraktion nicht zwangsläufig Kommunikationen über situationstranszendierende Themen statt (Heller 2012), in deren Rahmen Kinder explizit- bzw. bildungssprachliche Ressourcen erwerben können. Die von schulischer Seite zumeist implizit vorausgesetzte Bildungssprache kann somit als „Sprachbarriere" die Nutzung von Sprache als Lernmedium und epistemisches Werkzeug behindern.

Im Hinblick auf die gegenwärtigen Konzeptionen von Bildungssprache fällt auf, dass mehrheitlich die Gemeinsamkeiten bildungssprachlichen Handelns im mündlichen und schriftlichen Medium herausgestellt werden. Dies hängt u. E. eng damit zusammen, dass die Differenzierung konzeptioneller Mündlichkeit und Schriftlichkeit vorrangig auf sprachstrukturelle Aspekte, vor allem satzbasierte Oberflächenmerkmale und nur vereinzelt auf übersatzmäßige und diskursive Aspekte abhebt. Eine einseitig sprachstrukturelle

---

[3] Vgl. Morek & Heller (2012) zu der sozialsymbolischen Funktion, die bislang in der gegenwärtigen Diskussion vergleichsweise wenig thematisiert wurde.

Perspektive läuft jedoch Gefahr, die unhintergehbaren Eigenschaften und Bedingungen mündlicher Interaktion auszublenden, zu denen maßgeblich die Dialogizität und die situative Kontextualisiertheit gesprochener Verständigungsprozesse gehören. Damit einher geht die Tendenz, an der Schriftsprache gewonnene Normen unreflektiert auf gesprochene Sprache zu übertragen (Günthner 2012).

Aus diesem Grund plädieren wir dafür, verschiedene Praktiken mündlicher Kommunikation – und damit auch Bildungssprache – in ihren jeweiligen Verwendungskontexten unter Vollzugsgesichtspunkten zu betrachten (Morek & Heller 2012; Quasthoff demn.). Mit dem Konzept der Diskurspraktiken stellen wir im Folgenden eine Perspektive vor, die mündliche Kommunikationen als sozial konstituierte und situierte multimodale Verfahren versteht und ein tragfähiges theoretisches Fundament für die Bestimmung sowohl diagnostischer Kriterien als auch sprachdidaktischer Aufgaben der Schule bietet (Kap. 4).

> *„Gesprochen und geschrieben wird nicht schlechthin, sondern jedes Sprechen und Schreiben geschieht in und ist Bestandteil von kommunikativen Praktiken. Gesprochen wird im Rahmen eines Kaffeeklatsches, einer Dienstbesprechung, einer telefonischen Vereinbarung, eines Arzttermins, einer Rede, einer Theaterrolle etc.; geschrieben wird ein Brief, ein Aufsatz, ein Protokoll, ein Einkaufszettel. [...] Verständigung erfolgt nicht ‚frei', sondern immer nur im Rahmen der uns verfügbaren kommunikativen Praktiken, indem wir ein Exemplar einer solchen Praktik intendieren und realisieren – und dadurch die Praktik zugleich fortschreiben und weiterentwickeln" (Fiehler et al. 2004: 15).*

Mit dem Begriff „Praktiken" betonen wir, dass reale Interaktanten nicht bloß Sätze austauschen, sondern in – wechselseitig aufeinander bezogenes – mündliches *Handeln* involviert sind, das gesellschaftlich-historisch und soziokulturell situiert ist. In Bezug auf mündliche Praktiken ist daher in der Gesprächsforschung von „talk-in-interaction" (Schegloff 2007) bzw. „situated activities" (Goodwin 2007) die Rede. In unserem Verständnis bilden also *Praktiken* die „Grundformen der Verständigung" (Fiehler et al. 2004: 16), während die Unterscheidung gesprochener und geschriebener *Sprache* von dem Handlungscharakter, der Situiertheit sowie der Varianz und Vielgestaltigkeit des Interagierens bzw. Schreibens und Lesens abstrahiert.

Der Begriff „Praktiken" impliziert weiterhin, dass sich die Interaktanten an gesellschaftlich verfestigten und formalisierten Lösungen bzw. tradierten Verfahren für wiederkehrende kommunikative Probleme orientieren. Für solche – je nach theoretischer Ausrichtung als Gattungen (Knoblauch & Günthner 1996), Handlungsmuster (Ehlich & Rehbein 1986) oder Diskurseinheiten (Wald 1978; Hausendorf & Quasthoff 1996) bezeichneten Praktiken ist charakteristisch, dass ein über die basale Äußerung hinausgehender *global strukturierter* Zusammenhang von mehreren Beteiligten interaktiv aufgebaut wird.

Zwar lassen sich in einigen Fällen Gattungen in konzeptioneller Hinsicht auf dem Kontinuum von Mündlichkeit und Schriftlichkeit verorten (vgl. Dürscheid 2006). Es kann aber auch ein und dieselbe Gattung in unterschiedlichen Medien realisiert werden. Wenn wir uns vor Augen führen, dass eine im mündlichen Medium realisierte Wegbeschreibung ganz anderen Anforderungen genügen muss (bspw. an Memorierbarkeit, unmittelbarer räumlicher Orientierung) als eine schriftlich realisierte, wird deutlich, dass auch konzeptionell schriftliche, medial mündliche Diskursaktivitäten unhintergehbaren Bedingungen medialer Mündlichkeit unterliegen, die in einer allein sprachstrukturellen Perspektive leicht aus dem Blick geraten, deren Berücksichtigung jedoch entscheidende methodologische Konsequenzen nach sich zieht. Denn auch, wenn sich unser mündliches Interagieren in semantischer Hinsicht dem Pol konzeptioneller Schriftlichkeit annähert, reden wir nicht einfach so, wie wir schreiben: Die Produktions- und Rezeptionsbedingungen mündlicher Kommunikation in ihrer Situiertheit und Transitorik unterscheiden sich grundsätzlich von denen des Schreibens, die durch die Zerdehnung von Produktion und Rezeption (Ehlich 1983) gekennzeichnet sind.

Für face-to-face-Interaktionen ist die *physische Verfügbarkeit des Wir-Hier-Jetzt* (Bühler 1934) nicht nur eine Bedingung, sondern zugleich eine Ressource. Durch ihre Kopräsenz konstituieren die Interaktanten einen gemeinsamen Wahrnehmungs- und Aufmerksamkeitsraum, der „Mechanismen der Koordination, Abstimmung, Regulierung *zwischen* den Beteiligten" (Hausendorf 2004: 32) ermöglicht. Zudem erlaubt die wechselseitige Wahrnehmung die Nutzung semiotischer Mittel, die beim Schreiben und Lesen nicht zur Verfügung stehen. Dies sind vor allem somatische (Scollon & Scollon 1995) bzw. multimodale (s. u.), materiale und situative Ressourcen. Schließlich macht es die wechselseitige Wahrnehmung überflüssig, jeweils zu explizieren, wer wann zu wem spricht.

Die physische Verfügbarkeit des Wir-Hier-Jetzt hängt eng zusammen mit der *Multimodalität* mündlicher Kommunikation, d. h. der gleichzeitigen Nutzung mehrerer visueller und akustischer Zeichensysteme (lautlich, mimisch, gestisch, proxemisch). Die Redundanz der Modalitäten ist darauf zugeschnitten, die Verarbeitung von Äußerungen zu unterstützen. Weil Interaktanten also keine körperlosen Sprecher sind, sondern Mimik und Gestik eingepasst in die situativen Gegebenheiten als semiotische Ressourcen nutzen, spricht Goodwin (2007) von „embodied interaction".

14

Schließlich zeichnen sich mündliche Äußerungen durch ihre *transitorische Qualität* aus, d. h. sie werden in der Zeit produziert und rezipiert, sind flüchtig und irreversibel (Schwitalla 2006). Somit können Revisionen, Abbrüche und Wiederaufnahmen nicht wie beim Schreiben verborgen werden; sie bleiben hörbar und werden für das Herstellen eines gemeinsamen Verständnisses genutzt. Die Flüchtigkeit bedingt, dass die Äußerungsproduktion inkrementell, also auf Zuwachs, und unter Nutzung verfestigter, häufig gebrauchter syntaktischer Muster erfolgt (Auer 2007). Zudem kann der Interaktionspartner durch Zuhörersignale „on-line" auf die Produktion der Äußerung Einfluss nehmen, indem er bspw. Klärungsbedarf anzeigt und den Sprechenden noch während der Realisierung seines Turns zu Reparaturen veranlasst. Weil also die syntaktische Realisierung von Äußerungen nicht in erster Linie auf standardsprachliche (z. B. satzbasierte) Normen, sondern auf Prozessierbarkeit und Verständlichkeit „on demand" zugeschnitten ist, hebt Auer (2000) mit dem Begriff „on-line-Syntax" die Eigengesetzlichkeit der Syntax gesprochener Sprache hervor. In der Gesprächsforschung wird daher Grammatik als ein „interactionally shaped phenomenon" (Ford, Fox & Thompson 2002) verstanden und für eine modalitätsspezifische (Auer 2007) und praxisorientierte (Günthner 2012) Grammatikbetrachtung plädiert, die die Spezifik der mündlichen Realisierungsform von Äußerungen erfasst.

Die physische Verfügbarkeit des Wir-Hier-Jetzt hängt zusammen mit basalen interaktiven Prinzipien von talk-in-interaction (Quasthoff 1995). Erstens ermöglicht ihre Kopräsenz es den Interaktanten, Äußerungen auf den Partner (z. B. sein Wissen in Bezug auf den Gesprächsgegenstand, seine Interessen) zuzuschneiden. Sacks, Schegloff & Jefferson (1974) fassen diese wechselseitige Orientierung mit dem Begriff *recipient design*.

Zweitens ist die Interaktion kopräsenter Partner dadurch gekennzeichnet, dass Sinn und Bedeutung im Prozess der Interaktion gemeinsam hergestellt werden. Die Interaktanten zeigen sich wechselseitig an, wie sie ihre Äußerung verstanden wissen wollen bzw. wie sie die Äußerung ihres Gegenübers interpretieren. Sinn wohnt also nicht einfach einer Äußerung inne, sondern wird erst durch das *mutual display* (Sacks, Schegloff & Jefferson 1974), d. h. die wechselseitige Darstellung zugänglich und interpretierbar gemacht.

Drittens wird mit dem Begriff der *Kontextualisierung* (Auer 1986; Gumperz 2000; Quasthoff 1995; 2009) zum Ausdruck gebracht, dass auch der situative Rahmen (Goffman 1974) bzw. Kontext nicht einfach gegeben ist, sondern die Interaktanten den Kontext ihres Handelns Zug um Zug herstellen und interpretieren. Sie nutzen dazu Kontextualisierungshinweise, d. h. "cluster of indexical signs produced in the act of speaking that jointly index, that is invoke, a frame of interpretation for the rest of the linguistic content of the utterance" (Gumperz 2000: 379).

Aus den genannten kommunikativen Merkmalen mündlicher Praktiken folgt schließlich die Einsicht in das *joint achievement* bzw. die grundsätzliche Ko-Konstruiertheit einer jeden Äußerung. Wiewohl von einem der Beteiligten produziert, ist sie nicht einfach allein einem einzelnen Sprecher zuzuschreiben; vielmehr wird sie interaktiv hervorgebracht, indem sie vom Gegenüber konditionell relevant gesetzt, ratifiziert, durch Reparaturen modifiziert, gewürdigt oder ignoriert wird. Ebenso sind im Gespräch etablierte Themen, Bewertungen usw. als Ergebnis eines gemeinsamen Prozesses der Hervorbringung von Sinn und Bedeutung zu verstehen (Hausendorf & Quasthoff 2005).

Mündliche Interaktion unterscheidet sich also in grundlegender Weise von schriftlicher Kommunikation, wobei die Verständigungsmittel an die spezifischen Produktions- und Rezeptionsbedingungen mündlichen Interagierens funktional angepasst werden (Fiehler et al. 2004). Wurden lange Zeit sprachwissenschaftliche Beschreibungskategorien und Bewertungskriterien implizit an schriftlichen Verwendungszusammenhängen entwickelt und unreflektiert auf mündliche Äußerungen übertragen, die somit als ungeordnet und fehlerhaft erscheinen mussten, wird mit der Betrachtung mündlicher Praktiken in ihrem Verwendungskontext deutlich, dass gesprochene Sprache keineswegs chaotisch und defizitär, sondern im Gegenteil auf die spezifischen Bedingungen mündlicher Kommunikation zugeschnitten ist. Damit wird es auch möglich, einem „written language bias" (Linell 1982) entgegenzuwirken und gegenstandsadäquate Analyse- und Beschreibungskategorien zu gewinnen. Auch in sprachdidaktischer Hinsicht ist ein Wissen um die Bedingungen und Eigenschaften mündlicher Kommunikation von unmittelbarer Relevanz, damit die Gesetzmäßigkeiten mündlicher Lernkontexte erkannt und die Bewertung mündlicher Leistungen adäquat erfolgen kann (vgl. Becker-Mrotzek 2008)[4].

---

[4] Becker-Mrotzek (2008) plädiert für Modellierungen von Kompetenz im Bereich der Mündlichkeit, die weniger auf sprachliche Oberflächenmerkmale abheben, sondern auf die Kontextualisierung sprachlichen Handelns: „Es sind nicht bestimmte linguistische Strukturen, etwa die dem Literalen entstammenden Kategorien der Vollständigkeit, grammatischen Korrektheit oder auch Explizitheit, an denen sich Gesprächskompetenz festmacht, sondern die Angemessenheit einzelner Äußerungen im Rahmen des je aktuellen Handlungsmusters" (Becker-Mrotzek 2008: 56).

4 Mündlichkeit als sprachdidaktische Aufgabe von Schule und Unterricht

Unsere Argumentation für den medial und konzeptionell mündlichen Spracherwerb als gleichrangige schulische Aufgabe neben dem Erwerb schriftlicher Fähigkeiten beziehen wir also auf Sprache als Lerngegenstand, der aber u. a. über einen bewussten Einsatz von Sprache als Lernmedium erworben wird. Wir gliedern die Argumente entsprechend den kommunikativen und den kognitiven Funktionen von Sprache.

Das Erwerbsargument hängt eng mit unserem interaktions-, kontext- und funktionsbasierten Konzept kommunikativer (diskursiver) sprachlicher Kompetenzen zusammen (Quasthoff 2009). Sobald man Sprachkompetenz auch jenseits der phonologischen, lexikalischen und syntaktischen Fähigkeiten modelliert und sich an den globalen Kompetenzen der Herstellung eines Diskurszusammenhangs orientiert, wird empirisch ersichtlich, dass Spracherwerb auf jeden Fall in die Adoleszenz hineinreicht und nicht etwa mit Schuleintritt abgeschlossen ist (Hausendorf & Quasthoff 1996). Diskursfähigkeiten (Quasthoff & Katz-Bernstein 2007), also die Fähigkeit möglichst vielfältige Gattungen adäquat intern strukturieren zu können (Vertextungskompetenz), sie in einem sequentiellen und situativen Kontext angemessen platzieren bzw. den angemessenen Kontext selbst schaffen zu können (Kontextualisierungskompetenz) sowie die Fähigkeit zur sprachlichen Markierung von Vertextung und Kontextualisierung (Markierungskompetenz) mögen mit Blick auf das – häufig untersuchte – konversationelle Erzählen im Alter von ca. 14 Jahren erworben sein (Hausendorf & Quasthoff 1996). Ob das Gleiche für alle Gattungen ebenso gilt, z. B. für komplexe fachliche Argumentationen in professioneller Runde oder für die verständliche mündliche Darstellung komplexer Inhalte in begrenztem Zeitrahmen ist zumindest zweifelhaft (s. u. Kontextargument). Festzuhalten bleibt an dieser Stelle, dass der Erwerb diskursiver Fähigkeiten sich über einen längeren Zeitraum erstreckt, der das Schulalter umgreift. Damit ist die Erwerbsunterstützung automatisch schulische Aufgabe. Sie muss die familialen und außerschulischen Peer-Interaktionen als sprachliche Sozialisationskontexte mindestens ergänzen.

Das *Kontextargument* bezieht sich auf die Tatsache, dass in Familie und Freizeit auf Grund der Art der hier situierten Aktivitäten nicht alle sprachlichen Praktiken vorkommen und „geübt" werden können. Deshalb wären die Erwerbsgelegenheiten systematisch auf alltägliche, eher informelle und situationsgebundene Kommunikationsformen eingeschränkt, wenn der Erwerb mündlicher Kompetenzen nur diesen Feldern überlassen wäre. Mündliche Kompetenz als Voraussetzung zur gesellschaftlichen Teilhabe schließt demgegenüber die Beherrschung insbesondere institutioneller Praktiken ein (Beschwerdegespräch, Behördenkommunikation, Zeugenaussage, Präsentationen, fachliche Argumentation …). Da diese diskursiven Repertoires nicht im kommunikativen Alltag der Familien und Peers situiert sind, können sie entsprechend nicht „nebenher" erworben werden.

Das *Argument der notwendigen Kompensation* schließt sich unmittelbar an und stellt sich den Erkenntnissen, dass auch die familientypischen Erwerbsgelegenheiten für Kinder höchst unterschiedlich verteilt sind. Neuere Studien zeigen das Ausmaß von Varianz in familialen Erwerbskontexten und Unterstützungsmöglichkeiten:

- in Bezug auf Interaktionsmuster mit unterschiedlicher Erwerbssupportivität (Quasthoff & Kern 2007; Morek 2012; Quasthoff & Krah 2011; Heller 2012);
- in Bezug auf Gattungs- und Themenrepertoires (Heller 2012);
- in Bezug auf literate Praktiken (Müller 2012).

Morek (demn.) zeigt, dass auch die Peerinteraktion von Fünftklässlern in unterschiedlichen sozialen Milieus höchst unterschiedliche Grade von sprachlichem Anregungsgehalt aufweisen. Es muss also die Aufgabe von Schule sein, hier ausgleichend zu wirken. Diese Aufgabe kann sie nur erfüllen, wenn sie mündliche Kommunikationsfähigkeit als Lerngegenstand ernst nimmt und Lehrende mündlichen Sprachgebrauch angemessen einschätzen können.

Das Zusammenspiel zwischen kommunikativen und kognitiven Funktionen beim Lernen zeigt das *fachkulturelle Argument* besonders gut: Zur erfolgreichen Darstellung als *member* der entsprechenden Fachkultur gehört die jeweils spezifische kommunikative und begriffliche Praxis. In der Mathematik z. B. wird die Verwendung abstrakter Begriffe erwartet, die nicht alltäglich semantisiert werden sollten, sowie deduktives Argumentieren und die Orientierung an Problemlösungen statt an mechanischen Rechenverfahren. Im Deutschunterricht könnten hingegen Praktiken der metaphorischen Annäherung an ein Konzept durchaus gewürdigt werden. Diese kommunikativen Praktiken werden in der Regel nicht explizit gelehrt, sind aber für Schülerinnen und Schüler notwendig, um im Unterricht nicht den Novizenstatus beizubehalten und die weiter verarbeitende Unterstützung für die eigenen Beiträge im Unterrichtsdiskurs zu erhalten (Heller 2012). Über diese kommunikativen Prozesse hinaus, die wir durch Rekonstruktion des

Unterrichtsgeschehens freilegen können [5], dürfte diesen fachkulturellen Sprach- und Diskurskompetenzen aber auch eine wesentlich kognitive Funktion innewohnen, insofern sie den Erwerb jeweils domänenspezifischer Denk- und Verarbeitungsoperationen unterstützen.

Das schon mehrfach angeführte *epistemische Argument* verallgemeinert diesen Gedanken des Zusammenwirkens von kommunikativen und kognitiven Funktionen. Auf allen sprachlichen Ebenen ausgebaute explizitsprachliche (Maas 2010) Kompetenzen sind als kognitives Werkzeug für komplexes Lernen ebenso unabdingbar wie die Partizipation an entsprechend komplexen kommunikativen Prozessen.

Das *Argument der notwendigen Kompensation* muss also entsprechend ausgeweitet werden: Kann Sprache als kognitive Ressource nicht angemessen genutzt werden, haben Lernende Schwierigkeiten, sich komplexe und abstrakte Zusammenhänge anzueignen und weiter zu verarbeiten. Auch hier muss die Schule Benachteiligungen i. S. der durchgängigen Sprachbildung (Gogolin & Lange 2011) und der bewussten Vermittlung von Bildungssprache im Sachunterricht der Grundschule (Ahrenholz 2010) bspw. kompensieren.

5 Methodologische Konsequenzen

Die Berücksichtigung mündlicher Sprachprozesse – ob informell oder institutionell – zieht nun methodologische Konsequenzen nach sich, die uns im Hinblick auf die Beschreibung von Spracherwerbsprozessen und Diskurskompetenz vor keineswegs triviale Herausforderungen stellen. Unter Kompetenzen werden i. Allg. kognitive Dispositionen eines Individuums verstanden (Weinert 2001), d. h. Phänomene, die nicht durch direkte Beobachtung zugänglich sind. Eine solche individuumsbezogene und generalisierende Perspektive scheint auf den ersten Blick mit der Einsicht in die grundsätzliche Interaktivität und Kontextualisiertheit einer jeden Diskursaktivität unvereinbar zu sein (Hausendorf & Quasthoff 2005). Denn gemäß den methodologischen Grundsätzen der strikt empirisch vorgehenden ethnomethodologischen Konversationsanalyse können ‚innere' kognitive Phänomene nur dann zum Gegenstand der Rekonstruktion gemacht werden, wenn sie an der wahrnehmbaren Oberfläche des Diskurses manifest und

---

[5] Vgl. das laufende BMBF-Projekt InterPass – *Inter*aktive Verfahren der Etablierung von *Pass*ungen und Divergenzen für sprachliche und fachkulturelle Praktiken im Deutsch- und Mathematikunterricht. Rekonstruktive Unterrichtsstudie zur Erklärung gelingender oder misslingender Teilhabe an schulischen Lernprozessen (Ltg. S. Prediger & U. Quasthoff).

damit für die Beteiligten selbst relevant und interaktiv bearbeitbar werden. Aus diesem Grundsatz ist jedoch nicht der Schluss zu ziehen, dass eine Berücksichtigung der kommunikativen Merkmale mündlicher Interaktion die Untersuchung des Diskurserwerbs unmöglich macht. Auf ihrer Grundlage lassen sich zunächst Anforderungen für eine Erwerbsforschung formulieren, die Entwicklungsprozesse nicht losgelöst von Interaktionsprozessen begreift (vgl. Hausendorf & Quasthoff 2005).

Die Berücksichtigung der Interaktivität. In vielen Erwerbsstudien zum Erzählen wurde die Unvereinbarkeit von interaktiver Hervorbringung und individueller Leistung ‚gelöst', indem die Interaktion des erwachsenen Gesprächspartners mit dem Kind durch Vorgaben des Versuchsleiters wenn nicht gänzlich ausgeschaltet, so doch stark eingeschränkt wurde, um die kindliche (Erzähl-)Leistung unverzerrt bzw. ‚in Reinform' beobachten zu können (vgl. z. B. Boueke & Schülein 1995). Gesprächsanalytische Studien zeigen jedoch, dass Zuhöreraktivitäten konstitutiv für das Hervorbringen einer Erzählung sind. Unterbleiben sie, wird dies als Desinteresse inter-pretiert und das Erzählen abgebrochen oder beendet. Auch bei der Erfassung von Kompetenz darf also Interaktion nicht als auszuschaltender Störfaktor behandelt werden. Wie kann dann aber die individuelle Leistung des Kindes erfasst werden? Das Problem der Interaktivität lässt sich lösen, wenn eine Spracherwerbstheorie zugrunde gelegt wird, die die soziale Konstitution von kindlichen Leistungen als zentrale Erklärung für ihren Erwerb expliziert (Hausendorf & Quasthoff 1996). Darüber hinaus ist ein Beschreibungs-modell (vgl. Kap. 6.1) erforderlich, das eine analytische Trennung erlaubt zwischen den interaktiv zu erledigenden Gesprächsaufgaben und den Bei-trägen der einzelnen Beteiligten zu diesen Aufgaben (vgl. Hausendorf & Quasthoff 1996).

Die Berücksichtigung der Kontextualisierung. Ein weiteres Problem der Kompetenzerfassung besteht zudem darin, dass die Kontextualisiertheit jeder Interaktion vergleichenden Untersuchungen im Wege steht und vermeintlich ausgeblendet werden kann, indem situative Gegebenheiten standardisiert werden (O'Connor 2006). Doch auch in standardisierten Settings stellen Forschende und Untersuchte gemeinsam den Kontext ihres Handelns her – sei dies nun ein eher ‚natürlicher' oder eher ‚künstlicher'. Die Kontextuali-siertheit der Erhebungssituation ist in der Analyse daher systematisch mit zu rekonstruieren. Weder können einzelne Äußerungen etwa unter Absehung ihres interaktiven Entstehungskontextes noch losgelöst von ihrem Rezipien-ten, auf den sie zugeschnitten sind, betrachtet werden.

Die Orientierung an der Beobachtbarkeit (display). Weiterhin stellt sich die Frage, wie wir von der beobachtbaren Oberfläche sprachlicher Äußerungen auf ‚zugrunde liegende‘ – prinzipiell unbeobachtbare Kompetenzen schließen können. Da es sich bei einer jeden Interaktion um ein singuläres und kontextualisiertes Ereignis handelt, ist es nicht nur denkbar, sondern sogar erwartbar, dass Kinder in unterschiedlichen Kontexten mit unterschiedlichen Interaktanten anders interagieren. Damit stellt sich die Frage, wie wir von einem singulären Interaktionsereignis auf generalisierbare und über die Zeit stabile (Bergmann & Quasthoff 2010; Quasthoff 2012) Kompetenzen schließen können. Und wie können wir sichergehen, dass das beobachtete Verhalten die angezielte Kompetenz des Kindes und nicht seine Deutung des situativen Handlungskontextes darstellt?

Die Berücksichtigung der Globalität. Eine vergleichsweise unproblematische Konsequenz ergibt sich aus dem Handlungscharakter von Kommunikation. Da Interaktanten in ihren Gesprächen Zusammenhänge aufbauen bzw. weiterführen, richtet sich der analytische Blick nicht – wie in der Linguistik z. T. üblich – auf den einzelnen Satz, sondern auf globale Phänomene wie Diskurseinheiten oder Gattungen. Wie Kinder solche globalen Gesprächsanforderungen bewältigen, muss somit eine zentrale Frage der Erwerbs- und Unterrichtsforschung darstellen. Allerdings ist in methodisch-analytischer Hinsicht das Problem zu lösen, wie globale Fähigkeiten erfasst werden können, denn der Rückgriff in der Analyse auf einzelne lokale sprachliche Elemente kann dies nicht leisten.

Die Berücksichtigung der Teilnehmerrelevanzen. Schließlich stellt sich in Bezug auf die Erfassung von Kompetenz und der hier notwendigen Bewertung ein *Normativitätsproblem*: Woraus gewinnen wir die Kriterien, anhand derer wir Diskursbeiträge als mehr oder weniger kompetent klassifizieren? Die Problematik verschärft sich noch, wenn wir uns vor Augen führen, dass abstrakte Normen der Forschenden sich nicht zwangsläufig mit denen der Interaktanten decken. Für letztere ist die situative Angemessenheit und Verständlichkeit entscheidend. Welche Maßstäbe sollen also angelegt werden: die der Interaktanten oder der Forschenden? Wie ist die situative Angemessenheit zu ermitteln? Darf der Forscher seine eigenen Kriterien – z. B. Merkmale konzeptioneller Schriftlichkeit – anlegen, wenn diese für die Interaktanten nicht nur keine Rolle spielen, sondern sogar unökonomisch und dysfunktional sind?

Um die methodischen Anforderungen konkret und nachvollziehbar zu machen, stellen wir im Folgenden ausgewählte methodische Lösungen aus unterschiedlichen Projektzusammenhängen vor.

6 Rekonstruktive und interdisziplinäre forschungsmethodische Zugänge zu mündlichen Kompetenzen und Erwerbsmechanismen

Wenn Kompetenz und ihr Erwerb grundsätzlich interaktiv fundiert sind (vgl. Kap. 3.2), richtet sich das Untersuchungsinteresse weniger auf mögliche Entwicklungsstufen, sondern vielmehr auf die interaktiven Erwerbsmechanismen und -prozesse. So ergab z. B. die Genesis-Studie (Hausendorf & Quasthoff 1996), dass Erwachsene die Zuhörerrolle intuitiv nutzen, um Kinder bspw. in Erzähl- und Erkläraktivitäten zu involvieren und bei der Hervorbringung von Diskurseinheiten zu unterstützen. Dabei stellen sie sich i. S. des *recipient designs* in ihren Gesprächsbeiträgen auf die Diskurskompetenz ihres kindlichen Gesprächspartners ein, ohne dabei an didaktischen Zielen orientiert zu sein (ebd.).

Mit dem Befund, dass Interaktion selbst eine externe Erwerbsressource darstellt, öffnen sich Fenster auf eine Reihe von Fragestellungen, die nicht nur für die Erwerbs-, sondern auch für die Unterrichtsforschung von unmittelbarer Relevanz sind: Welche der aktualgenetisch (Quasthoff 2012) wirksamen interaktiven Unterstützungsmechanismen erweisen sich auch in ontogenetischer Hinsicht als *erwerbs*förderlich? Gilt dies für alle kommunikativen Gattungen in gleicher Weise (Ohlhus & Quasthoff 2005)? Inwieweit lassen sich im Mündlichen erworbene (Teil-)Kompetenzen für den Erwerb des schriftlichen Erzählens und Erklärens nutzen (Quasthoff, Ohlhus & Stude 2009)? Lässt sich die interaktive Gesprächsunterstützung als eine wesentliche externe Erwerbsressource rekonstruieren, fragt sich, wie es um die Varianz der interaktiven Unterstützung und des Erwerbs bestellt ist (Quasthoff & Krah 2012). Weiterhin ist von Bedeutung, in welchem Grade familiale bzw. herkunftsspezifisch verankerte Diskurspraktiken zu unterrichtlichen Erwartungen und Praktiken passen (Heller 2012). Sind unterrichtliche Erwartungen uniform oder lassen sich Unterschiede bzgl. der Erwartungen an fachkulturell und sprachlich adäquate Diskurspraktiken rekonstruieren?

6.1 Ein kontextsensitives gattungs- und modalitäts-übergreifendes Analyseinstrument für den Erwerb von Diskurskompetenz

Geht man von der sozialen und interaktiven Konstitution des Diskurserwerbs aus, so stellt sich die Frage, wie die kindlichen Leistungen beschrieben werden können, ohne die Kriterien der Interaktivität, Globalität, Kontextualisierung und der Teilnehmerrelevanzen zu ignorieren. Benötigt wird ein Analyseinstrument, das es erlaubt, sowohl die Zusammenarbeit zwischen den Interaktanten (in diesem Fall: Kind und Erwachsenem) als auch die

Leistungen der einzelnen Interaktanten auf analytisch getrennten Ebenen zu beschreiben. Das von Hausendorf & Quasthoff (1996) entwickelte Analyse-instrument GLOBE (Globalität und Lokalität in der Organisation beidseitig-konstruierter Einheiten) zielt auf die Beschreibung von Diskurseinheiten[6] und sieht drei analytische Ebenen vor.

Beschreibungsebenen	Analysefokus und Gegenstand
Jobs	Dyade/Interaktionsteam: gemeinsam hergestellte interaktive Struktur
Mittel	Erzähler/Zuhörer: globalsemantische Textstrukturen und handlungsorientierte Züge
Formen	Oberflächensprachliche Realisierung: prosodische, lexikalische und morphosyntaktische Manifestationen von Gesprächsbeiträgen

Abbildung 1: Beschreibungsebenen von GLOBE (vgl. Hausendorf & Quasthoff 2005)

Mit der interaktiven Hervorbringung von Diskurseinheiten sind für die Gesprächsbeteiligten bestimmte gesprächsstrukturelle *Jobs* oder Aufgaben (in Anlehnung an den konversationsanalytischen Begriff der gesprächs-organisatorischen „Arbeit", vgl. Hausendorf & Quasthoff 2005) verbunden, die Erzähler und Zuhörer – oder Erklärproduzent und -rezipient bzw. Propo-nent und Opponent bei Argumentationen – interaktiv erledigen müssen, wenn eine Diskurseinheit wie eine Erzählung, Erklärung oder Begründung im Gesprächsverlauf hervorgebracht werden soll. Für das Erzählen sind dies die Jobs Inhalts-/Formrelevanz herstellen, Thematisieren, Elaborieren, Ab-schließen und Überleiten (Hausendorf & Quasthoff 1996). Entscheidend ist in diesem Zusammenhang, dass die Jobs nicht theoretisch abgeleitet, sondern induktiv aus den Daten herauspräpariert wurden. Sie bilden also die impli-ziten Erwartungen ab, an denen sich die Beteiligten selbst nachweislich orientieren (Normativitätsproblem). Mit der Beschreibungsebene der Jobs sind somit nicht nur die Kriterien der Interaktivität und Globalität, sondern zugleich auch der Teilnehmerrelevanzen erfüllt. Gerade weil die gattungs-spezifischen Jobs gesellschaftlich geregelte, verfestigte Verfahren repräsen-tieren, werden sie transsituativ von den erfahrenen Gesprächsbeteiligten relevant gesetzt. Sie sind daher geeignet, als *tertium comparationis* für den Vergleich herangezogen zu werden, sei es kindbezogen längsschnittlich,

---

[6] GLOBE wurde für den Erzählerwerb entwickelt und inzwischen für andere Gattungen, u. a. Erklären (Morek 2012) und Argumentieren (Heller 2012) adaptiert.

kontextbezogen querschnittlich oder im Vergleich von Kindern unterschiedlichen Alters, unterschiedlicher sozialer Herkunft oder Erstsprachen.

Auf der Beschreibungsebene der pragmatisch konstituierten *Mittel* wird sichtbar, welchen Beitrag die einzelnen Interaktanten zur Abwicklung der Jobs leisten. Die Mittelebene umfasst zum einen Art und Abfolge bestimmter handlungsorientierter Züge der einzelnen Beteiligten und zum anderen den semantischen Gehalt dieser Züge, jeweils orientiert an der gemeinsam kontextualisierten Gattung.

Auf der Ebene der *Formen* wird schließlich die sprachliche Oberfläche der realisierten Züge erfasst. Sie umfasst prosodische, lexikalische, morphosyntaktische und nonverbale Äußerungsressourcen.

Entscheidend für die Nutzung des Instruments ist nun eine gezielte Konstellierung von Daten, die die Bearbeitung von Fragen des Diskurserwerbs und der Varianz erlaubt (Bergmann & Quasthoff 2010).

6.2   Mögliche Datenkonstellationen

Mikrolongitudinaler und altersbezogener Vergleich: Der Fokus auf Unterstützungsmechanismen und Kompetenzdimensionen

Eine Möglichkeit, den Weg von der Aktual- zur Ontogenese, also von der jeweiligen situativen Bestimmtheit sprachlicher Praktiken zur übergreifenden sprachlichen Kompetenz, zu überbrücken, besteht darin, Interaktionen zwischen einzelnen Personen über kurze Zeiträume in Zusammenhang zu bringen mit solchen, die unterschiedliche Stadien eines Prozesses (im Querschnitt) repräsentieren (vgl. Bergmann & Quasthoff 2010). In der GENESIS[7]-Studie (Hausendorf & Quasthoff 1996) erzählten Kinder verschiedenen Alters (5, 7, 10 und 14jährige) an drei aufeinanderfolgenden Tagen dasselbe inszenierte Ereignis jeweils wechselnden erwachsenen Zuhörerinnen und Zuhörern.

---

[7] GENESIS: Generierung von Erzählungen in natürlichen und experimentellen Settings: Interaktion und Sprachentwicklung.

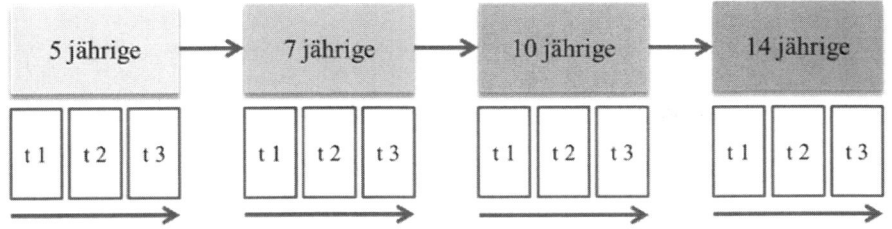

Abbildung 2: Datenkonstellation GENESIS

Im „mikrolongitudinalen" Vergleich ließen sich Veränderungen über einen kurzen Zeitraum in Zusammenhang setzen zu den interaktiven Erfahrungen des Kindes, insbesondere mit dem Zuhörerverhalten seiner erwachsenen Gesprächspartner. Im Vergleich der Kinder über die Altersgruppen ließen sich z. T. strukturell dieselben Optimierungen feststellen, die auch im Vergleich der einzelnen Erhebungstage beobachtbar waren. Als Erwerbsfortschritt wurden dann in der Studie nur die Veränderungen entlang derjenigen Kompetenzdimensionen angesehen, die sowohl im Tage- als auch im Altersvergleich rekonstruierbar waren.

Zusammengefasst erbrachte diese spezifische Datenkonstellation zweierlei Erträge: Erstens ließen sich drei Dimensionen von Diskurskompetenz – Kontextualisierung, Vertextung und Markierung (vgl. Kap. 4) – rekonstruieren, da sie sich empirisch beobachtbar schwerpunktmäßig in unterschiedlichen Altersbereichen entwickeln.

Zweitens wurde der Blick frei auf die systematischen Unterschiede der Zuhöreraktivitäten gegenüber Kindern verschiedenen Alters und damit auf die Frage, in welcher Weise aktualgenetisch unterstützende Aktivitäten auch in ontogenetischer Hinsicht als erwerbsförderlich anzusehen sind. In Anlehnung an das Language Acquisition Support System (LASS), das Bruner (1985) für den frühen Spracherwerb beschrieben hat, bezeichnen Hausendorf & Quasthoff (1996) das für den Diskurserwerb supportive Interaktionsmuster als Discourse Acquisition Support System (DASS).

Vergleich derselben Kinder in Bezug auf verschiedene Gattungen und Interaktionssettings: Der Fokus auf die Varianz von Erwerbskontexten und Diskurskompetenz

In der DASS [8] -Studie wurden dieselben Kinder über verschiedene Interaktions- und Gattungsformen sowie Erwerbsphasen hinweg beobachtet.

---

[8] DASS: *Diskursfähigkeiten als Sprachliche Sozialisation.*

Auf diese Weise konnte der situationsübergreifendende Stabilisierungs-prozess des Diskurskompetenzerwerbs in den Blick genommen werden (vgl. Kern & Quasthoff 2007).

Während sich in der GENESIS-Studie das Fordern und Unterstützen als prototypisches Interaktionsmuster bei einem inszenierten Ereignis rekonstru-ieren ließ, wurde der Fokus nun auf das DASS im familialen Alltag und damit auf die Varianz gerichtet. Dieselben Kinder realisierten eine Erlebnis- und Fantasieerzählung sowie eine Spielanleitung und wurden darüber hinaus in verschiedenen Kontexten, zwei familialen Interaktionssettings und in der Unterrichtsinteraktion, videographiert. Auf dieser Grundlage ließen sich zum einen individuelle Kompetenzprofile erstellen als auch familiale Inter-aktionsmuster rekonstruieren.[9] Die Konstellation dieser Ergebnisse erlaubte erste Hypothesen auf die Erwerbsförderlichkeit der rekonstruierten Inter-aktionsmuster.

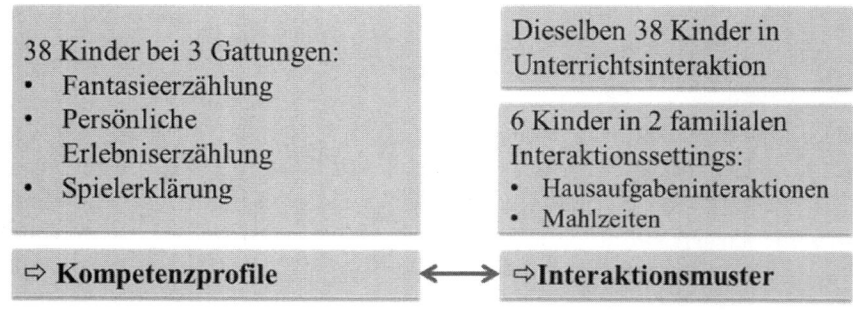

Abbildung 3: Datenkonstellation DASS

Dieselben Kinder bei vergleichbaren Kommunikationen in verschiedenen Medialitäten (mündlich – schriftlich) beobachten: Der Fokus auf Erwerbs-ressourcen beim Eintritt in die Schriftlichkeit

Mit dem Eintritt in die Schule rücken schriftliche Textkompetenzen zuneh-mend in den Mittelpunkt. Da sowohl bei der Produktion mündlicher als auch schriftlicher Texte Strukturierungskompetenzen eine wesentliche Rolle spie-len, wurde in der OLDER[10]-Studie ein modalitätsübergreifendes Design konzipiert (Quasthoff, Ohlhus & Stude 2009), um wiederum genaueren Einblick in die Erwerbsmechanismen zu erhalten. Für den Modalitäten-

---

[9] Das laufende DFG-Projekt DisKo (*Diskursive Praktiken von Kindern in außerschulischen und schulischen Kontexten*) vergleicht dieselben Jugendlichen im Peer-, Familien- und Unterrichtskontext (Morek demn.).
[10] OLDER: *Orale und Literale Diskursentwicklung: Erwerbsmechanismen und Ressourcen*

vergleich wurden dieselben Gattungen, genauer Fantasie- und Erlebniserzählungen sowie Spielanleitungen, wie für den Gattungsvergleich in DASS ausgewählt. Diese Datenkonstellation erlaubt die Bearbeitung der Frage nach der Möglichkeit der Nutzung externer und interner Ressourcen: Welchen Einfluss hat der Wegfall der dialogischen Unterstützung als externe Ressource bei der Produktion schriftlicher Fantasie- und Erlebniserzählungen sowie Spielanleitungen? Inwiefern können Kinder bei der schriftlichen Realisierung dieser Gattungen auf ihre im Mündlichen erworbenen Diskurskompetenzen als interne Ressourcen zurückgreifen?

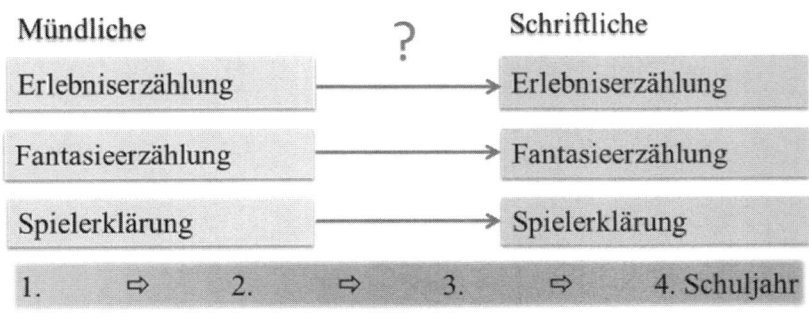

Abbildung 4: Datenkonstellation OLDER

Triangulierung: Der Fokus auf der Erwerbsförderlichkeit unterschiedlicher Interaktionsmuster

Angesichts der engen Kopplung von Bildungspartizipation und sozialer Herkunft in Deutschland stellt sich die Frage nach den familialen Faktoren, die im Hinblick auf unterschiedliche Entwicklungsverläufe eine Rolle spielen. Die interdisziplinär angelegte FUnDuS[11]-Studie (Wild et al. 2012.) richtet den Fokus auf argumentative Fähigkeiten, da diese Schlüsselqualifikationen für die Unterrichtsteilhabe und den Lernerfolg in allen Fächern darstellen. Die Datenkonstellation zielt darauf ab, schichtspezifische und -unabhängige familiale Erwerbsressourcen differenziert zu betrachten.

---

[11] FunDuS: Die Rolle Familialer Unterstützung beim Erwerb von Diskurs- und Schreibfähigkeiten in der Sekundarstufe I (Ltg. U. Quasthoff & E. Wild).

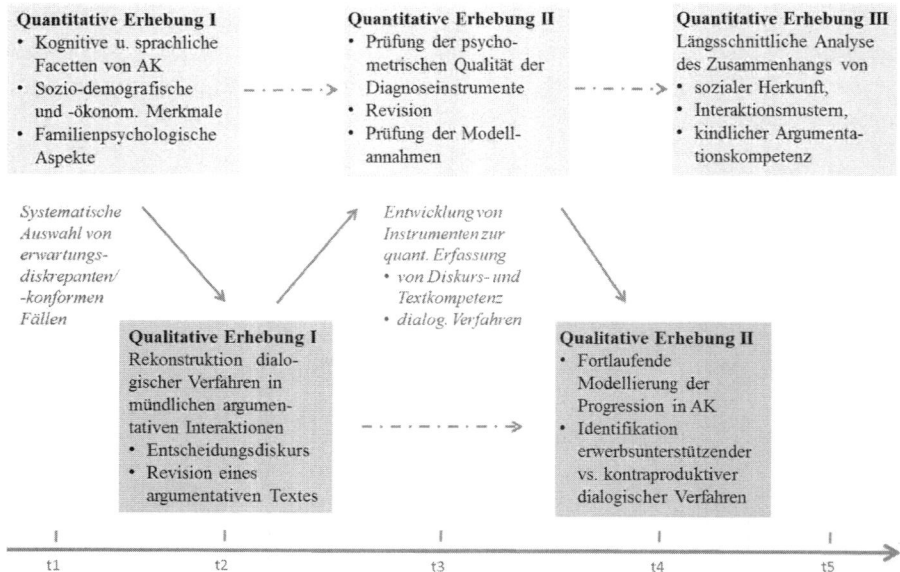

Abbildung 5: Datenkonstellation FunDuS

Um belastbare Aussagen über die Erwerbssupportivität unterschiedlicher Interaktionsmuster zu treffen, wurde ein längsschnittliches Design (von der 5. bis zur 9. Jahrgangsstufe) entworfen, in dem quantitativ und qualitativ gewonnene Ergebnisse systematisch trianguliert werden. Konkret wurden aus einer Ausgangsstichprobe von über 1400 Kindern 36 erwartungs-diskrepante (niedriger sozioökonomischer Status und hohe Argumentations-kompetenz und v. v.) und -gemäße Fälle ausgewählt, in denen mündliche Entscheidungsdiskurse sowie kooperative Revisionen argumentativer Texte in Familien videographiert und linguistisch-diskursanalytisch analysiert wurden. Die qualitativ rekonstruierten Interaktionsmuster (Quasthoff & Krah 2012) bei der Durchführung argumentativer Praktiken im Erwerbskontext Familie wurden mit den quantitativ erfassten Maßen für Argumentations-kompetenz, sozioökonomischem Status und Erziehungsstilen in Beziehung gesetzt und im Längsschnitt quantitativ überprüft. Auf diese Weise kann die Frage nach der Erwerbsfunktion familialer Muster wie „Fordern und Unterstützen" statistisch abgesichert beantwortet werden.

Diskurspraktiken im Kontextvergleich: Der Fokus auf der Passung familialer und unterrichtlicher kommunikativer Praktiken

Der Befund der engen Bindung des Schulerfolgs an die soziale Herkunft lässt sich auch in soziolinguistischer Perspektive bearbeiten, indem die Passung sozialisatorisch verankerter und unterrichtlich erwarteter Diskurspraktiken in den Blick genommen wird. Dazu wurden dieselben 11 Schulanfänger deutscher, türkischer und vietnamesischer Erstsprache in ihrer Diskurspartizipation in den Kontexten Familie und Unterricht beobachtet (Heller 2012).

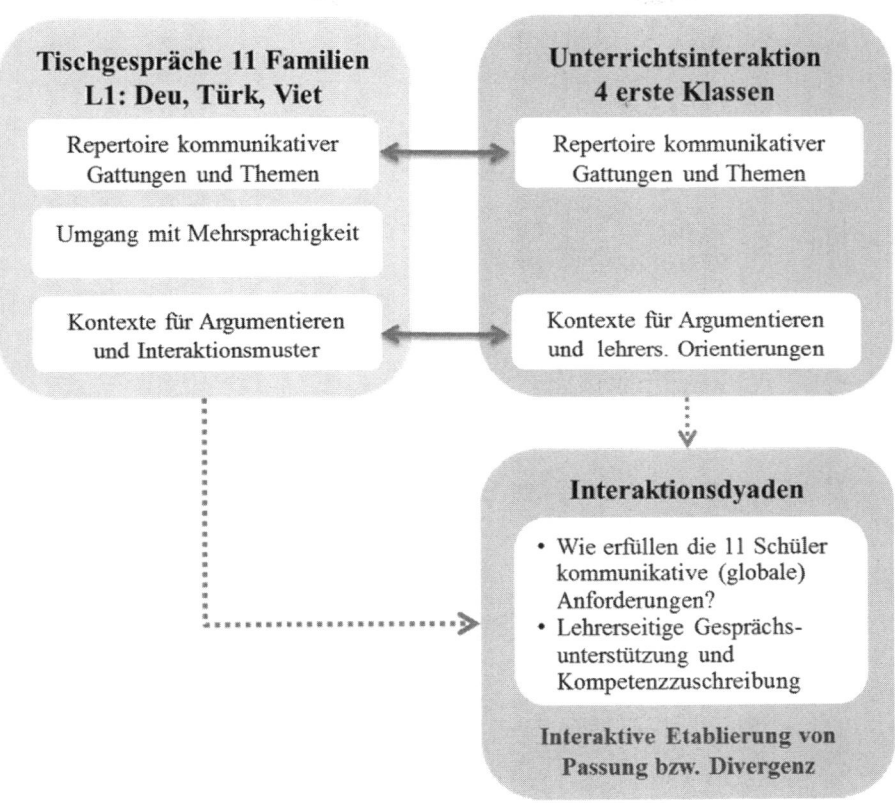

Abbildung 6: Datenkonstellation Heller (2012)

Die familialen und unterrichtlichen Diskurspraktiken wurden sowohl in ihrer Breite (Gattungs- und Themenrepertoires) als auch mikroanalytisch mit dem Fokus auf Argumentieren untersucht und verglichen. Auf dieser Grundlage wurde Passung als interaktives Phänomen rekonstruiert, indem im Rahmen von Lehrer-Schüler-Interaktionsepisoden lehrerseitige Verfahren der Gesprächsunterstützung, insbesondere Reparaturen, analysiert wurden. Es zeigte sich, dass Unterrichtsinteraktion dann nicht als Erwerbsressource für den Ausbau von Diskurskompetenz und den Erwerb von Wissen genutzt werden kann, wenn aufgrund mangelnder Passung die grundlegenden Kooperativitätsbedingungen nicht gegeben sind und Lehrpersonen kommunikative Investitionen in die gelingende Diskurspartizipation einzelner Schülerinnen und Schüler unterlassen.

Um Mechanismen der Ausgrenzung und Verweigerung im Unterricht systematischer zu untersuchen, werden in der InterPass-Studie (s. o.) interaktive Verfahren der Etablierung von Passungen und Divergenzen zwischen fachkulturellen und sprachlichen Erwartungen von Lehrpersonen einerseits und den familial erworbenen diskursiven Praktiken von ein- und mehrsprachigen Schülerinnen und Schülern andererseits anhand authentischer Interaktionen im Deutsch- und Mathematikunterricht rekonstruiert.

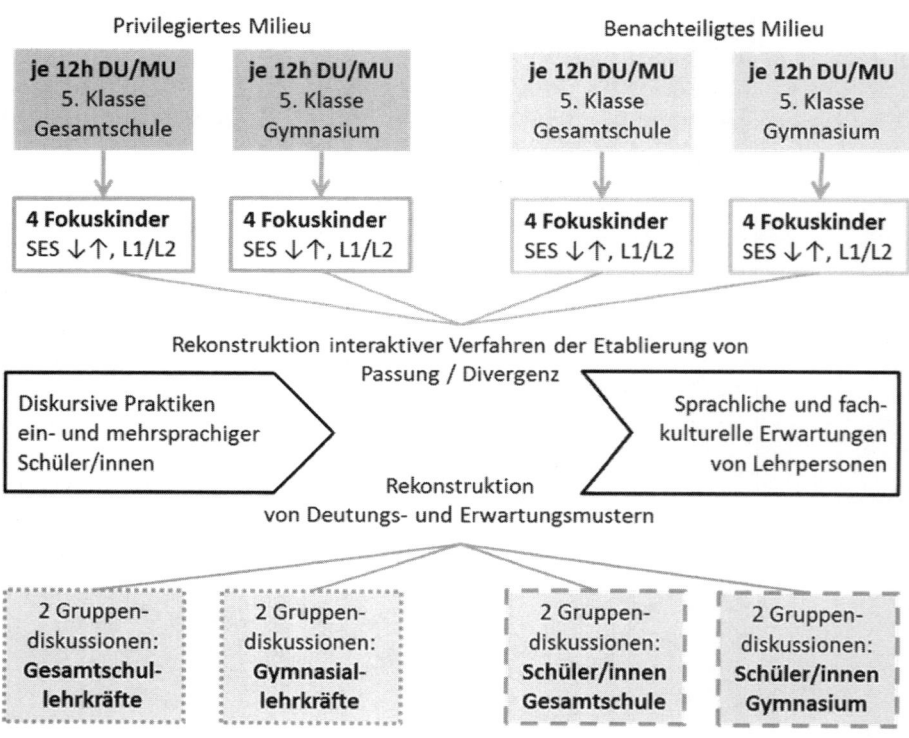

Abbildung 7: Datenkonstellation InterPass

Die Analyse verfolgt zwei interdisziplinär koordinierte Zugänge. Im linguistischen Strang wird der Frage nachgegangen, wie die soziostilistisch und lernersprachlich geprägten Muster sprachlicher Praktiken von Fünftklässlern in Unterrichtsinteraktionen gewürdigt oder zurückgewiesen werden. Damit werden auch die bildungssprachlichen Normorientierungen rekonstruiert, die die (Nicht-)Akzeptanz von Schülerbeiträgen steuern. Der fachkulturelle Strang analysiert dieselben Interaktionen im Hinblick auf alltags- und fachkulturelle Deutungs- und Erwartungsmuster, die von interaktiv konstituierten soziofachlichen expliziten und impliziten Normen (Prediger 2004) geprägt sind. Gruppendiskussionen zu analytisch besonders relevanten Sequenzen aus den videographierten Unterrichtsprozessen sollen Wirkungen und Sichtweisen von Lernenden auf Passungen und Divergenzen im Unterricht und darauf bezogene Deutungsmuster von Lehrpersonen methodisch zugänglich machen, indem im anderen kommunikativen Setting steuernde Konzepte expliziert werden, die im Handlungsvollzug implizit bleiben und damit auf Grund der Berücksichtigung des *Beobachtbarkeitsprinzips* (vgl. Kap. 5) nicht rekonstruierbar sind.

7 Ausblick

Als Grundlage der Auseinandersetzung mit verschiedenen empirischen Zugängen zur Beschreibung und Analyse von Unterrichtskommunikation hat sich der vorliegende Beitrag thematisch der Sprachlichkeit aller Unterrichtsprozesse zugewandt. Insofern Unterricht zu weiten Teilen mündlich konstituiert ist, kam der Auseinandersetzung mit medialer und konzeptioneller Mündlichkeit eine besondere Wichtigkeit zu. Mündliche Praktiken wurden als Lernkontext in allen Fächern und mündliche Kompetenzen als sprachdidaktischer Lerngegenstand beschrieben. Die sprachwissenschaftlichen Modellierungen von Mündlichkeit stellen jedoch methodische Anforderungen an die Erfassung mündlicher Prozesse generell und an die von Erwerbsprozessen im Besonderen, die diskutiert und in exemplarischer Weise in präsentierten Projektbeispielen umgesetzt wurden. Auf diese Weise liefert der Artikel einen Beitrag zu methodischen Konzepten, die Unterricht wesentlich als Lernkontext modellieren und den Fokus damit auf (sprachliche) Erwerbsprozesse richten. Eine linguistisch fundierte, sprachdidaktisch orientierte und allgemein-didaktisch nutzbare Unterrichtsforschung sollte davon profitieren.

Literatur

Ahrenholz, B. (1995). Lehrwerkanalyse zum Modalfeld auf der Folie der Zweitspracherwerbsforschung. In: Dittmar, N. & Rost-Roth, M. (Hrsg.): Deutsch als Zweit- und Fremdsprache. Methoden und Perspektiven einer akademischen Disziplin. Frankfurt a. M.: Peter Lang,165-193.

Ahrenholz, B. (2010). Bildungssprache im Sachunterricht der Grundschule. In: Ahrenholz, B. (Hrsg.): Fachunterricht und Deutsch als Zweitsprache. Tübingen: Narr, 15–35.

Auer, P. (2000). On line-Syntax – oder: Was es bedeuten könnte, die Zeitlichkeit der mündlichen Sprache ernst zu nehmen. In: Sprache und Literatur 85 (Themenheft "Die Medialität der Gesprochenen Sprache"), 43-56.

Auer, P. (2007). Syntax als Prozess. In: Hausendorf, H. (Hrsg.): Gespräch als Prozess. Linguistische Aspekte der Zeitlichkeit verbaler Interaktion. Tübingen: Narr, 95-142.

Auer, P. (1986). Kontextualisierung. In: Studium Linguistik 19, 22–47.

Becker-Mrotzek, M. & Quasthoff, U. (1998). Unterrichtsgespräche zwischen Gesprächsforschung, Fachdidaktik und Unterrichtspraxis. In: Der Deutschunterricht 1, 3–13.

Becker-Mrotzek, M. (1997). Schreibentwicklung und Textproduktion: Der Erwerb der Schreibtätigkeit am Beispiel der Bedienungsanleitung. Opladen: Westdeutscher Verlag.

Becker-Mrotzek, M. (2008). Gesprächskompetenz vermitteln und ermitteln. Gute Aufgaben im Bereich Sprechen und Zuhören. In: Bremerich-Vos, A.; Granzer, D. & Köller, O. (Hrsg.): Lernstandsbestimmung im Fach Deutsch. Gute Aufgaben für den Unterricht. Weinheim und Basel: Beltz Verlag, 50–77.

Bereiter, C. & Scardamalia, M. (1987). The psychology of written composition. Hillsdale, NJ: Lawrence Erlbaum Associates.

Bergmann, J. & Quasthoff, U. (2010). Interaktive Verfahren der Wissensgenerierung: Methodische Problemfelder. In: Dausendschön-Gay, U.; Domke, Ch. & Ohlhus, S. (Hrsg.): Wissen in (Inter)Aktion. Verfahren der Wissensgenerierung in unterschiedlichen Praxisfeldern. Berlin, New York: De Gruyter, 21-34.

Bernstein, B. (1964). Elaborated and Restricted Codes: Their Social Origins and Some Consequences. In: American Anthropologist: Journal of the American Anthropological Association 66 (6), 55–69.

Bos, W. et al. (Hrsg.) (2007). IGLU 2006. Lesekompetenzen von Grundschulkindern in Deutschland im internationalen Vergleich. Münster: Waxmann.

Boueke, D. & Schülein, F. (1995). Wie Kinder erzählen. Untersuchungen zur Erzähltheorie und zur Entwicklung narrativer Fähigkeiten. München: Fink.

Bruner, J. (1985). Wie das Kind sprechen lernt. Bern: Huber.

Bühler, K. (1999/1934). Sprachtheorie. Stuttgart: Lucius & Lucius.

Cekaite, A. (2012). Affective stances in teacher-novice student interactions: Language, embodiment, and willingness to learn in a Swedish primary classroom. In: Language and Society (41), 641-670.

Cummins, J. (2008). BICS and CALP: Empirical and theoretical status of the distinction. In: Duff, P. A. & Hornberger N. H. (Hrsg.): Encyclopedia of Language and Education, Vol. 2 Literacy. New York: Springer Science, 71-83.

Deutsches PISA-Konsortium (Hrsg.) (2001). Pisa 2000. Basiskompetenzen von Schülerinnen und Schülern im internationalen Vergleich. Opladen: Leske + Budrich.

Dürscheid, C. (2006). Einführung in die Schriftlinguistik. (3. Aufl.) Göttingen: Vandenhoeck & Ruprecht.

Ehlich, K. & Rehbein, J. (1986). Muster und Institution. Untersuchungen zur schulischen Kommunikation. Tübingen: Narr.

Ehlich, K. (1983). Text und sprachliches Handeln. Die Entstehung von Texten aus dem Bedürfnis nach Überlieferung. In: Assmann, A.; Assmann, J. & Hardmeier, C. (Hrsg.): Schrift und Gedächtnis. München: Fink, 24-43.

Feilke, H. (1993). Schreibentwicklungsforschung (Ein kurzer Überblick unter besonderer Berücksichtigung der Entwicklung prozeßorientierter Schreibfähigkeiten). In: Diskussion Deutsch, 24, 17-34.

Fiehler, R. et al. (2004): Eigenschaften gesprochener Sprache. Tübingen: Narr.

Ford, C. E.; Fox, B. A. & Thompson, S. A. (Hrsg.) (2002). The language of turn and sequence. Oxford: Oxford University Press.

Goffman, E. (1974). Rahmen-Analyse. Ein Versuch über die Organisation von Alltagserfahrungen. Frankfurt a. M.: Suhrkamp.

Gogolin, I. (1994). Der monolinguale Habitus der multilingualen Schule. Münster: Waxmann.

Gogolin, I. (2009). "Bildungssprache" - The Importance of Teaching Language in Every School Subject. In: Tajmel, T. (Hrsg.): Science education unlimited. Approaches to equal opportunities in learning science. Münster: Waxmann, 91–102.

Gogolin, I. & Lange, I. (2011). Bildungssprache und Durchgängige Sprachbildung. In: Fürstenau, S. & Gomolla, M. (Hrsg.): Migration und schulischer Wandel: Mehrsprachigkeit. Wiesbaden: VS Verlag für Sozialwissenschaften, 107–127.

Goodwin, C. (2007). Participation, stance and affect in the organization of activities. In: Discourse in Society (18), 53-73.

Gumperz, J. (2000). Contextualization and understanding. In: Duranti, A. & Goodwin, C. (Hrsg.): Rethinking context. Language as an interactive phenomenon. Cambridge: Cambridge University Press, 231–252.

Günther, K. (1995). Ein Stufenmodell der Entwicklung kindlicher Lese- und Schreibstrategien. In: Balhorn, H. & Brügelmann, H. (Hrsg.): Rätsel des Schriftspracherwerbs. Lengwil: Libelle, 98–121.

Günthner, S. (2012). Die Schriftsprache als Leitvarietät – die gesprochene Sprache als Abweichung? „Normwidrige" wenn-Sätze im Gebrauch. In: Günthner, S. et al. (Hrsg.): Kommunikation und Öffentlichkeit: Sprachwissenschaftliche Potenziale zwischen Empirie und Norm. Berlin: De Gruyter, 61–84.

Günthner, S.; Knoblauch, H. (1996). Die Analyse kommunikativer Gattungen in Alltagsinteraktionen. In: Michaelis, S. & Thopinke, D. (Hrsg.): Texte – Konstitution, Verarbeitung, Typik. München i. e. Unterschleissheim: Lincom Europa, 35–57.

Halliday, M. (1993). Towards a Language-Based Theory of Learning. In: Linguistics and Education (5), 93–116.

Hausendorf, H. (2004). Gespräch als System. Linguistische Aspekte einer Soziologie der Interaktion. Radolfzell: Verlag für Gesprächsforschung.

Hausendorf, H. & Quasthoff, U. (1996). Sprachentwicklung und Interaktion. Eine linguistische Studie zum Erwerb von Diskursfähigkeiten. Radolfzell: Verlag für Gesprächsforschung.

Hausendorf, H. & Quasthoff, U. (2005). Konversations-/Diskursanalyse: (Sprach-) Entwicklung durch Interaktion. In: Mey, G. (Hrsg.): Handbuch Qualitative Entwicklungspsychologie. Köln: Kölner Studien Verlag, 585–618.

Heller, V. (2012). Kommunikative Erfahrungen von Kindern in Familie und Unterricht. Passungen und Divergenzen. Tübingen: Stauffenburg.

Katz-Bernstein, N.; Quasthoff, U. (2007). Diskursfähigkeiten. In: Grohnfeldt, M. (Hrsg.): Lexikon der Sprachtherapie. Stuttgart: Kohlhammer, 72–75.

Klieme, E. et al. (2003). Zur Entwicklung nationaler Bildungsstandards. Bonn: BMBF.

Koch, P. & Oesterreicher, W. (1994). Schriftlichkeit und Sprache. In: Günther, O. (Hrsg.): Schrift und Schriftlichkeit. Ein interdisziplinäres Handbuch internationaler Forschung. Berlin; New York: De Gruyter, 587–604.

Linell, P. (1982). The written language bias in linguistics. Linköping: University of Linköping.

Maas, U. (2010). Literat und orat. Grundbegriffe der Analyse geschriebener und gesprochener Sprache. In: Grazer Linguistische Studien (73), 21–150.

Meyer, H. (2003). Unterrichtsmethoden. 1. Theorieband. (10. Aufl.) Berlin: Cornelsen sriptor.

Morek, M. & Heller, V. (2012). Bildungssprache - Kommunikative, epistemische, soziale und interaktive Aspekte ihres Gebrauchs. In: Zeitschrift für Angewandte Linguistik (2), 67–101.

Morek, M. (2012). Kinder erklären. Interaktionen in Familie und Unterricht im Vergleich. Tübingen: Stauffenburg.

Morek, M. (demn.). Construing social and communicative worlds – The role of peer-interactions in preadolescents' discursive development. Ersch. In: Quasthoff, U. & Heller, V. (Hrsg.): Learning in Context: Linguistic, Social and Cultural Explanations of Inequality. Guest edited issue of Learning, Culture and Social Interaction.

Müller, C. (2012). Kindliche Erzählfähigkeiten und (schrift-)sprachsozialisatorische Einflüsse in der Familie: Eine longitudinale Einzelfallstudie mit ein- und mehrsprachigen (Vor-)Schulkindern. Baltmannsweiler: Schneider Verlag.

Neuland, E. (1995). Mündliche Kommunikation: Gesprächsforschung - Gesprächsförderung. Entwicklungen, Tendenzen und Perspektiven. In: Neuland, E. & Werlen, E. (Hrsg.): Mündliche Kommunikation: Gesprächsforschung – Gesprächsförderung. Der Deutschunterricht 47/1, 3-15.

Neumann, A. (2007). Briefe schreiben in Klasse 9 und 11: Beurteilungskriterien, Messungen, Textstrukturen und Schülerleistungen. Münster: Waxmann.

O'Connor, C. (2006). The implicit discourse genres of standardized testing: what verbal analogy items require of test makers. In: Cook-Gumperz, J.: The Social Construction of Literacy. (2. Aufl.) Cambridge: Cambridge University Press, 264-287.

Ohlhus, S. & U. M. Quasthoff (2005). Genredifferenzen beim mündlichen und schriftlichen Erzählen im Grundschulalter. In: Wieler, P. (Hrsg.): Narratives Lernen in medialen und anderen Kontexten. Freiburg i. Br.: Fillibach Verlag, 49-68.

Ortner, H. (2009). Rhetorisch-stilistische Eigenschaften der Bildungssprache. In: Fix, U; Gardt, A. & Knape J. (Hrsg.): Rhetorik und Stilistik. Ein internationales Handbuch historischer und systematischer Forschung. Berlin; New York: De Gruyter, 2227–2240.

Prediger, S. (2004). Mathematiklernen in interkultureller Perspektive. Mathematikphilosophische, deskriptive und präskriptive Betrachtungen. München: Profil-Verlag.

Quasthoff, U. (1995). The Ontogenetic Aspect of Orality: Towards the Interactive Constitution of Linguistic Development. In: Quasthoff, U. (Hrsg.): Aspects of oral communication. Berlin: De Gruyter, 256–274.

Quasthoff, U. (2003). Entwicklung mündlicher Fähigkeiten. In: Bredel, U. et al. (Hrsg.): Didaktik der deutschen Sprache. Bd. 1. UTB, 107–120.

Quasthoff, U. (2009). Entwicklung der mündlichen Kommunikationskompetenz. In: Becker-Mrotzek, M. (Hrsg.): Unterrichtskommunikation und Gesprächsdidaktik. Baltmannsweiler: Schneider Verlag, 84–100.

Quasthoff, U. (2012). Aktual- und mikrogenetische Zugänge zur Ontogenese: Inspirationen der Konversationsanalyse zur Verbindung von sprachlichen Praktiken und dem Erwerb sprachlicher Kompetenzen. In: Ayaß, R. & Meyer, C. (Hrsg.): Sozialität in Slow Motion: Theoretische und empirische Perspektiven. Wiesbaden: Springer VS, 217-244.

Quasthoff, U. (2013). Positioning as membership management: The case of narratives about public authorities. In: Narrative Inquiry 23, 1.

Quasthoff, U. (demn.). Kulturwissenschaftliche Orientierung in der Mündlichkeits-/ Schriftlichkeitsforschung. In: Jäger, L. et al.: Berlin, New York: De Gruyter.

Quasthoff, U. & Kern, F. (2007). Familiale Interaktionsmuster und kindliche Diskursfähigkeit. Mögliche Auswirkungen interaktiver Stile auf diskursive Praktiken und Kompetenzen bei Schulkindern. In: Hausendorf, H. (Hrsg.): Gespräch als Prozess. Linguistische Aspekte der Zeitlichkeit verbaler Interaktion. Tübingen: Narr, 277–305.

Quasthoff, U. & Krah, A. (2012). Familiale Kommunikation als Spracherwerbsressource: Das Beispiel argumentativer Kompetenzen. In: Neuland, E. (Hrsg.): Sprache der Generationen. Mannheim, Zürich: Dudenverlag, 115–132.

Quasthoff, U.; Ohlhus, S. & Stude, J. (2009). Der Erwerb von Textproduktionskompetenz im Grundschulalter: Ressourcen aus der Mündlichkeit und ihre unterschiedliche Nutzung. In: Zeitschrift für Grundschulforschung 2 (2), 56–68.

Sacks, H.; Schegloff, E. & Jefferson, G. (1974). A Simplest Systematics for the Organization of Turn-Taking for Conversation. In: Language (50), 4, 696–735.

Schegloff, E. (2007). Sequence organization in interaction. Cambridge: Cambridge University Press.

Schleppegrell, M. (2004). The language of schooling. A functional linguistics perspective. Mahwah, NJ: Erlbaum.

Schütte, M.; Gogolin, I. & Kaiser, G. (2005). Mathematiklernen und sprachliche Bildung. Eine interaktionistische Perspektive auf dialogisch strukturierte Lernprozesse im Grundschulmathematikunterricht unter Berücksichtigung der sprachlich-kulturellen Diversität der Lernenden. In: Schenk, B. (Hrsg.): Bausteine einer Bildungsgangtheorie. Wiesbaden: VS Verlag, 179-195.

Schwitalla, J. (2006). Gesprochenes Deutsch. Eine Einführung. (3. Aufl.) Berlin: Erich Schmidt Verlag.

Scollon, R. & Scollon, S. (1995). Somatic Communication: How Useful is 'Orality' for the Characterization of Speech Events and Cultures? In: Quasthoff, U. (Hrsg.): Aspects of oral communication. Berlin: De Gruyter, 19-30.

Sumfleth, E. & Pitton, A. (1998). Sprachliche Kommunikation im Chemieunterricht – Schülervorstellungen und ihre Bedeutung im Unterrichtsalltag. In: Zeitschrift für Didaktik der Naturwissenschaften 4, 2, 4-20.

Vygotskij, L. S. (2005). Denken und Sprechen. Weinheim und Basel: Beltz Verlag.

Wald, B. (1978). Zur Einheitlichkeit und Einleitung von Diskurseinheiten. In: Quasthoff, U. (Hrsg.): Sprachstruktur – Sozialstruktur. Zur linguistischen Theorienbildung. Königstein/Taunus: Scriptor, 128-149.

Walzebug, A. (demn.). Is there a language-based social disadvantage in solving mathematic items? Ersch. In: Quasthoff, U. & Heller, V. (Hrsg.): Learning in Context: Linguistic, Social and Cultural Explanations of Inequality. Guest edited issue of Learning, Culture and Social Interaction.

Weinert, F. (2001). Vergleichende Leistungsmessung in Schulen – eine umstrittene Selbstverständlichkeit. In: Weinert, F. (Hrsg.): Leistungsmessung in Schulen. Weinheim und Basel: Beltz Verlag, 17-32.

Wild, E., et al. (2012). Die Rolle familialer Unterstützung beim Erwerb von Argumentationskompetenz in der Sekundarstufe I. In: Diskurs Kindheits- und Jugendforschung, 1.

Wunderlich, D. (1976). Studien zur Sprechakttheorie. Frankfurt a. M.: Suhrkamp.

Ulrike Behrens

Zuhörfähigkeit testen

1 Einleitung

Wie soll man etwas unterrichten, das scheinbar alle bereits können? Und wie soll man ein so komplexes Konstrukt wie „gutes Zuhören" dann auch noch testen und bewerten? Lehrpersonen fragen zu Recht nicht nur nach Unterrichtsmodellen, sondern auch nach geeigneten Testverfahren, mit denen sie die auditiv-rezeptiven Fähigkeiten ihrer SchülerInnen als Voraussetzung für den eigenen Unterricht ermitteln können. Die Entwicklung solcher Verfahren steckt einerseits – zumindest für den muttersprachlichen Unterricht – nach wie vor in den Kinderschuhen. Andererseits arbeiten mehr und mehr Forschungsprojekte an der empirischen Aufklärung einzelner Aspekte von theoretischen Modellen zum Zuhören. Solche Annahmen beziehen sich, um nur einige, naheliegende zu nennen,

- auf Fähigkeitsniveaus innerhalb bestimmter Altersgruppen, Klassenstufen etc. (z. B. Behrens, Böhme & Krelle 2009; Bremerich-Vos et al. 2010),
- auf Geschlechterunterschiede hinsichtlich Zuhörkompetenzen (z. B. Zündorf, Karnath & Lewald 2011),
- auf Zusammenhänge zwischen Lese- und Hörverstehen (z. B. Böhme, Robitzsch & Busè 2010),
- auf den Einfluss von relativ stabilen Personenmerkmalen (Interesse, Konzentrationsfähigkeit, Gedächtnisspanne...) auf auditive Fähigkeiten (z. B. Gschwend, in Vorb.) usw.

Solche Zusammenhänge können aber nur dann sinnvoll geprüft werden, wenn es gelingt, Zuhörfähigkeit als Variable möglichst valide und reliabel zu erfassen. Bei der Testung anderer sprachlicher Kompetenzen, insbesondere dem Lesen, aber auch dem fremdsprachlichen Hörverstehen (vgl. etwa Nold, Rossa & Hartig 2008), kann man inzwischen sowohl auf umfangreiche Erfahrungen als auch auf gut fundierte theoretische Modelle zurückgreifen (wobei auch hier von Fall zu Fall kritische Fragen hinsichtlich der Testgütekriterien angebracht sind). Das gilt für das Zuhören in der Erstsprache (noch) nicht. Die notwendige Forschungsarbeit beinhaltet folglich ein permanentes Abgleichen zwischen einerseits theoretischen Vorstellungen, häufig auch basierend auf Einsichten anderer Disziplinen, und andererseits möglichst systematischer Beobachtung und Untersuchung einzelner Aspekte. Empirische Verfahren und theoretische Modelle müssen sich dabei gegenseitig anreichern und kontrollieren.

Generelle Spezifika des Zuhörens als psychischer Funktion sind inzwischen verschiedentlich beschrieben worden (vgl. etwa Buck 2009, Fiehler et al. 2004; Imhof 2003; 2004; Behrens 2010). Im Fokus sind dabei im Wesentlichen

-   Merkmale des akustischen Signals (in Abgrenzung vom visuellen),
-   Merkmale der mündlichen Sprache (in Abgrenzung von Schriftlichkeit) sowie
-   Merkmale der Sprachrezeption (in Abgrenzung von der Produktion von Sprache) eine Rolle.

In diesem Beitrag soll ein Zusammenhang zwischen solchen Charakteristika und deren praktischen Konsequenzen für die Erstellung von Testverfahren zum Zuhören hergestellt werden.

Selbstredend kann hier nicht Zuhören „als Ganzes" in den Blick genommen werden. Ausgeklammert werden etwa Teildimensionen, die sich (bislang) einer standardisierten Gruppentestung grundsätzlich oder auch aus technischen oder ökonomischen Gründen entziehen: Wenn Zuhörfähigkeit im Klassenverband getestet werden soll, oder wenn für die Grundlagenforschung große Fallzahlen erforderlich sind, dann müssen Settings gewählt werden, in denen mehrere Personen gleichzeitig und im gleichen Raum den Test bearbeiten können, und in denen zudem die jeweilige Leistung möglichst eindeutig den einzelnen TestteilnehmerInnen zugeordnet werden kann.

Zu den Dimensionen, von denen aufgrund dieser Beschränkung abgesehen werden muss, gehört beispielsweise

> „ein konstitutives Moment der mündlichen Kommunikation (...), nämlich ihre Interaktivität, die unhintergehbare Angewiesenheit auf die Kooperation mit Koaktanten" (Becker-Mrotzek 2008: 67).

Werden solche Aspekte ausgeblendet, so wird das Zuhören, so könnte argumentiert werden, schon seines zentralen Merkmals entkleidet und sein Verständnis folglich unzumutbar verkürzt (vgl. ebd.). Diesem Vorwurf hat man sich zu stellen oder zumindest die Problematik bewusst zu halten, wenn es um die Reichweite der Ergebnisinterpretation geht. Andererseits existieren jedoch auch für andere Kompetenzbereiche keine Verfahren, die die entsprechenden Sachverhalte *in ihrer Gesamtheit* aufklären könnten.

Um also den Zusammenhang zwischen typischen Merkmalen des Zuhörens einerseits und Anforderungen an Testitems andererseits darzustellen, gehe ich wie folgt vor: Nach einer knappen Darstellung der wesentlichen Anforderungen an funktionierende Items standardisierter Testungen im Allgemeinen werden im darauf folgenden Abschnitt fünf zentrale Merkmale des Zuhörens dargestellt. Jeweils im Anschluss diskutiere ich Schwierigkeiten und Besonderheiten, die sich daraus für die Testentwicklung (insbesondere von Verfahren zur standardisierten Gruppentestung von Zuhörfähigkeiten) ergeben. Beispielhaft werden dann jeweils in dieser Hinsicht „funktionierende" bzw. eher problematische Items vorgestellt.

Damit kann dieser Artikel – so hoffe ich – in doppelter Weise nützlich sein: Lehrpersonen und andere Interessierte können Form und Machart vorliegender Testverfahren nachvollziehen, insbesondere auch deren scheinbare Leerstellen im Bezug auf das getestete Konstrukt. Und Forschergruppen und Testentwickler können typische Fehler schon bei der Aufgabenerstellung vermeiden. Fairerweise muss jedoch eingestanden werden, dass bei der Testentwicklung keine Anleitung oder Checkliste die praktische Erprobung von Testitems ersetzen kann. Dies zum einen, weil unterschiedliche Ansprüche an die Testgüte sich durchaus als „Gegenspieler" erweisen können (s. u.). Zum anderen sind sprachliche Kompetenzen bekanntlich überaus komplexe Konstrukte, deren Teilaspekte in vielfältiger und nur begrenzt vorhersagbarer Weise interagieren. Die folgenden Hinweise sollen deswegen helfen, vermeidbare Fehler zu umgehen, können aber nicht die Pilotierung von Testitems und die systematische Auswertung der so gewonnenen Daten ersetzen.

2 Generelle Anforderungen an Testverfahren

In einem guten Test hängen die Testergebnisse möglichst ausschließlich von den zu messenden Kompetenzen der Testperson ab und nicht von anderen inneren und äußeren Bedingungen. Dies ist der Grundgedanke der in diesem Abschnitt angesprochenen Testgütekriterien.[12]

Anforderung 1: Alle TestteilnehmerInnen sollten die Aufgaben möglichst unter den gleichen äußeren Umständen bearbeiten können (*Durchführungsobjektivität*). Deswegen werden z. B. Hörtexte als Aufnahme auf einer CD präsentiert und nicht von der Lehrperson vorgelesen.

---

[12] Die Kriterien werden hier nur sehr knapp in ihrer Substanz dargestellt. Für detailliertere Erläuterung vgl. etwa Lienert & Raatz 1998, S. 7 ff.

Anforderung 2: Der Test und die Auswertungsanweisungen sollten so beschaffen sein, dass möglichst eine Lösung immer gleich bewertet werden kann, unabhängig vom jeweiligen Beurteiler (*Auswertungsobjektivität*). Die kann bei halboffenen oder offenen Testfragen durchaus zu Problemen führen, insbesondere dann, wenn es darum geht, Akustisches zu beschreiben.

Anforderung 3: Alle Testaufgaben sollen so konstruiert sein, dass sie tatsächlich (nur) die angezielte Kompetenz überprüfen (*Konstruktvalidität*). Im Falle von sprachbezogenen Testungen ist es allerdings fast unmöglich, diese Anforderung zu erfüllen. So erfordert meist das Ausfüllen eines Tests zumindest rudimentäre Lese- und Schreibkompetenzen. Gerade deswegen ist es besonders wichtig, bei der Formulierung von Items[13] weitere „Fremdeinflüsse" möglichst zu vermeiden.

Anforderung 4: Zusätzlich sollte darauf geachtet werden, dass die Aufgabenstellung auch aus der Perspektive realer, alltäglicher Herausforderungen plausibel ist (*ökologische Validität*). Das betrifft z. B. auch die Funktion von Textsorten im Alltag: Viele alltägliche Zuhörsituationen (Telefonate, Wegbeschreibungen, Bewerbungsgespräche) sind dialogischer Natur und ermöglichen normalerweise Rückfragen, die im Test nicht möglich sind.

Anforderung 5: Die Leistung einer Testperson sollte durch den Test möglichst genau, d. h. mit geringen Abweichungen („Messfehler"), gemessen werden (*Reliabilität*). Das bedeutet zum Beispiel, dass man nicht aus sehr wenigen Aufgaben weitreichende Schlüsse ziehen sollte. Anders formuliert: Je mehr „Verhaltensstichproben" pro Testperson man gewinnt, desto präziser kann die Beurteilung sein.

Anforderung 6: Andererseits ist darauf zu achten, dass die Testsituation die TeilnehmerInnen nicht zu stark belastet (*Zumutbarkeit*). Dazu gehört beispielsweise, die Testzeit in einem angemessen Rahmen zu halten. Es ist offensichtlich, dass diese Anforderung mit dem Wunsch konkurriert, von einer Testperson möglichst viele Items bearbeiten zu lassen – dies ist ein Beispiel für die weiter oben angesprochenen „Gegenspieler". Ein weiteres ergibt sich aus:

Anforderung 7: Selbstverständlich sollen Aufgaben so beschaffen sein, dass die TestteilnehmerInnen sich angesprochen fühlen und sich gern darauf

---

[13] Häufig wird man Fähigkeiten im Bereich Zuhören/Hörverstehen testen, indem den SchülerInnen ein längerer Text als akustischer Stimulus dargeboten wird, zu dem dann Verstehens- und Verständnisfragen beantwortet werden müssen. Diese Verständnisfragen werden als *Items* bezeichnet, das Gesamt bestehend aus Hörtext und Items als *Aufgabe*.

einlassen (*Motivierung*), damit sie sich bei der Bearbeitung Mühe geben. Dies ist nicht nur ein pädagogisches, sondern ein psychometrisches Erfordernis, weil man sicherstellen muss, dass eine eventuell niedrige Testleistung nicht vor allem auf unengagiertes Ausfüllen des Tests zurückzuführen ist.

Anforderung 8: Andererseits ist aber darauf zu achten, dass nicht einzelne Gruppen von Testpersonen systematisch bevorzugt oder benachteiligt werden (*Fairness*). Das wäre zum Beispiel der Fall, wenn eine Aufgabe spezielle Interessen- oder Wissensgebiete, etwa von Mädchen oder von Stadtkindern, berührt. Solche Aufgaben wären zwar für diese Gruppe besonders motivierend (s. o.), aber unfair.

Diese hier nur knapp dargestellten Testgütekriterien (und einige mehr) sind an Kompetenztestungen aller Art zu stellen, sie gelten also gleichermaßen für Verfahren zur Bestimmung von Lese- oder Schreibkompetenz, von grammatischen Fähigkeiten, Strategiekenntnissen, orthografischem Wissen, Wortschatz etc. und sie gelten im Übrigen für eine Klassenarbeit prinzipiell ebenso wie für große Forschungsvorhaben, denn auch im Unterrichtsalltag haben Lernende einen Anspruch auf faire Beurteilung ihrer Leistungen. Im Folgenden soll nun gezeigt werden, in welcher Weise spezifische Merkmale der psychischen Funktion des Zuhörens besondere Rücksichten bei der Erstellung von Testaufgaben erfordern.

3 Fünf Charakteristika des Zuhörens und Konsequenzen für die Itementwicklung

Für den hier diskutierten Zusammenhang zentrale und charakteristische Merkmale des Zuhörprozesses sind seine *Latenz,* sowie einige „Grundbedingungen mündlicher Kommunikation" (Fiehler et al. 2004: 53ff.), nämlich *Flüchtigkeit, Komplexität, Multimedialität* und *Interaktivität.* Diese Merkmale werden im Folgenden knapp erläutert. Im Anschluss werden jeweils die daraus folgenden besonderen Herausforderungen für die Testentwicklung dargestellt und an Beispielitems illustriert.

3.1 Latenz

Margarete Imhof beschreibt den Zuhörprozess auf Grundlage verschiedener Modelle zusammenfassend als „Selektion, Organisation und Integration verbaler und nonverbaler Aspekte akustisch vermittelter Information" (vgl. Imhof 2003: 53). Bei den damit angesprochenen Teilprozessen handelt es sich ausnahmslos um innere Vorgänge, die prinzipiell nicht unmittelbar beobachtet werden können – übrigens auch nicht durch das Individuum selbst. Damit ist Zuhören und Zuhörfähigkeit zunächst ein *latentes Konstrukt*, also ein Sachverhalt, dessen Existenz nur aus anderen, direkt beobachtbaren Sachverhalten (sog. Indikatoren) geschlossen werden kann.

Für die Testung von Zuhörfähigkeiten ergibt sich aus der Latenz des Konstrukts die Frage, welche Indikatoren überhaupt zuverlässig als Hinweise auf Zuhörprozesse gelten können.

Wie in der Leseforschung, die dieses Problem mit der Zuhörforschung teilt, besteht die Lösung klassischerweise darin, dass man prüft, ob Testpersonen die Inhalte eines Textes verstanden haben. Korrekte Antworten auf Verständnisfragen unterschiedlicher Niveaus werden als *Indikatoren* für einen zuvor erfolgreich absolvierten Zuhörprozess und somit für das Vorhandensein von Zuhörfähigkeit auf dem entsprechenden Niveau interpretiert. Damit diese Interpretation zulässig ist, muss sichergestellt sein, dass Testpersonen die Antwort auf die Frage nicht aus anderen Gründen (z. B. auf der Basis von Alltagswissen) kennen können, weil dies die Konstruktvalidität des Tests einschränken würde, der Test also etwas anderes als das angezielte Konstrukt messen würde. Bei der Itemkonstruktion berücksichtigt man beispielsweise, dass die Frageformulierungen nicht selbst Hinweise auf die richtige Lösung enthalten dürfen (weil sie dann z. B. grammatisches Wissen oder logische Fähigkeiten testen würden). Im Zusammenhang mit der Textauswahl ist besonders darauf zu achten, dass keine sehr verbreiteten Texte gewählt werden. So könnte es zwar aus Gründen der Motivation (s. o.) verlockend sein, für SchülerInnen der Sekundarstufe Auszüge aus einem Harry Potter-Hörbuch zu wählen. Die Wahrscheinlichkeit, dass viele Jugendliche Fragen hierzu auch ohne Hören des Textes beantworten könnten, ist jedoch sehr hoch.

Ein anderer Aspekt betrifft die Darbietung der Testfragen: Vieles spricht dafür, nicht nur das Stimulusmaterial, sondern auch die Items akustisch zu präsentieren: Zum einen kann so in Gruppentestungen für ein einheitlicheres Bearbeitungstempo gesorgt werden. Zum anderen stellt dies sicher, dass nicht mit dem Lesen der Testfragen eine andere Kompetenz im Spiel ist.[14] Andererseits ist der Produktionsaufwand für CDs mit Testfragen bedeutend höher als für Testhefte auf Papier, insbesondere auch dann, wenn Änderungen an einzelnen Formulierungen erforderlich werden. Ein praktikabler Kompromiss könnte daher darin liegen, in Pilotierungen zunächst auf das (in der Durchführung weniger objektive) Vorlesen der Items durch einheitlich

---

[14] Das Gleiche gilt für Testfragen, die eine frei formulierte Antwort erfordern (offenes Itemformat): Hier würde zumindest partiell auch Schreibfähigkeit ermittelt. Es kann aber nicht übersehen werden, dass nicht in jedem Fall sinnvolle geschlossene Items (wie etwa Multiple-Choice-Items) konstruiert werden können.

geschulte TestleiterInnen zu setzen und erst eine Endfassung des Tests als dauerhafte Aufnahme zu produzieren.

3.2 Flüchtigkeit

Was beim Zuhören wahrgenommen wird, ist flüchtig. Anders als bei der Rezeption geschriebener Texte ist beim Zuhören das akustische Signal typischerweise nicht fixiert:

> *„In allen mündlichen Praktiken erfolgt die Verständigung mittels kurzlebiger leiblicher Hervorbringungen (Laute, Körperbewegungen). (...) Entsprechend muss die Rezeption darauf eingerichtet sein, dass die Wahrnehmungsgegenstände sofort wieder vergehen. (...) Über die Dauer ihrer physikalischen Existenz hinaus haben diese Hervorbringungen – wie transformiert und reduziert auch immer – lediglich als Repräsentationen im Gedächtnis bzw. in der Erinnerung derjenigen Personen Bestand, die sie produziert bzw. wahrgenommen haben" (Fiehler et al. 2004: 58).*

Zwar gibt es inzwischen technische Möglichkeiten der medialen Speicherung und genauen Analyse von Akustischem (s. Fiehler et al. 2004: 55). Dass Gehörtes aber identisch wiederholbar ist bzw. wiederholt wird, stellt im Gesamt unserer akustischen Umwelt eine sehr seltene Ausnahme dar. Das psychische System ist in seinen Abläufen auf Flüchtigkeit und *Unwiederholbarkeit* der akustisch vermittelten Information *als Normalfall* eingestellt.

Daraus ergeben sich für den Zuhörprozess interessante Besonderheiten. Der hohen Anforderung, die sich aus der Flüchtigkeit des akustischen Signals an das psychische System, speziell an den Arbeitsspeicher des Gedächtnisses ergibt, stehen ganz spezifische Fähigkeiten dieses Systems gegenüber: Wir reduzieren beim Zuhören die Komplexität durch interesse- und vorwissensgeleitete Selektion, durch das sinngemäße Zusammenfassen von Informationseinheiten zu größeren „Bündeln" und durch Ausrichtung an einem subjektiv wahrgenommenen Verstehensziel (vgl. hierzu ausführlicher: Behrens 2010; für einen umfangreichen Forschungsüberblick vgl. van Dijk & Kintsch 1983: 21ff.). Konkret bedeutet das: Auch (bzw. *gerade*) gute ZuhörerInnen „speichern" möglicherweise Gehörtes nicht wörtlich, sondern fassen Inhalte auf der Basis eines jeweils angereicherten mentalen Modells zu sinngemäßen größeren Einheiten zusammen. Sie können sich folglich nur im untypischen Sonderfall Texte wortwörtlich in Erinnerung rufen.[15]

---

[15] Allerdings kommen Thomas & Levine (1994) zu folgendem Schluss, „The current results imply that there is more to listening than simply recall. The reverse is also true. There is obviously more to recall

Für die Testkonstruktion folgt daraus, dass sogenannte Lokalisierungsaufgaben sich zwar im Lesetest regelmäßig als sehr leicht lösbar erweisen, weil sie das (Wieder-)Aufsuchen einer bestimmten Formulierung im Text erfordern, dass entsprechende Aufgaben in einem analog konstruierten Zuhörtest aber gerade leistungsstärkere TestteilnehmerInnen möglicherweise vor massive Probleme stellen.

Eine weitere Besonderheit ergibt sich bei der „prominenten" Positionierung einer gefragten Information. Dies bedeutet im Lesetext typischerweise z. B. die Position in einer (Zwischen-)Überschrift oder zu Beginn eines Textes, weil sie dort visuell leicht (wieder) aufzufinden sind. Im Unterschied dazu können Zuhörer nicht im Hörtext „zurückgehen", sondern werden auf Basis ihres „gebündelten" Textverständnisses die korrekte Antwort zu rekonstruieren versuchen. Als „prominent" müssen folglich wohl vor allem solche Informationen charakterisiert werden, die für den Gesamttext und sein Verständnis von besonderer Bedeutung sind. Zusätzlich leicht zu rekonstruieren bzw. zu erinnern sind außerdem Informationen, die z. B. durch häufige Wiederholungen, besondere Betonung, Lautstärke oder anderweitige (emotionale) Markierung besonders hervorgehoben werden.

Hieraus ergibt sich eine besondere Komplikation für die Konstruktion von Zuhörtests: AufgabenentwicklerInnen haben – anders als die späteren TestteilnehmerInnen – in der Regel einen Hörtext sehr häufig gehört, bis eine endgültige Testfassung „steht". Schon ab dem zweiten Hören wird es zunehmend schwieriger, sich noch in die Situation des ersten Eindruckes hineinzudenken, und die Gefahr steigt, mit dem (womöglich zusätzlich als Transkript vorliegenden) Text wie mit einem Lesetext umzugehen und z. B. früh im Text auftauchende Informationen für besonders „prominent" zu halten. Dies widerspricht aber der Charakteristik des Zuhörens und birgt somit zumindest die Gefahr, das angezielte Konstrukt nicht valide zu erfassen. Es ist deswegen sinnvoll, dass möglichst mehrere Testentwickler nach dem ersten, konzentrierten Hören sehr ausführlich Inhalte, Details und Höreindrücke notieren und auch im weiteren Entwicklungsprozess auf dieses Notat immer wieder zurückgreifen, um die Anforderungen realistisch abzugleichen.

---

than listening. (...) Future research should specify the noncommon elements between verbal recall and listening and a more parsimonious way of distinguishing between the two" (S. 121).

3.3 Komplexität

Zuhören ist – drittens – in vielerlei Hinsicht ein überaus komplexer Vorgang. Wir werten (mindestens) von Geburt an nicht nur den verbalen Anteil von Texten aus, sondern auch eine Fülle von paraverbalen Merkmalen wie z. B. Betonung, Lautstärke, Pausen, Fehler und Abbrüche, Tonhöhe, Melodie usw. (vgl. Szagun 2006: 48) Diese Aspekte des sprachlichen Signals sind im mündlichen Sprachgebrauch Träger von Information in dem Sinne, dass viele Äußerungen ohne die paraverbale Zusatzinformation inhaltsärmer, mehrdeutig oder gar unverständlich sein können.[16]

Es ist deswegen wünschenswert, im Zuhörtest auch das Verstehen zu erfassen, welches sich auf diese nichtverbalen Merkmale des Gehörten stützt. Beispiele hierfür wären:

- die Bedeutung eines Fragesatzes, die sich (ausschließlich) aus der Betonung eines Wortes ergibt (etwa: „Gehst *du* heute ins Kino?" vs. „Gehst du *heute* ins Kino?"),
- die emotionale Gestimmtheit einer Figur in einem narrativen Text, die sich über Sprechtempo, Tonhöhe etc. vermittelt (überrascht, ängstlich, erfreut ...),
- die Strukturierung eines längeren Radiobeitrages durch verschiedene SprecherInnen (z. B. im Wechsel von Moderation und O-Ton),
- die Einschätzung einer Sprechsituation auf Grundlage paraverbaler Merkmale (z. B. spontan gesprochen vs. vorbereitet/ abgelesen).

Mit solchen Testanteilen liegen bislang nur begrenzte Erfahrungen vor. Im Rahmen der Studien zur Normierung der Bildungsstandards sind solche Formate gelegentlich erprobt worden; die geringe Itemzahl erlaubte jedoch nicht die Konstruktion eines eigenen Testteils zum Verstehen und Auswerten paraverbaler Informationen o. ä., sodass eine Einbindung in die Kompetenz-modelle nur unzureichend gelang.[17]

Die Erfahrungen mit diesen wenigen Aufgaben weisen aber auch auf weitere Komplikationen hin, für die zufriedenstellende Lösungen noch gefunden werden müssen:

---

[16] Dies gilt selbstverständlich auch für Nonverbales, also sämtliche Aspekte von Körpersprache wie Proxemik, Gestik, Mimik etc. Auf diese *visuell* wahrgenommenen Signale wird hier wegen des Fokus' auf Akustisches nicht eingegangen. Die Integration des visuellen Anteils am *Hör*verstehen in theoretische Konzepte und praktische Testverfahren stellt eine komplexe Herausforderung für die Zukunft dar.
[17] Die Kompetenzstufenmodelle sind in der jeweils aktuellen (Entwurfs-)Fassung online verfügbar auf der Seite des Instituts zur Qualitätsentwicklung im Bildungswesen (IQB): http://www.iqb.hu-berlin.de/bista/ksm.

Wenn man eine Sensibilität für Paraverbales valide erfassen möchte, liegt es nahe, möglichst authentische Hörbeispiele zu verwenden. Man testet sonst wohl eher die Kenntnis und das Verstehen gewisser ikonischer Sprechweisen von professionellen SprecherInnen, die etwa Ängstlichkeit, Enttäuschung oder Freude zum Ausdruck bringen wollen. Diese Fähigkeit muss aber ggf. unterschieden werden von der Einfühlung in realen, alltäglichen Sprechsituationen.

In eigens produzierten Texten wie Hörbüchern, Hörspielen etc. sind zudem nicht nur die Texte konstruiert, sondern auch die paraverbalen Merkmale bewusst eingesetzt. Dadurch bieten sie schon ein bedeutend höheres Maß an Eindeutigkeit. Zudem stellt authentisches Material notwendig einen Ausschnitt aus einem sozial-emotionalen Gesamtkomplex ohne definierten Beginn und klares Ende dar; es ist also prinzipiell unmöglich, den Kontext, in dem eine Äußerung zu verstehen ist, vollständig zu explizieren, sodass in der Folge deren Bedeutung – je nach Rekonstruktion durch die Zuhörenden – systematisch uneindeutig bleibt.

Demgegenüber können eigens konstruierte Hörstücke den vollständigen Kontext, der zu ihrem Verständnis notwendig ist, mitbringen und so Mehrdeutigkeit stark reduzieren. Zudem können sie auch im Hinblick auf die paraverbalen Merkmale gezielt gestaltet werden und erlauben so die Entwicklung von Testaufgaben mit klar definierten Lösungen.

Hieraus ergibt sich wiederum eine dritte Schwierigkeit, denn in dem Maße, in dem paraverbale Bedeutungsträger wie etwa Betonung, Lautstärke, Pausen, Sprechtempo etc. gezielt gestaltet werden, um eindeutig lösbare Testaufgaben zu erlauben, steigt die Lösungswahrscheinlichkeit dieser Aufgaben. Aber: Für geschlossene Items fällt es schwer, plausible, aber eindeutig falsche Antwortoptionen (Distraktoren) zu formulieren; bei offen formulierten Items macht die Grenzziehung zwischen noch akzeptablen richtigen Lösungen und falschen Antworten Probleme, zumal hier auch Formulierungsschwierigkeiten der TestteilnehmerInnen eine Rolle spielen könnten.

Dies kann man sich an folgendem Beispielitem klar machen:

Frage: Wie fühlt sich Peter, als er bei seiner Tante ankommt?

Antwortblock A	Antwortblock B
☐ verärgert	☐ besorgt
☐ fröhlich	☐ verärgert
☐ traurig	☐ traurig
☐ neugierig	☐ gleichgültig

Im ersten Fall (Antwortblock A) ist es unwahrscheinlich, dass *paraverbale* Informationen (in diesem Fall etwa: Stimmlage, Sprechtempo, Satzmelodie) so beschaffen sind, dass die Wahl der richtigen Option schwerfällt – die richtige Lösung wäre sehr eindeutig, aber auch sehr leicht zu finden. Im zweiten Fall (Antwortblock B) hingegen lassen sich vermutlich, wiederum auf Basis des Paraverbalen, nicht des Kontextes, mehrere oder alle Optionen sinnvoll begründen. Das Item wäre damit zwar angemessen schwierig, es wäre aber unmöglich, die richtige von falschen Antworten eindeutig abzugrenzen. Ähnliche Probleme ergeben sich immer dann, wenn man versucht, entsprechende Items in Tests einzubinden, die im Wesentlichen das Textverstehen überprüfen und deswegen mit möglichst authentischem akustischem Material arbeiten (müssen).

Wenn man gezielt die Fähigkeit testen möchte, emotionale Gehalte im Gesprochenen zu ermitteln, sind vermutlich spezifisch konstruierte Items vielversprechender. Ein Beispiel hierfür ist das in der Forschung sehr verbreitete „Profile of Nonverbal Sensitivity" (PONS; Rosenthal et al. 1979). Im akustischen Teil des Tests wird den Probanden inhaltsentleerte Sprache dargeboten. Dafür werden die Aufnahmen gesprochener Sätze (Beispiele für solche Sätze vgl. Tab. 1) zerstückelt und ungeordnet wieder zusammengesetzt, sodass zwar der Klang des Gesprochenen noch erhalten bleibt, der Inhalt des Satzes jedoch nicht mehr erkennbar ist. So wird zum einen sichergestellt, dass die SprecherInnen möglichst natürlich agieren können (also Wut, Fürsorglichkeit, Unterwürfigkeit o. Ä. nicht allzu künstlich in das Gesprochene legen müssen), zum anderen, dass die Zuhörenden keine Hinweise auf der Ebene der Textinhalte bekommen. Dass dieses Verfahren sehr gute psychometrische Werte erreicht, verdankt es bezeichnenderweise der Beschränkung auf vier emotionale Grundhaltungen, die aus der Kombination der Gegensätze unterwürfig – dominant und negativ – positiv entstehen. Beispielitems sind:

Tab. 1: Matrix der vier Grundhaltungen im PONS; Übers. UB (Behrens 2010: 43)

	Dominant	unterwürfig/ nicht dominant
positiv	„Oh, jetzt weine mal nicht mehr. Wo wohnst du denn? Alles wird gut. Sag mal, wie heißt denn dein Papa?"	„Oh, tut mir Leid, das haben wir nicht mehr. Aber etwas sehr ähnliches, das Sie vielleicht mögen. Möchten Sie es sehen?"
negativ	„Wie oft hab ich dir schon gesagt, dass du deine Sachen nicht überall herumliegen lassen sollst? Es ist ein einziges Chaos hier!"	„Es tut mir wirklich leid, aber diese Uhr funktioniert nicht, oder jedenfalls scheint es so. Kann ich sie umtauschen?"

48

Ein zweites Beispiel, das sich mit weniger technischem Aufwand realisieren lässt: Im (ebenfalls englischsprachigen) Jones-Mohr-Listening-Test (Jones & Mohr 1976) müssen die Testpersonen gehörten Sätzen (z. B. „Let's go see him again.") im Multiple Choice-Verfahren jeweils einen anderen Satz zuordnen, der dem emotionalen Gehalt des Gehörten am besten entspricht. Beispielitems sind etwa:

Let's go see him again.

- ☐ I just can't wait.
- ☐ I'd like to get something from him.
- ☐ I never want to see him again.
- ☐ I really enjoyed seeing him.

I'm sure I can handle it.

- ☐ Don't bother me.
- ☐ I'm quite confident of that.
- ☐ I have a few doubts.
- ☐ ... but you can't.

I've been waiting for two hours.

- ☐ I've been afraid to be alone.
- ☐ I was worried about you.
- ☐ How long have you waited?
- ☐ I'm really impatient with you.

In der geschriebenen Version sind jeweils alle vier Optionen möglich; paraverbale Merkmale entscheiden in der mündlichen Version jeweils über die korrekte Antwort.

3.4 Multimedialität

Ein viertes Merkmal des Zuhörens: Bislang war von Aspekten die Rede, die sich auf das akustische Signal beziehen. Nun ist im Normalfall unsere Wahrnehmung aber nicht auf das akustische Signal beschränkt. Es erscheint vielmehr typischerweise im Verbund mit zahlreichen optischen und weiteren Sinneswahrnehmungen: Zuhören als multimedialer Sinn. Was für die Auswertung *para*verbaler Charakteristika ausgeführt wurde, gilt für *non*verbale Hinweise in potenzierter Form: Mimik, Gestik oder Körpersprache sind eigene Träger von Information und Bedeutung.

Das lässt sich am Beispiel der Ironie verdeutlichen, die sich auf der rein verbalen Ebene nicht identifizieren lässt: Wer sicher sein möchte, mit einer ironischen Bemerkung nicht missverstanden zu werden, der wird – ggf.

zusätzlich zu übertriebener Betonung – mimische Distanzierungssignale (Lächeln, Augenzwinkern ...) senden. Sofern auch solche Signale ausbleiben, können ZuhörerInnen nur noch über den Kontext, also etwa ihr Wissen über die Einstellung des Sprechers zu einer Sache, Ironie identifizieren.

Davon abgesehen werden aber auch auf der Ebene des Wortverstehens visuelle Hinweise ausgewertet. Das Verstehen von undeutlich Gesprochenem kann z. B. dadurch verbessert werden, dass man „vom Mund abliest", eine Technik, die für Hörgeschädigte von großer Bedeutung ist. Obwohl nur etwa 30% der Laute im Deutschen an den Lippenbewegungen eindeutig erkennbar sind (vgl. im Detail Engels o. J.), werden eventuelle Verstehenslücken auch von gut hörenden Personen auf diese Weise geschlossen.

Nun sind allerdings Aspekte nonverbaler Kommunikation nicht nur als eigene, sondern ggf. auch als eigen*ständige* Bedeutungsträger zu sehen: Die Mimik oder Gestik kann aus unterschiedlichsten Gründen mit dem Gesagten und ggf. sogar mit dem vom Sprecher „Gemeinten" partiell inkonsistent sein, ihm „widersprechen". Inwiefern also dabei das Gesehene das Verständnis des Gehörten erleichtert oder möglicherweise erschwert, ist bislang noch so unklar, dass etwa Gary Buck auch 2009 noch davon abrät, Zuhörforschung mit Videos zu betreiben. Lieber, so rät er, solle man eine unnatürliche Reduktion des Stimulusmaterials in Testungen in Kauf nehmen, als den vollkommen unkalkulierbaren Effekt des Gesehenen als Fehlerquelle in die Daten einzubetten.[18] Gleichwohl kann und muss diese Empfehlung auch als Hinweis auf ein weites Feld noch offener Forschungsfragen verstanden werden (vgl. hierzu etwa Fiehler, in Vorb.).

3.5 Interaktivität

Zuhören ist schließlich – fünftens – interaktiv, d. h. es ist in komplexeste kommunikative Situationen und Kontexte eingebunden. Böhme, Robitzsch & Busè (2010) tragen z. B. nicht weniger als zwanzig schwierigkeitsbestimmende Merkmale allein für Hörtexte in Testaufgaben zusammen. Beispiele dafür sind die Zahl und Ähnlichkeit der Sprecherstimmen, die Länge des Hörtextes, die mittlere Länge der gesprochenen Sätze, Dialektfärbungen, Sprechtempo und Pausen, Überlappungen beim Sprecherwechsel, notwendiges Vorwissen etc. Damit man den Beitrag solcher Merkmale zur Schwierigkeit von Hörtexten und Items im Zuhörtest zumindest ansatzweise kontrol-

---

[18] Auch für diesen visuellen Aspekt des Zuhörens enthält allerdings das bereits erwähnte Profile of Nonverbal Sensitivity (PONS) eine Batterie entsprechender Items. Hier sehen die Probanden kurze Videoszenen und müssen auf der Grundlage nonverbaler Hinweise Rückschlüsse ziehen auf die (emotionale) Haltung der Akteurinnen und Akteure, wiederum eingeteilt in vier Grundhaltungen.

lieren kann, müssten einzelne von ihnen gezielt variiert und untersucht werden. Ergebnisse dieser Art sind nicht als Nebenprodukt von Sprachstandstestungen, Vergleichsarbeiten etc. zu erwarten, sondern in Studien, die sich die Professionalisierung der Testentwicklung zum Ziel setzen.

4 Fazit

Dies alles (und sicher manches mehr) führt zu der vielfach konstatierten Komplexität des Forschungsfeldes „Zuhören", und dieser Umstand führte in der Vergangenheit oft zu einer durchaus begreiflichen Zurückhaltung bezüglich empirischer Forschungsvorhaben. In größerer Menge finden sich in der Literatur hingegen theoretische Modelle, Empfehlungen, Ideen und Ansätze für künftig zu leistende Forschung.

Die Hinweise und Ideen in diesem Beitrag sollen dazu ermuntern, den theoretischen Worten (für die er selbst ein Beispiel ist) empirische Taten folgen zu lassen, um künftig ein zunehmend klareres Bild von der Bedeutung und Funktionsweise des Zuhörens beim (Sprach-)Lernen zu gewinnen.

Literatur

Becker-Mrotzek, M. (2008). Gesprächskompetenz vermitteln und ermitteln. Gute Aufgaben im Bereich ‚Sprechen und Zuhören'. In: Bremerich-Vos, A.; Granzer, D. & Köller, O. (Hrsg.): Lernstandsbestimmung im Fach Deutsch. Gute Aufgaben für den Unterricht. Weinheim und Basel: Beltz Verlag, 52-77.

Behrens, U. (2010). Aspekte eines Kompetenzmodells zum Zuhören und Möglichkeiten ihrer Testung. In: Bernius, V. & Imhof, M. (Hrsg): Zuhörkompetenz in Unterricht und Schule. Göttingen: Vandenhoek & Ruprecht, 31-50.

Behrens, U.; Böhme, K. & Krelle, M. (2009). Zuhören – Operationalisierung und fachdidaktische Implikationen. In: Bremerich-Vos, A.; Granzer, D. & Köller, O. (Hrsg.): Bildungsstandards Deutsch und Mathematik. Leistungsmessung in der Grundschule. Weinheim und Basel: Beltz Verlag, 357-375.

Böhme, K.; Robitzsch, A. & Busè, A.-K. (2010). Zur Abgrenzung des Hörverstehens gegenüber dem Leseverstehen mit Hilfe schwierigkeitsbestimmender Merkmale bei der Entwicklung von Testaufgaben. In: Bernius, V. & Imhof, M. (Hrsg.): Zuhörkompetenz in Unterricht und Schule. Göttingen: Vandenhoek & Ruprecht, 81-104.

Bremerich-Vos, A. et al. (2010). Kompetenzmodelle für das Fach Deutsch. In: Köller, O.; Knigge, M. & Tesch, B. (Hrsg.): Sprachliche Kompetenzen im Ländervergleich. Überprüfung der Bildungsstandards in den Fächern Deutsch und erste Fremdsprache in der neunten Jahrgangsstufe. Münster: Waxmann, 37-50.

Buck, G. (2009). Assessing Listening. 8. Aufl. New York: Cambridge University Press.

van Dijk, T. & Kintsch, W. (1983). Strategies of discourse comprehension. New York: Academic Press.

Engels, Ele (o. J.). Verstehen durch sehen. Online verfügbar unter http:// www. ertaubt.de/download/Verstehen_durch_Sehen.pdf; [2013-03-01].

Fiehler, R. (in Vorb.; erscheint voraussichtlich 2014). Von der Mündlichkeit zur Multimodalität. In: Grundler, E. & Spiegel, C. (Hrsg.): Konzeptionen des Mündlichen (Arbeitstitel). Bern: hep-Verlag.

Fiehler, R. et al. (2004). Eigenschaften gesprochener Sprache. Tübingen: Narr.

Gschwend, R. (in Vorb.; erscheint voraussichtlich 2014). Zuhören und Hörverstehen: Aspekte, Ziele und Kompetenzen. In: Grundler, E. & Spiegel, C. (Hrsg.): Konzeptionen des Mündlichen (Arbeitstitel). Bern: hep-Verlag.

Imhof, M. (2003). Zuhören. Psychologische Aspekte auditiver Informationsverarbeitung. Göttingen: Vandenhoeck & Ruprecht.

Imhof, M. (2004). Zuhören und Instruktion. Empirische Zugänge zur Verarbeitung mündlich vermittelter Information. Münster: Waxmann.

Jones, J. E. & Mohr, L. (1976). The Jones-Mohr listening test. San Diego, CA: University Associates.

Lienert, G. A. & Raatz, U. (1998^6). Testaufbau und Testanalyse. Weinheim und Basel: Beltz Verlag.

Nold, G.; Rossa, H. & Hartig, J. (2008). Hörverstehen Englisch. In: DESI-Konsortium (Hrsg.): Unterricht und Kompetenzerwerb in Deutsch und Englisch. Ergebnisse der DESI-Studie. Weinheim und Basel: Beltz Verlag, 120-129.

Rosenthal, R. et al. (1979). Sensitivity to nonverbal communications: The PONS test. Baltimore, MD: Johns Hopkins University Press.

Szagun, G. (2006). Sprachentwicklung beim Kind. Weinheim und Basel: Beltz Verlag.

Thomas, L. T, & Levine, T. R. (1994). Disentangling listening and verbal recall. Human Communication Research, 21 (1), 103-129.

Zündorf, I.; Karnath, H.-O. & Lewald, J. (2011). Male advantage in sound localization at cocktail parties. Cortex 47, 741-749.

Astrid Neumann

Gemeinsamkeiten und Unterschiede bei der Kodierung schriftlicher und mündlicher Texte im schulischen Praxisfeld

Im folgenden Artikel wird auf der Grundlage sprachwissenschaftlicher Erkenntnisse und bildungspolitisch gesetzter Anforderungen ein integrativer Blick auf mündliche und schriftliche Sprachleistungen und deren Erfassung entwickelt. Da sowohl das Untersuchungsfeld als auch der Gegenstand selbst die Erhebungs- und Auswertungsmethoden maßgeblich mitbestimmen und nach dem Gemeinsamen und Spezifischen gesucht werden soll, werden dabei zuerst beide Bereiche parallel grundlegend eingeführt, bevor methodische Fragen an unterschiedlichen Beispielen beleuchtet werden.

1 Grundlegung: Schulische Kompetenzforschung

Im Zuge der Einführung der Bildungsstandards 2003/04, in denen der Modus des Mündlichen als Bildungsziel des Deutschunterrichts erstmalig im bundesdeutschen Maßstab in eine Reihe mit schriftsprachlichen Ausdrucksformen gerückt wurde, trat auch ein forschungsmethodisches Dilemma zu Tage. Einerseits soll sich für alle abgebildeten Kompetenzbereiche auf vorhandene belastbare Kompetenzmodelle bezogen werden (vgl. Klieme et al. 2003), andererseits stellten und stellen die pädagogisch-psychologische und fachdidaktische Forschung diese – außer für das Leseverstehen – nicht oder nur in sehr begrenztem Umfang für das Fach Deutsch zur Verfügung. Der Fokus einzelner Wissenschaftszweige in der Schulforschung bezog und bezieht sich zudem meist auf unterschiedliche Aspekte: Während im Assessment der Bildungswissenschaften Aussagen über die Leistungsfähigkeit der Systeme anhand einiger Indikatoren in großen Kohorten im Vordergrund stehen, untersuchen fachdidaktische Forscher vor allem die Prozesse der Vermittlung und der Entwicklung der Individuen. Schulleistungsmessungen erfordern dabei andere Verfahren, als sie in der klassischen fachdidaktischen Einzelfallanalyse und Unterrichtsbeobachtung möglich waren und sind.

Kompetenzmessungen allein reichen für eine notwendige Veränderung in der Schule nicht aus. Initial für eine neuartige Erforschung der Unterrichtsprozesse, und damit der im Modus des Mündlichen stattfindenden Lernprozesse, waren die international in Folge von TIMSS durchgeführten vergleichenden Unterrichtsanalysen. Dabei wurde davon ausgegangen, dass Beobachtungen und Videoanalysen bei der Analyse der Prozessqualität (im Vergleich zu Schüler- und Lehrerbefragungen) zu den größten Effekten führen (vgl. Seidel & Shavelson 2007: 478). In TIMSS-Video (1999) von Mathematikunterricht in Deutschland, Japan und den USA wurden Maßstäbe für die video-gestützte Analyse von Prozessen gelegt. Anhand der Aufnahmen konnten verschiedene Unterrichtskulturen mit den hervorgebrachten Effekten diskutiert werden, aber auch die Unterrichtskommunikation und die sprachliche Umsetzung von Fachinhalten erfuhr in der Auseinandersetzung erhöhte Aufmerksamkeit (vgl. Becker-Mrotzek 2009).

Verbunden mit der eingangs erwähnten Tatsache, dass für viele, vor allem die produktiven Sprachfertigkeiten in Deutsch noch keine verlässlichen Kompetenzmodelle vorliegen, ist seit Mitte der 2000er Jahre ein Aufschwung in der Kodierung produktiver Sprachfertigkeiten und Unterrichtsprozesse zu erkennen. Diese müssen sich dem Problem einer validen, reliablen und objektiven Erfassung der Phänomene stellen und diese ökonomisch und personell vertretbar für aussagekräftige Studien erst noch lösen (vgl. für das Schreiben Granzer, Böhme & Köller 2008). Vorschläge, einzelne Aspekte oder Teilkompetenzen als Indikatoren für die Gesamtfähigkeit zu nutzen (vgl. für die Gesprächsforschung Becker-Mrotzek 2008), setzen dabei auf eine theoretisch begründete Herleitung der Kompetenzstrukturen und müssen in ihrer Wirkung für das Gesamtkonstrukt jeweils genau geprüft werden.

Im Folgenden soll der Versuch unternommen werden, die gemeinsamen methodischen Herausforderungen zur Erforschung der produktiven Sprachfertigkeiten im schulischen Kontext zu skizzieren und Ideen zur Beantwortung der oben aufgezeigten Probleme zu generieren. Dabei wird nicht der mündliche oder schriftliche Sprachmodus in den Vordergrund gerückt, Besonderheiten sollen dabei doch angesprochen sein. Die eigene Dignität der Sprachformen berücksichtigend wird versucht, jeweils messmethodisches Innovationspotenzial zu skizzieren, um einen gemeinsamen Blick auf die Erforschung produktiv-sprachlicher Phänomene in offenen Testformaten und Beobachtungssituationen zu schärfen.

2 Grundlegung: Text- und Gesprächsverstehen im weiteren Sinne

Aktuelle textlinguistische Ansätze gehen von einem erweiterten Textbegriff, der auch mündliche Äußerungen und außersprachliche Zeichen einbeziehen kann, aus. Dieser Textbegriff umfasst verschiedene Kriterien von Textualität, wobei die Merkmale von DeBaugrande & Dressler (1981) Kohäsion, Köhärenz, Intentionalität, Akzeptabilität, Informativität, Situationalität und Intertextualität immer noch als Matrix für die Auseinandersetzungen herangezogen werden. Neuere Tendenzen gehen vor allem Fragen der Multikodalität, Multimedialität und Intertextualität nach (vgl. Fix 2008) und öffnen die Auseinandersetzung damit für andere sprachliche Ausdrucksformen.

Die Gesprächs- bzw. Kommunikationsanalyse muss dagegen mit der Problematik umgehen, dass unsere Sicht auf Sprache nach Ehlich (vgl. 2006) historisch gewachsen durch eine Fixierung auf Schrift bestimmt ist. Für alle Analysen sollte daher nach Fiehler (2009) dieser *Schriftbias* bewusst mitgedacht werden, um spezifische Phänomene der Mündlichkeit nicht zu übersehen. „Das größte Problem dabei ist, sich das written language bias, die Schriftbrille, immer wieder bewusst zu machen und in Rechnung zu stellen – abzusetzen ist sie nicht" (Fiehler 2009: 34).

Es gilt also Übergreifendes zu finden und daraus Analysemethoden für die spezifischen Phänomene abzuleiten. Sprachliche Aktivitäten sind funktional als Handlungsmuster in den alltagsweltlichen kommunikativen Praktiken verankert. Diese sind vorgeformt, damit regelhaft und zweckgebunden (vgl. Fiehler et al. 2004: 99ff.) und stellen als handlungspraktisches Wissen die Grundlage für gesellschaftlich akzeptiertes sprachliches Handeln zwischen mehreren Partnern dar. Die Abstraktion vom jeweiligen Modus ermöglicht so einen erweiterten Blick auf die jeweils spezifischen Ausführungen und deren Regularitäten zur Lösung kommunikativer Probleme (vgl. Abbildung 1). Ein Vergleich auf den vier Ebenen: Sprach- und Regelsysteme; Gesamtheit der Verständigungsprozesse in ihrer gesellschaftlichen Verwendung (Praktiken), der konkreten Realisierungen und der Instanzen der Textprodukte (ebd.: 11) erscheint mit den Überschneidungsbereichen nicht immer distinkt möglich, die Überformung durch die gesellschaftliche Verankerung in der Praktikengebundenheit steht so einer Trennung entgegen und sollte daher auch zu übergreifenden Sprachanalysen führen können.

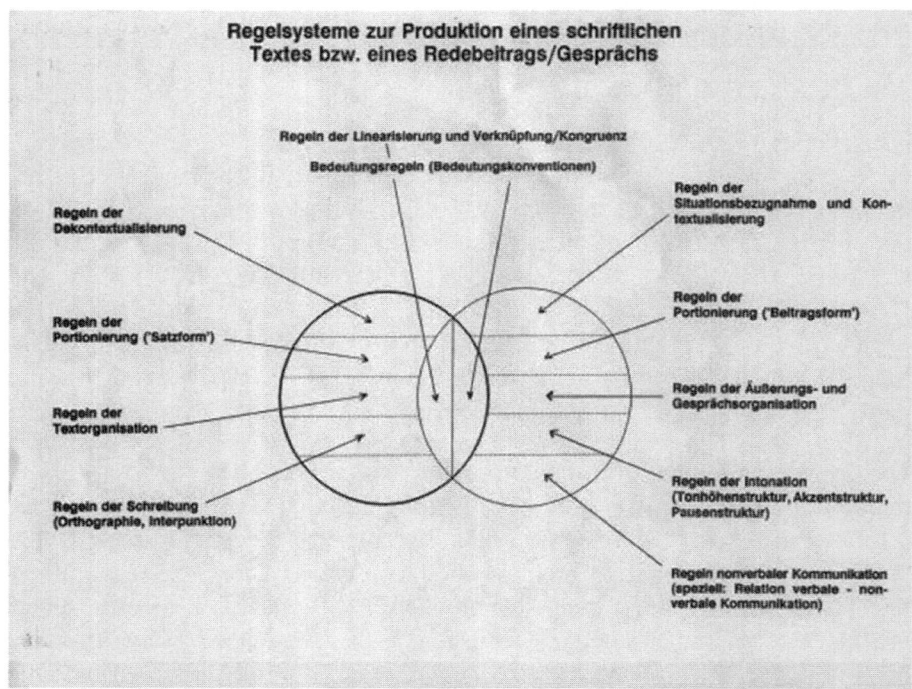

Regelsysteme zur Produktion eines schriftlichen Textes bzw. eines Redebeitrags/Gesprächs

Regeln der Linearisierung und Verknüpfung/Kongruenz

Bedeutungsregeln (Bedeutungskonventionen)

Regeln der Situationsbezugnahme und Kontextualisierung

Regeln der Dekontextualisierung

Regeln der Portionierung ('Beitragsform')

Regeln der Portionierung ('Satzform')

Regeln der Äußerungs- und Gesprächsorganisation

Regeln der Textorganisation

Regeln der Intonation (Tonhöhenstruktur, Akzentstruktur, Pausenstruktur)

Regeln der Schreibung (Orthographie, Interpunktion)

Regeln nonverbaler Kommunikation (speziell: Relation verbale - nonverbale Kommunikation)

Abbildung 1: Fiehler (2007: 469)

Nichts desto weniger existieren sprachliche Merkmale des jeweiligen Modus, die durch die gemeinsame Gesprächssituation oder deren Aufhebung bedingt sind und zu spezifischen Voraussetzungen für die Erforschung führen. Während für die Analyse mündlicher Kommunikation der gemeinsame, flüchtige Sprechzeit-Raum von Sender und Empfänger, die damit verbundene Parallelität von Planen, Produzieren und Rezipieren, auch die möglichen sofortigen Korrekturen gesichert werden müssen und das Gesprächsergebnis durch mindestens zwei interaktiv, auch non- und paraverbal agierende Partner erreicht wird, muss die schriftliche Kommunikation anderen Bedingungen folgen. Diese Sprachformen müssen technisch gesichert und über Transkriptionen der Analyse zugeführt werden.

Schrift dagegen soll eine dauerhafte Übertragung von Informationen über raum-zeitliche Distanzen ermöglichen. Die Zerdehnung der Kommunikationssituation muss mittels expliziter Schaffung des Verstehenskontextes über eine Antizipation des Leserverhaltens partiell aufgehoben werden. Die Trennung von Produktion und Rezeption schafft Zeit, um diese kognitiven Prozeduren in Sprache umzusetzen. Schriftprodukte können dabei direkt einer Analyse zugeführt werden.

Zusammenfassend lässt sich hinsichtlich der eingangs aufgezeigten Problematik festhalten, dass es sich sowohl bei mündlicher als auch schriftlicher Sprachkompetenz um komplexe Fähigkeiten der produktiven Sprachnutzung handelt. Die zugrundeliegenden kommunikativen Aufgaben sind durch entsprechende Praktiken (i. o. S.) überformt, sodass die kognitiven Prozesse, die an der Oberfläche in der Performanz sichtbar werden, nicht zu diametral voneinander verschiedenen Einschätzungen der Kompetenzen führen können. Damit steht die Forderung nach validen, reliablen und objektiven Aussagen, die auch über gemeinsame methodische Voraussetzungen erfüllt werden sollte, im Zentrum der weiteren Auseinandersetzung.

3 Methodische Konsequenzen im Vergleich: Leistungen und Prozesse

Bei einer Beschreibung möglicher zu nutzender Forschungsverfahren steht dazu die eingangs vorgestellte Situation der Erforschung von Leistungen und Unterricht in der Schule Pate. Es wird nicht darum gehen, familiale, außerschulische und berufliche Kontexte zur Klärung dieser Frage heranzuziehen, da hier andere institutionelle Rahmenbedingungen vorliegen. Außerdem wird damit grundsätzlich eher ein systembezogener Blick mit größeren Teilnehmerzahlen genutzt. Deren Fähigkeiten sind narrativ-beschreibend nicht hinreichend vergleichbar zu charakterisieren. Es soll bei diesem vergleichenden Vorgehen nicht um Theoriebildung, sondern um die Anwendung vorhandener Modelle auf die schulische Situation im Kontext der Qualitätssicherung und –entwicklung gehen.

Wenn es, wie oben dargestellt, um eine gemeinsame sprachliche Basis für mündliche und schriftliche kommunikative Problemlösungen geht, kann davon ausgegangen werden, dass ein ähnlicher Verlauf der Erforschung der kommunikativen Handlungen genutzt werden kann. Dieser muss die medialen Besonderheiten der Sprachprodukte beachten und entsprechend ausdifferenzieren, kann sich dabei aber prinzipiell an ähnlichen Grundfragen orientieren. Dies soll hier nun exemplarisch unter Bezug auf aktuelle Forschungsergebnisse demonstriert werden.

3.1 Was will ich eigentlich messen?

Die erste zu beantwortende Frage ist die nach dem eigentlichen Forschungsinteresse. Die „Klärung des Entdeckungs- und Verwertungszusammenhangs" (Schöneck & Voß 2005: 17) erfordert erste Weichenstellungen in der oben beschriebenen Art und Weise: Eine Erforschung der Teilfähigkeit, Texte zu überarbeiten, geht dabei auf andere theoretische Ansätze der

Schreibprozessforschung (vgl. Hayes & Flower 1980; Hayes 2012) zurück als die Klärung der Frage, wie gut Schüler in unserem System schreiben (vgl. Neumann 2007; Neumann 2011). Wie gut Lehrenden ein sprachunterstützender Unterricht gelingt und sie in der Lehrer-Schüler-Interaktion kompetent agieren (vgl. Neumann & Mahler 2013) muss mit anderen Verfahren gezeigt werden als die individuellen Kompetenzen der Lernenden im verstehenden Zuhören (vgl. Schipolowski & Böhme 2010) und die produktive mündliche Kompetenz des Sprechens (vgl. Nold 2008; Webersik 2012).

Damit muss die anvisierte zu messende Kompetenz in einem entsprechenden Konstrukt konkretisiert werden. Unabhängig vom Sprachmodus sind theoretische Überlegungen zu nutzen, um einzelne Dimensionen der Kompetenz für die Untersuchung begründet ein- bzw. auszuschließen. So gelten für das Überarbeiten eines Textes bzw. Textes im Kopf = Text 0 (vgl. Nussbaumer 1991) verschiedene Formen der Revisionstiefe (vgl. Baurmann & Ludwig 1984) als handlungsleitend, für die Schreibprodukte können dagegen spezifische Teilfähigkeiten wie sprachsystematische, semantisch-pragmatische (vgl. Neumann & Lehmann 2008) und weitere Subkomponenten wie z. B. Wortschatz, Kohäsion und Perspektivübernahme (vgl. Jost & Becker-Mrotzek 2012) je nach Untersuchungsfrage zur Orientierung dienen. Wenn man nach unterstützenden Elementen des Unterrichts im Prozess sucht, muss man diese auf der Ebene der impliziten oder systematischen Sprachvermittlung suchen (vgl. Göbel 2007; Ricart Brede 2011) und die Besonderheiten der mündlichen Sprache für ein effektives Unterrichten (vgl. Richert 2007; Helmke et al. 2008) unter institutionellen Bedingungen einbeziehen (vgl. Becker-Mrotzek & Vogt 2009). Für das individuelle Sprechen der Schüler müssen neben sprachsystematischen und interaktionalen Fähigkeiten wiederum andere individuelle sprech-stimmliche Aspekte (Sprechwissenschaft) beachtet werden. Mit diesem Wissen können gerichtete Hypothesen aufgestellt werden, die in der geplanten Untersuchung zur Beantwortung der Forschungsfragen geprüft werden (vgl. Eid, Gollwitzer & Schmitt 2010: XXVII). Die Identifikation verschiedener Dimensionen des jeweiligen Konstrukts erleichtert dabei das Festlegen von Elizitierungsmöglichkeiten, die dazu führen sollen, dass die Untersuchungspersonen ihre Kompetenzen auch zeigen können.

3.2 Woran kann ich das Konstrukt erkennen?

Kompetenzen sind per definitionem als kognitive Prozesse nicht direkt beobachtbar, sondern müssen anhand abgeleiteter Konstrukte untersucht werden. Sie werden dann an der (sprachlichen) Oberfläche in der Performanz sichtbar. Dieses „Zeigen" der Kompetenz muss in dem oben beschriebenen Rahmen für alle vergleichbar entsprechend initiiert und anhand gemeinsamer, festgelegter Indikatoren ausgewertet werden. Dies können beim Überarbeiten von Texten die Spuren der Überarbeitung im Text selbst oder auch die ge/besprochenen Textveränderungen des Schreibenden sein (Fix 2000). Für das Produkt können „formale Kriterien: Auswertbarkeit, Schriftbild/Lesbarkeit und Textumfang, sprachliche Kriterien: Orthographie, Zeichensetzung, Grammatik, Wortschatz und Kontrolle des Satzbaus, strukturelle Kriterien: Einhalten der Textsorte, Bezugnahme und Rezipientenorientierung, Kohärenz, Kohäsion und Textaufbau (z. B. Einleitung, Absätze und Schluss) sowie inhaltliche Kriterien: Aufgabenverständnis, zentrale Inhalte/Hauptinformationen, Zusatzinformationen und spezielle Qualitätsmerkmale" (IQB 2012: 5) oder die Charakterisierung der konventionellen und unkonventionellen Textualität als Indikatoren für gute Texte verstanden werden (Kruse et al. 2012: 95ff.). Allerdings gibt es hier je nach oben beschriebenem Forschungsinteresse verschiedene Herangehensweisen an die Bestimmung der Textqualität (vgl. Weigle 2002; Neumann 2013). Fähigkeiten im Gespräch werden hinsichtlich der Erfüllung der Anforderungen, z. B. die Sequenzialität, Thematizität, Identitätsgestaltung und der Einsatz von Unterstützungsverfahren (vgl. Becker-Mrotzek 2009) spezifisch geprüft, wobei auf Artikulationsebene auch der Sprechausdruck wie z. B. Sprechtonhöhe, Stimmklang, Lautstärke, Sprechgeschwindigkeit, Sprechrhythmus u. a. m. beachtet werden kann (vgl. Bose 2010). Dies gilt auch für interaktionale Fragen im Unterricht, allerdings können diese für eine Präzisierung auch hinsichtlich spezifischer Fragen wie „Redeanteile von Lehrern und Schülern, Umfang und Art des verwendeten Wortschatzes von Lehrern und Schülern, Anzahl der Lehrermoves und Schülermoves und Auftretenshäufigkeiten der Initiation-Reply-Evaluation-Sequenz" (Richert 2007: 117) eher quantitativ konkretisiert werden. Aus all diesen Indikatoren wird auf die dahinterliegende Fähigkeit geschlossen. Wenn Indikatoren für eine Kompetenz spezifiziert sind, muss die methodische Frage beantwortet werden, wie die Untersuchungspersonen zum Zeigen derselben aufgefordert werden können, damit das Forschungsteam diese auch beobachten oder erschließen kann.

3.3 Mit welchen Aufgaben und/oder Beobachtungen kann ich die Indikatoren elizitieren?

Damit stellt sich die Frage nach den Impulsen, die das Ausführen der kompetenzgestützten sprachlichen Handlungen initiieren. Hier geht es also bei der Planung der empirischen Untersuchung um die Auswahl der angemessenen Erhebungsmethoden in der richtigen Untersuchungsstichprobe und damit verbunden um die Festlegung einer Datenerhebungsstrategie (vgl. Eid, Gollwitzer & Schmitt 2012). Um bei den oben genannten Beispielen zu bleiben, muss entschieden werden, wie ich Überarbeitungskompetenzen herausfordern kann (Revisionen schriftlich vorliegender Texte oder die mündliche Kommentierung während des Überarbeitungsprozesses) oder finite Textprodukte, die in einer Testsituation unter gleichen Bedingungen entstanden sind. Je nach Untersuchungsfokus müssen die gestellten Aufgaben dies jeweils ermöglichen. Lehrer-Schüler-Interaktionen können offen beobachtet und dokumentiert werden (wobei das Beobachterparadoxon beachtet werden muss) und dann hinsichtlich ihrer Wirkungen auf sprachsensible Situationen untersucht werden. Das Hörverstehen kann anhand verschiedener geschlossener, halboffener und offener Fragen zu gehörten monologischen oder multilogischen Hörtexten getestet und die Sprechkompetenz anhand elizitierter Sprachproben der Lernenden technikgestützt gemessen werden. Verschiedene Entwicklungen der Lernenden und Erfahrungen der Lehrenden beeinflussen dabei die Ergebnisse genauso wie unterschiedlich schwere Aufgabenstellungen. Diese Effekte bereits von Beginn an zu berücksichtigen, erfordert eine klare Dimensionsstruktur, um die Untersuchungspersonen nicht per se zu über- oder unterfordern, sondern durch die Aufgaben eine möglichst hohe Gelingenswahrscheinlichkeit und so eine hohe Lösungsbereitschaft zu schaffen. Und dies gilt gleichermaßen für die zu zeigenden Leistungen und die erfassbaren Lern- oder Interaktionsprozesse.

3.4 Welche Untersuchungseinheiten dienen welchen Erkenntnissen?

Sind die Sprachproben jedweder Art erfasst, stellt sich die Frage, wie diese ausgewertet werden können/sollen. Zur Vorbereitung einer Analyse müssen die Sprachmerkmale in größeren Untersuchungen in Daten umgewandelt werden. Hier werden erstmals im Prozess notwendigerweise unterschiedliche modale Aspekte berücksichtigt: Auditive Signale müssen verschriftlicht oder einem Kodierprogramm als stabil wiederholbare Daten zugeführt werden. Texte liegen als Schriftprodukte überdauernd vor, trotzdem müssen auch diese gesichert/gescannt der Kodierung zugeführt werden. Auch diese können von handschriftlichen in maschinenschriftliche Varianten umgewandelt werden. Die Verschriftung von Gesprächsaufnahmen, die als Audio- oder Videodateien vorliegen, erfordert genauso wie die Abschrift handschriftlicher Texte zweckgebundene Entscheidungen (vgl. Deppermann 2008) über den Umfang und die Form. Bereits hier wird eine Entscheidung über das Ausmaß des jeweiligen Transfers (ganze Gespräche, spezifische thematische Äußerungen, besondere Sprecherwechsel bzw. vollständige Texte, Einleitungen, alle Formulierungen zum Spannungsaufbau oder spezifische Propositionen) und den Informationsgehalt aufgrund verschiedener Transkriptionssysteme (vgl. Deppermann 2008) bzw. verschieden tief korrigierte Abschriften getroffen, die im späteren Forschungsverlauf nur mit erheblichem Aufwand revidiert werden können. Daher gilt es die Frage, welche Untersuchungseinheiten zu welchen Erkenntnissen führen können, genauestens zu prüfen.

Primärdaten als Originalgespräch bzw. –text haben zwar einerseits den höchsten Authentizitätsgehalt, sind aber forschungsökonomisch am schwersten zu managen und erfordern daher eine sehr bewusste Überführung in Sekundär- (Aufnahme, Scan) und Tertiärdaten (Transkription bzw. Abschrift) (vgl. Lindner 2000). An jedem der Ebenenwechsel beeinflussen Entscheidungen z. B. über die Kamerastellung bzw. die Mikrofonsituierung, die Auflösung bzw. Farbgebung des Scans und selbstverständlich die Anzahl der Informationen in der Transkription und der Annotationen (neben verbalen auch paraverbale oder nonverbale Zeichen, zusätzliche Lageinformationen usw.) und der Abschrift (Zeilenerhalt, Revisionsdokumentationen, orthografische Bereinigungen) die weiteren Auswertungen. Gesprächs- und textanalytische Verfahren mit dem Ziel der Identifikation sprachlicher oder interaktionaler Besonderheiten des Materials werden dabei eher zur wiederholten Analyse der Transkripte bzw. Abschriften greifen, während die bildungswissenschaftliche und fachdidaktische Einschätzung von Personenfähigkeiten im sprachlich-kommunikativen Bereich eher die Kodierung authentischer Audio- und Videoaufnahmen und von den Probanden geschriebenen Texten nutzt. Alle vorgenommenen Komplexitätsreduktionen führen zu einer höheren Ökonomisierung der Auswertung, müssen aber aufgrund des damit verbundenen Authentizitätsverlustes gut begründet sein, transparent gemacht werden und ggf. revidierbar sein.

Für alle Formen der Auswertung muss eine weitere grundlegende Entscheidung getroffen werden, die die Untersuchungseinheiten betrifft: die Anlage der Variablen, die der Analyse zugeführt werden. Es gilt dabei zu entscheiden, ob hinsichtlich Zeiteinheiten oder Ereignissen analysiert werden soll. Vor allem für den Modus des Mündlichen ist zu entscheiden, ob und in welcher Größe Zeitabschnitte der Aufnahme hinsichtlich der Erfüllung eines Merkmals (Timesampling) beurteilt werden sollen oder ob „Gesprächsbeiträge" bzw. „Turns" (Eventsampling) genauer eingeschätzt werden (vgl. Seidel, Prenzel & Kobarg 2005). Zwar sind die Aussagen bei ersterem in Bezug auf sprachliche Leistungen vergleichsweise ungenau, da sie keine personenbezogenen qualitativen Abstufungen zulassen, aber sie sind als Zuordnung zum Merkmal relativ eindeutig. Daher werden sie als Vorgehen in der Schulforschung häufig genutzt. Das „Eventsampling" ermöglicht dagegen genauere qualitative Abstufungen, bei diesen ist aber die Identifikation der genauen Grenzen schwierig. Die Vorteile werden deshalb häufig in der Analyse von Schlüsselstellen in der Gesprächs- und Konversationsanalyse oder für die Illustration von Erkenntnissen des Timesampling genutzt, aber auch auf die Analyse von Schriftprodukten mit den zentralen Propositionen

(Jost & Becker-Mrotzek 2012) oder Lupenstellenanalysen (vgl. May 2009) übertragen.

3.5 Wie werden die sprachlichen Phänomene kategorisiert und beschrieben?

Die getroffene Entscheidung über die Untersuchungseinheiten impliziert nicht zwangsläufig eine Entscheidung zwischen Kategorisierungen, Ratings oder Beschreibungen der Phänomene. Allerdings legen bestimmte Vorabentscheidungen bestimmte Formen der Kategorisierung, Kodierung oder Beschreibung eher nahe. Im analytischen Bereich von Großuntersuchungen, wie sie eingangs beschrieben sind, liegen erheblich größere Erfahrungen für Schrifttexte als für mündliche Sprachformen vor. Der forschende Umgang mit Schülertexten bestimmte so lange das methodische Know-How für die Auseinandersetzung mit komplexen sprachlichen Produkten. Aber auch in der Schreibforschung selbst werden die grundlegenden, im Verlauf dieses Kapitels aufgezeigten Entscheidungen kontrovers diskutiert und die Potenziale einzelner Verfahren für die Forschung und hinsichtlich des fachdidaktischen Mehrwerts different eingeschätzt (vgl. Neumann & Steinhoff 2014).

Eine besondere Bedeutung kommt dabei der Einschätzung der Analyse des Sprachmaterials durch Kodierungen zu. Hier werden hoch- vs. niedriginferente Ratingverfahren, die beim Schreiben dem globalen und analytischen Kodieren entsprechen, häufig gegeneinander gesetzt:

> *„Bei niedriginferenten Beobachtungsinstrumenten ist das Mass an schlussfolgernden Interpretationen eher gering, das Urteil lässt sich über Indikatoren, welche der direkten Beobachtung zugänglich sind, fällen. Bei hoch inferenten Beobachtungsinstrumenten ist der Anteil an interpretativen Schlussfolgerungen (Inferenzen) erhöht (Clausen et al. 2003; Petko et al. 2003). So können komplexe, zusammenhängende Merkmale integriert und gleichzeitig bewertet werden, was mittels niedriginferenter Codierung nicht möglich wäre"* *(Hugener 2008: 129).*

Weigle (2002: 121) zeigt dagegen auch für die Kodierungen der Textqualitäten, dass diese Verfahren unterschiedlichen Zielsetzungen folgen und daher im schulischen Praxisfeld eher ergänzend, als gegeneinander gedacht werden sollten (vgl. Tabelle 1).

Tabelle 1: Übersetzung von Auszügen der Tabelle *A comparison of holistic and analytic scales* (Weigle 2002: 121), veränderte Reihenfolge

Qualität	Holistische Skala	Analytische Skala
Authentizität	White (1995) argumentiert, dass holistisches Lesen ein natürlicherer Prozess als analytisches Lesen ist.	Rater können holistisch lesen und analytische Scores auf den holistischen Eindruck abstimmen.
Praktikabilität	relativ schnell und einfach	zeitintensiv; teuer
Reliabilität	geringer als die analytische, aber noch akzeptabel	höher als die holistische
Impakt	ein einfacher Score kann ein unausgewogenes Schreibprofil verbergen und eine Einordnung fehlleiten	mehrere Skalen ermöglichen mehr diagnostische Informationen zur Einordnung und/ oder für die Förderung; ist sinnvoller für das Ratertraining

Die Anzahl der zu erfassenden Variablen ist vordergründig durch die Dimensionsanalysen bestimmt: Jede Zieldimension sollte in der Auswertung aufzufinden sein. Daten, die man nicht erfasst hat, kann man im Nachgang nicht rekonstruieren, das Zusammenfassen einzelner Merkmale dagegen funktioniert immer. Hier sind es auch testökonomische Gründe, die zur Sparsamkeit führen können. Die Datenerfassung kann also nach der Definition der Variablen und deren „Labeling" auf bestimmten abgestuften Werten erfolgen, die das Maß der jeweiligen Umsetzung präsentieren. Dabei erweisen sich dichotome Urteile als niedriginferente Entscheidungen, wie eben angemerkt, meist als reliabler zwischen den Beurteilern als mehrstufige, hochinferente. Neuere technische Möglichkeiten der Verrechnungen von Merkmals- oder Ratereffekten (vgl. Wirtz & Caspar 2002; Eye & Mun 2005; Masters & Wright 1997) erhöhen die Messgenauigkeit, aber trotzdem bleibt die „Entwicklung der geeigneten Codierstrategien" als „besondere […] Herausforderung" (Granzer, Böhme & Köller 2008: 23) bestehen.

Eine Systematisierung (vgl. Tabelle 2) möglicher Beurteilungsverfahren zeigt dabei eine sinnvolle Nutzung der Methoden empirischer Forschung für die fachdidaktische Auseinandersetzung (FDD-Ziel) auf. Die Kombination der Verfahren zur differenzierten Leistungserfassung kann hier am Beispiel der Textbeurteilung von Lernenden das Potenzial für komplexe schriftliche Sprachhandlungen verdeutlichen, das ggf. auch auf mündliche Sprachhandlungen übertragbar ist.

Tabelle 2: Systematisierung der Kodierverfahren für fachdidaktische Zielsetzungen und Beispielprojekte

	holistische Kodierung	analytische Kodierung	mixed Kodierung	Benchmarking
Form	Globalurteil zum Text oder Textmerkmal in Abstufungen	inhaltliche Einzelmerkmale bewertet hinsichtlich ihres Auftretens (ja/nein)	beide Kodiersysteme werden kombiniert	Bewertung anhand des Vergleichs mit Mustertexten/lösungen
Vorteile	hohe erfasste Gesamtvarianz bei niedrigerer Beurteilungsüber einstimmung	niedrige erfasste Gesamtvarianz bei hoher Beurteilerübereinstimmung	Kombination beider Vorteile	Illustration der Anforderungen
FDD-Ziel	allgemeine Leistungserfassung	Leistungsförderung	diff. Leistungsbeurteilung	Orientierung an Musterlösungen
Bsp.*	NAEP, GER	DESI, BISTA	DESI, BISTA	NAEP, DESI, BISTA

NAEP = National Assessment in Educational Progress, GER = Gemeinsamer Referenzrahmen für Sprachen, DESI = Deutsch Englisch Schülerleistungen International, BISTA = Normierung der Bildungsstandards

3.6 Wie verlaufen die Kodierprozesse?

Im Kodierprozess selbst müssen für alle Beteiligten die forschungsmethodischen Grundlegungen transparent gemacht werden. Ziel ist es dabei, die Beobachtungen bzw. Beurteilungen unabhängig von der beurteilenden Person in Zahlen umzuwandeln, die Grundlage für spätere Auswertungen und Modellbildungen sein können. Dafür werden alle Variablen oder auch Beobachtungskategorien in Manualen spezifiziert und zwar hinsichtlich aller möglichen zu vergebenden Werte auf der jeweils festgelegten Skala. Diese Abstufungen werden durch Lösungshinweise ergänzt, die richtige von falschen bzw. angemessene von unangemessenen Antworten deutlich unterscheiden. Nichtlösungen müssen sicher ausgeschlossen werden können. Außerdem sollten für die Beurteiler Benchmark"texte", also Beispieltexte für die jeweilige Kategorie, vorgelegt werden um diese Abstufungen zu illustrieren. Diese sollten realen, vergleichbaren Situationen, wenn möglich aus Voruntersuchungen, entstammen.

Alle Kategorien müssen umfassend erklärt und dann mit den Beurteilern trainiert werden. Zur Verständnisprüfungen werden Probekodierungen durchgeführt. In einer Feedbackschleife werden Schwierigkeiten beim Beurteilen der Sprachprodukte besprochen. Dieser Prozess kann durch die genaue Analyse der Abweichungen im Urteil durch Strenge-Milde-Effekte unterstützt werden (vgl. Lehmann 1990; Neumann 2007). Langfristig führt eine gezielte Schulung zu reliablen Einschätzungen, aber auch zu einer leichten Angleichung der Beurteilung an die durchschnittlich erwarteten Sprachvarianten (vgl. Neumann 2006). Die Effekte sind aber für die Erst- und Zweitsprache und in Abhängigkeit von der Aufgabenstellung und den sprachlichen Anforderungen nicht stabil (vgl. Schoonen 2013). Zur Sicherung der Datenqualität und des Transparenzgebotes muss daher immer, zumindest ein repräsentativer Teil doppelt- oder dreifach blind kodiert werden. Das Urteil mehrerer Rater ist in jedem Fall, wenn auch immer noch messfehlerbehaftet, stabiler als ein Einzelurteil.

Stabile und valide Urteile sind generell Voraussetzung für eine aussagekräftige Datenauswertung. Viele komplexere Aussagen und statistische Modellbildungen sind mit messfehlerbehafteten Daten empirisch nicht haltbar, es entstünden Artefakte. Bevor also mit den Auswertungen begonnen werden kann, muss sichergestellt werden, dass die Qualität der erhobenen Daten entsprechenden Standards entspricht. Darüber hinaus muss schon bei deskriptiven Auswertungen beachtet werden, inwiefern Aussagen mit den erhobenen und kodierten Informationen überhaupt getroffen werden können. So können folgende deskriptive Statistiken mit den entsprechenden Datenformaten erhoben werden: Für nominalskalierte Daten kann der Modus bestimmt werden, vergleichend zwischen zwei oder mehr Stichproben ist der Chi-Quadrat-Test möglich. Schon bei ordinalskalierten Daten ist neben dem Modus der Median als Lagemaß, der Range und der Quartilsabstand als Streuungsmaß zu ermitteln. Erst für Intervall- und Verhältnisskalen sind Mittelwerte, Varianzen und Standardabweichungen zu bestimmen, für Stichprobenvergleiche bieten sich T-Tests und Anova-Analysen an. Es zeigt sich also, dass für die möglichen Auswertungsprozeduren bestimmte Voraussetzungen bei der Datenerhebung beachtet werden müssen.

Weitere Modellierungen können dann auf der Basis vorgenommener deskriptiver Beschreibungen und der abgesicherten Grunddaten vorgenommen werden. Dabei können sowohl uni- als auch multivariate Zusammenhänge, aber auch zusammenfassende Faktoren oder Clusteranalysen oder auch Mehrebenenmodellierungen im Vordergrund stehen. Das jeweilige Vorgehen wird dabei durch die aufgestellten Hypothesen bestimmt.

4 Beispielprojekte

Zur Veranschaulichung des oben Dargestellten sollen nun einige Forschungsprojekte mit ihren verschiedenen Kodieransätzen und wesentlichen Ergebnissen in den Bereichen Schriftlichkeit und Mündlichkeit vorgestellt werden.

4.1 Schriftlichkeit: Deutsch Englisch Schülerleistungen International, Indikatorenmodell Schulischen Schreibens und Teilkomponenten der Schreibkompetenzen

Im immer noch für die Messung sprachlicher rezeptiver und produktiver Leistungen wegweisenden Projekt „Deutsch Englisch Schülerleistungen International" (DESI) wurden im Modul Schreiben etwa 11.000 Schüler_innen am Anfang und Ende der neunten Klasse getestet (vgl. Neumann & Lehmann 2008). Dabei wurden sowohl holistische (Gesamteindruck) als auch analytische Kategorien (Textaufbau, Ausdruck, Wortwahl, Orthographie, Wortgrammatik und Satzkonstruktion jeweils fünfstufig und formelle und inhaltliche Einzelinformationen jeweils dichotom) erfasst, sodass für jeden Text etwas mehr als 50 Merkmale von jeweils zwei unabhängigen Ratern kodiert wurden. Die Datenqualität konnte dabei durch ein konsequentes Qualitätssicherungssystem in für produktive Leistungen sehr hohem Maß gesichert werden. Die große Menge an erfassten Daten führte nach einer theoriegeleiteten konfirmatorischen Faktorenanalyse zur Zusammenfassung in zwei Teilfähigkeiten (Semantik/Pragmatik und Sprachsystematik). Für beide wurden separate Kompetenzniveaus bestimmt (vgl. Neumann 2007). Diese beschreiben dezidiert die konkreten Anforderungen an das Schreiben formeller und informeller Briefe in der neunten Jahrgangsstufe. Die Schüler_innen waren dabei in sehr unterschiedlichem Maße in der Lage, die Erwartungen, wie sie jetzt in die Bildungsstandards für den Hauptschul- und mittleren Schulabschluss eingegangen sind, zu erfüllen. Neben der Grundaussage, dass der Leistungsstand unerwartet niedrig ist und dies in den verschiedenen Schulformen z. T. gravierend und dringend behoben werden muss, zeigte sich der interessante Aspekt, dass in der neunten Klasse im Bereich Schreiben – übrigens ähnlich wie im Bereich Lesen, aber konträr zum Bereich Sprachbewusstheit – fast nichts dazugelernt wurde.

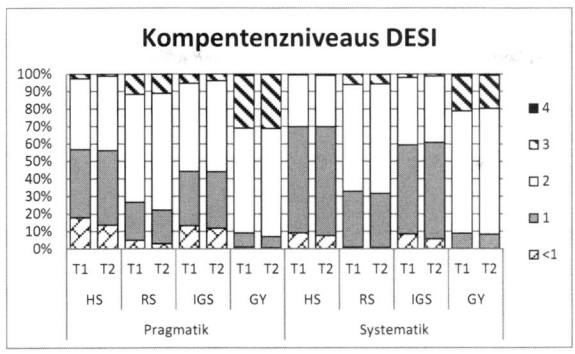

Abbildung 2: Kompetenzniveaus in DESI für die Teilkompetenzen Pragmatik und Systematik an den verschiedenen Schulformen jeweils im Vergleich Anfang (T1) und Ende (T2) Klasse 9

Die hier nachgewiesenen Konsolidierungseffekte boten eine gute Ausgangsbasis für weitere methodische und inhaltliche Überlegungen der Schreibdidaktik.

Einerseits wurde das Konzept der Leistungsmessung hinsichtlich der zeitlichen und personellen Ressourcen im Projekt „Indikatorenmodell Schulischen Schreibens (IMOSS)", bei dem es um die Ergänzung der fachdidaktischen Sicht auf den Schreibunterricht und die Schreibsozialisation der Handlungsträger ging, optimiert. Hier wurden für die in den Klassenstufen 5-10 erfassten Schülertexte zu acht verschiedenen Aufgaben zehn gemeinsame fünfstufige Kodierskalen (Gesamteindruck, Inhalt, Textaufbau, Kohärenz, Stil/Adressatenorientierung, Wortwahl und Orthographie, Wortgrammatik, Satzkonstruktion) entwickelt, die dann unter Berücksichtigung aufgabenspezifischer Schwierigkeiten miteinander modelliert und auf die DESI-Skala transformiert wurden. Die Datenerfassung wurde mit einem sehr strengen Monitoring überwacht, sodass sehr hohe Raterübereinstimmungen erreicht wurden (vgl. Neumann & Matthiesen 2011). Für die Prüfung der Projekthypothesen wurde aus allen Texten für jeden Schüler ein Messwert errechnet, der die Basis weiterer fachdidaktischer Modellierungen darstellte (vgl. Neumann 2012).

Hier zeigte sich, dass die Hypothesen unter Berücksichtigung vorhandener Messmodelle zu verschiedenen Erfassungsverfahren führten. Es wurden dabei sowohl verschiedene Formen von dichotomen und Lickert-skalierten Fragebogendaten, aber auch offene, dann qualitativ kategorisierte Antworten aus leitfadengestützten Lehrer_inneninterviews genutzt. Im Ergebnis konnte dabei gezeigt werden, dass die Schreiblernenden der Sekundarstufe eine bewusste, unterstützende schriftbasierte häusliche und schulische Sozialisation erleben. In dieser stellen die Lehrenden in Abhängigkeit des Ausbildungs- und Arbeitsortes und der grundsätzlichen Haltung – produkt-, prozess- und strategieorientierte schreibdidaktische oder allgemeinpädagogische Förderaspekte in den Vordergrund. Signifikante Effekte auf die Schreibleistungen sind dabei nur für textinterne Merkmale (Textlänge) und schulische Einflussfaktoren (Deutschnote, Einschätzung des Schreibunterrichts und Häufigkeit der eingesetzten Schreibverfahren) nachweisbar (s. Abbildung 3).

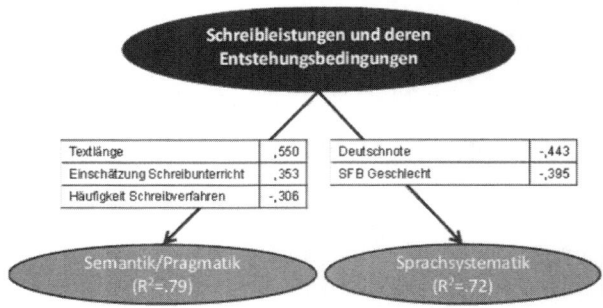

Abbildung3: Signifikante Einflüsse auf die Teilleistungen im Schreiben in IMOSS

Die aufgezeigte Differenzierung, Teilkomponenten zu erfassen, um didaktische Aussagen tätigen zu können, führte im Projekt „Diagnose und Förderung von Teilkomponenten der Schreibkompetenz" (Becker-Mrotzek & Grabowski 2012) zu der Notwendigkeit, die hypothesenbestimmenden Teilaspekte Wortschatz, Kohärenz und Perspektivübernahme differenziert vor dem Hintergrund psychologischer Kategorien wie dem allgemeinen Leseverstehen, dem Arbeitsgedächtnis und der Konzentrationsspanne zu erfassen. Daher wurden verschiedene Textsorten wie beschreibende, berichtende und argumentative Texte vergleichend an 277 Schüler_innen der Klasse 5 und 9 getestet. Die Auswertung erfolgte dann einerseits mit einem globalen Qualitätsmaß und der Textlänge, andererseits linguistisch geleitet durch die Type-Token-Relationen und sehr differenziell anhand satzwertiger Propositionen in sogenannten Indikatorstellen. Die für die beschriebenen Aspekte erfassten sehr unterschiedlichen Daten (Multiple-Choice-Antworten, Reaktionszeiten, verschiedenen Schreibdaten) wurden dann mit Strukturgleichungsmodellen ausgewertet. Diese erweisen sich für die beiden untersuchten Klassenstufen als stabile, grundsätzlich vergleichbare Messmodelle, allerdings mit jahrgangsspezifischen Besonderheiten: Schüler_innen der neunten Klasse schreiben alle Textformen besser als in der fünften, die Teilkompetenzen sind dort deutlicher entwickelt (Grabowski & Becker-Mrotzek 2012). Die Gesamtprojektdaten können so hinsichtlich Gemeinsamkeiten und Unterschieden ausgewertet werden, um Hinweise auf weitere Fördermöglichkeiten zu eruieren (vgl. Knopp et al. 2012)

4.2 Mündlichkeit: Unterrichtskommunikation beschreiben, messen und evaluieren

Forschung zur Mündlichkeit bezieht sich in der Deutschdidaktik vor allem auf die Gesprächsführungen im Unterricht. Häufig wird dazu ein Einstieg über die Untersuchungen verschiedener Formen der Unterrichtskommunikation (vgl. Vogt 2011; Richert 2007; Heller i. d. Bd.), aber auch über Analysen verschiedener praktischer Vermittlungsmethoden gewählt (Fix 2000). Breite Erfahrungen liegen mit den hermeneutischen Analysemethoden verschiedener allgemein-pädagogischer, fachdidaktischer und –methodischer Fragestellungen anhand von Transkripten mündlicher Sprachformen vor.

Seit 2010 werden diese mündlichen Sprachformen im schulischen Kontext und die Lerneffekte bei Studierenden, also zukünftigen Lehrer_innen untersucht (vgl. Giera, Mahler & Neumann 2013). Es zeigt sich, dass ein intensiviertes Vermitteln der Transkriptionsmethoden, unter anderem auch gestützt durch die in diesem Band versammelten Zugänge, die Bewusstheit auf die mündlichen Aspekte der eigenen (zukünftigen) Profession steigert. Die Studierenden der Jahre 2011 und 2012 erhöhten durch gezielte Schulungen nicht nur signifikant ihre Fähigkeiten zur Transkription realer Unterrichtssituationen gegenüber 2010, wie die Abbildung 4 zeigt,

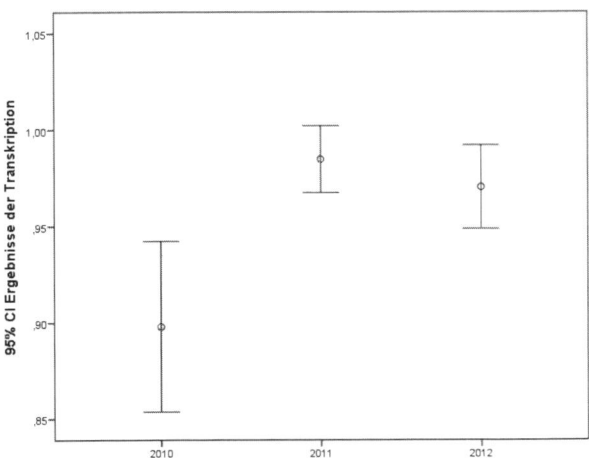

Abbildung 4: Verbesserungen im Transkribieren von 2010 (N=71) nach 2011 (N=49) und 2012 (N=64); beide signifikant auf 0,01-Niveau gegenüber 2010

sondern waren auch besser in der Lage, selbst gestellte Forschungsfragen in Bezug auf reale kommunikative Bedingungen von Unterricht zu formulieren. Dadurch erreichen sie eine höhere Bewusstheit in Bezug auf ihr sprachliches Handeln als zukünftige Deutschlehrer_innen.

Darüber hinaus liegen Erfahrungen mit quantitativen Analysen der Unterrichtskommunikation vor, die zu diesem Zweck mit dem Programm Videograf kodiert wurde. Bei der Suche nach sprachförderlichen Merkmalen der Lehrersprache wurden in einer explorativen Studie Zeitmaße für einzelne Kategorien (Sprechanteil, Feedback und Korrekturverhalten, Förderung von Sprachbewusstheit) über die gesamte videographierte Unterrichtszeit von 150 Minuten analysiert. So zeigt sich in den zugrundeliegenden Grundschulklassen eine erhebliche Abweichung von bekannten Mustern der Sprechanteile der Lehrenden, dies aber vor allem auch zwischen den Klassen in Abhängigkeit von gewählter Unterrichtsmethode und Sozialform. Gleiches trifft auch auf die Häufigkeit und die Formen des Feedbacks zu. Sprachförderlich wirken die Lehrenden vor allem bei der Klärung unbekannter Wörter. Außerdem konnte aufgezeigt werden, dass strukturierende Worte der Lehrenden in dieser Altersklasse einen hohen Anteil in der Unterrichtskommunikation ausmachen und trotzdem die Sprechanteile der Lernenden wertschätzend in die gemeinsame Wissenskonstruktion eingehen (Neumann & Mahler 2013).

Die quantitativen Analysen und die genauen zuzuordnenden Verbalisierungen durch Lehrende und Lernende mithilfe von Lupenstellentranskripten zeigen, dass genauere fachdidaktisch, nicht erziehungswissenschaftlich motivierte Forschung z. T. zu differenzierteren Aussagen hinsichtlich der sprachlichen Formen führen kann, die wiederum für die Aus- und Fortbildung fruchtbar gemacht werden können.

4.3 Sprechbegleitend Schreiben: Schreibintervention in heterogenen Lern-Lehrkontexten

Besonderes Potenzial, die Bedingungen des Schreibenlernens evidenzbasiert zu erklären und so der Aus- und Fortbildung Erkenntnisse über die kognitiven und sprachlichen Prozesse aufzuzeigen, bietet eine in 2012 durchgeführte Schreibintervention. In diesem Projekt sind sowohl Schreibleistungen von Sekundarstufen-I-Schüler_innen als auch die während des Schreibens geäußerten mündlichen Ideengenerierungs- und Textüberarbeitungsrozeduren erfasst worden. Die 55 untersuchten Jugendlichen arbeiteten dazu entweder mit einem Smartpen handschriftlich oder am PC mit dem Programm Camstudio. Beide Medien sicherten akustische Signale während des Schreibens, verbalisierten Denkens und der sprachlichen Aushandlungsprozesse während der Gruppenarbeitsphasen. Die etwas mehr als sieben Stunden mündlicher Aufzeichnungen enthalten vorrangig dialogische Sprechformen, nur etwa eine halbe Stunde sprechen die Schreibenden monologisch im Prozess. Dabei erweisen sich die Sprechanteile jeweils zu den in Abbildung 5 aufgeführten organisatorischen, ideengenerierenden und textrevidierenden Funktionen.

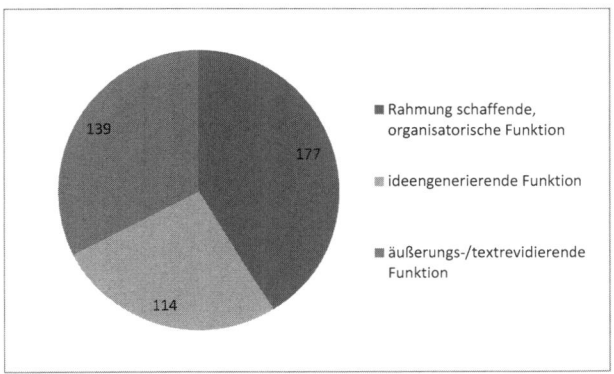

Abbildung 5: Anteile der Funktionen der mündlichen Äußerungen in SILLK (Minuten)

Die Auswertungen von mündlichen Gesprächen vor und während einer Schreibintervention konnte dabei ins Verhältnis zu den erzielten Schreibleistungen gesetzt werden. Dabei zeigten sich in den Interventionsphasen signifikante Qualitätszuwächse in den Texten, die mit der parallelen Erarbeitung von inhaltlichen und sprachlichen Lösungen innerhalb der Peergroup erklärt werden können. Dabei können die Jugendlichen gegenseitig in den mündlichen Auseinandersetzungen die von der Interventionslehrer_innen und Mitschüler_innen intendierten Hypothesen über registeradäquate Texte prüfen. Meist führte das zu lokalen Revisionen, selten kamen absatzübergreifende Veränderungen vor. Die mündlichen Aushandlungsprozesse können also die Schriftlichkeit inhaltlich und sprachprozedural vorentlasten und so die Aufmerksamkeit auf die Schreibprozesse zu lenken.

5   Aussagekraft des Vergleichs und Ausblick

Theoretisch wurde im vorliegenden Artikel gezeigt, dass gleiche methodische Voraussetzungen für die Erforschung produktiver sprachlicher Fertigkeiten in den verschiedenen Modi vorliegen, die nur dort besondere Anforderungen stellen, wo die jeweilige modale Dignität zu unterschiedlichen Konservierungsformen führt. Besonders fruchtbringend ist hier damit eine interne Überprüfung von Übertragbarkeiten methodischer Zugänge (Ricart

Brede 2012; Neumann, Mahler & Buhrfeind 2014), die dann an die jeweiligen Spezifika angepasst werden. Die damit verbundene Diskussion sollte nicht hinsichtlich eines suggestiv aufgespannten Widerspruchs zwischen quantitativen und qualitativen Verfahren geführt werden, da in den meisten Untersuchungen ohnehin Mixed Methods zum Einsatz kommen (vgl. Bryman 1992). Vielmehr sollten in der Auseinandersetzung die Potenziale der Methodenvielfalt geprüft und in Hinblick auf den Gegenstand sinnvoll genutzt werden.

Es zeigt sich, dass der sprachliche Modus für den Forschungsprozess nicht vordergründig ist, die Berücksichtigung der Spezifika forschungsmethodologischer Herangehensweisen muss in der Aufarbeitung der theoretischen Hintergründe und vor allem in der Festlegung des zu „messenden" Konstruktes und dessen Dimensionsanalyse erfolgen. Hier liegt eine wesentliche Aufgabe der Fachdidaktik Deutsch, die in vielen Bereichen des eigenen Gegenstandes erheblichen Konkretisierungsbedarf hat. Dabei geht es nicht nur um die „Messbarkeit" einer Kompetenz in einem bestimmten Bereich, sondern auch um eine gute theoriegestützte Beschreibbarkeit der Gegenstände im Zusammenhang mit den dahinterliegenden Wissens- und Erwerbsstrukturen. Als Orientierung für die Suche nach den vorhandenen und fehlenden Konstrukten kann dabei der „Kompetenzraum" dienen, den Jakob Ossner (2006) für das Fach Deutsch aufspannte. Das „Ausfüllen" und die erweiterte Auseinandersetzung mit diesem wird die fachdidaktische Forschung weiter beschäftigen.

Alle Nachweise von festgelegten Indikatoren müssen die fachdidaktische Sicht auf eine Entwicklungsperspektive und Aufgabenspezifika mit abgestuften Schwierigkeitsanforderungen berücksichtigen, sodass sich der Gegenstand Sprache im sprachlich-produktiven Bereich dem simplen Konstanthalten der Untersuchungsbedingungen fast immer zu entziehen versucht. Daher ist hier besondere Anstrengung bei der Identifikation verschiedener Einflüsse in der Dimensionsreduktion gefordert, wenn fachdidaktische Forschung im Feld Schule anerkannt und transferierbar sein soll. Ein besonderes Desiderat stellen dabei immer Längsschnittmessungen, die über eine Langzeitbeobachtung hinausgehen, mit ihren besonderen messmethodischen Anforderungen aufgrund vielfältiger Einfluss- und Störfaktoren dar.

Es zeigt sich, dass eine weitere Erforschung fachdidaktischer Gegenstände im Praxisfeld Schule nur unter Aneignung und Adaption unterschiedlichster Methoden der „Schulforschung" möglich ist. Dies kann durch eine Spezialisierung innerhalb der Fachdidaktik erfolgen oder aber, wie inzwischen viele Forschungs- und Transferprojekte erfolgreich zeigen, in einer fruchtbringenden interdisziplinären Zusammenarbeit (vgl. FISS 2012).

Literatur

Baumert, J. & Lehmann, R. H. (1997). TIMSS. Mathematisch-naturwissenschaftlicher Unterricht im internationalen Vergleich. Deskriptive Befunde. Opladen: Leske + Buderich.

Baurmann, J. & Ludwig, O. (1984). Texte überarbeiten. Zur Theorie und Praxis von Revisionen. In: D. Boueke & N. Hopster (Hrsg.): Schreiben – Schreiben lernen. Rolf Sanner zum 65. Geburtstag. Tübingen: Narr, 254-276.

Becker-Mrotzek, M. & Vogt, R. (2009). Unterrichtskommunikation. Linguistische Analysemethoden und Forschungsergebnisse. Tübingen: Niemeyer.

Becker-Mrotzek, M. (2008). Gesprächskompetenz vermitteln und ermitteln. Gute Aufgaben im Bereich „Sprechen und Zuhören". In: Bremerich-Vos, A.; Granzer, D. & Köller, O. (Hrsg.): Lernstandsbestimmung im Fach Deutsch. Gute Aufgaben für den Unterricht. Weinheim und Basel: Beltz Verlag, 52-77.

Becker-Mrotzek, M. (2009). Unterrichtskommunikation als Mittel der Kompetenzentwicklung. In: Becker-Mrotzek, M. (Hrsg.): Mündliche Kommunikation und Gesprächsdidaktik. Baltmannsweiler: Schneider Verlag, 103-115.

Bose, I. (2010). Stimmlich-artikulatorischer Ausdruck und Sprache. In: Deppermann, A. & Linke, A. (Hrsg.): Sprache intermedial: Stimme und Schrift, Bild und Ton. Berlin; New York: DeGruyter, 29-68.

Bryman, A. (1992). Quantitative and qualitative research: further reflections on their integration. In: Bryman, J. (Ed.): Mixed methods: Qualitative and quantitative research. Aldershot: Avebury, 57-78.

DeBeaugrande, R.; Dressler, W. (1981). Einführung in die Textlinguistik. Tübingen: Niemeyer.

Deppermann, Arnulf (2008). Gespräche analysieren. Wiesbaden: VS Verlag.

Ehlich, K. (2006). Sprachliches Handeln – Interaktion und sprachliche Strukturen. In: Deppermann, A.; Fiehler, R. & Spranz-Fogasy (Hrsg.): Grammatik und Interaktion. Untersuchungen zum Zusammenhang von grammatischen Strukturen und Gesprächsprozessen. Radolfzell: Verlag für Gesprächsforschung, 11-20.

Eid, M.; Gollwitzer, M. & Schmitt, M. (2010). Statistik und Forschungsmethoden. Weinheim und Basel: Beltz Verlag.

Eye, A. & Mun, E. Y. (2005): Analyzing Rater Agreement. Manifest Variable Methods. London/Mahwah/New Jersey: Lawrence Erlbaum.

Fiehler, R. (2007). Gesprochene Sprache – ein „sperriger" Gegenstand. In: Informationen Deutsch als Fremdsprache, 34, 460-471.

Fiehler, R. (2009). Schwierigkeiten der Erfassung und Analyse gesprochener Sprache. Vortrag auf der Sommerschool des Symposion Deutschdidaktik. Weingarten 6.-9.8.2009.

Fiehler, R. et al. (2004). Eigenschaften gesprochener Sprache. Tübingen: Narr.

FISS (2012). http://www.fiss-bmbf.uni-hamburg.de/zur-forschungsinitiative.html; [2012-11-28].

Fix, M. (2000). Textrevisionen in der Schule. Baltmannsweiler: Schneider Verlag.

Fix, U. (2008). Text und Textlinguistik. In: Janich, N. (Hrsg.): Textlinguistik. 15 Einführungen. Tübingen: Gunter Narr, 15-34.

Giera, W.-K.; Mahler, I. & Neumann, A. (2013). Wissenschaftliches Schreiben und Forschen fördern. Ein Schreibtutorium für StudienanfängerInnen des Faches Deutsch. In: Journal der Schreibberatung (6), 38-47.

Göbel, K. (2007). Qualität im interkulturellen Englischunterricht. Eine Videostudie. Münster: Waxmann.

Grabowski, J. & Becker-Mrotzek, M. (2012). Teilkomponenten von Schreibkompetenz. Vortrag auf der DIES-Sommerschule. Ludwigsburg, 28.-30.6.2012.

Granzer, D.; Böhme, K. & Köller, O. (2008). Kompetenzmodelle und Aufgabenentwicklung für die standardisierte Leistungsmessung im Fach Deutsch. In: Bremerich-Vos, A.; Granzer, D. & Köller, O. (Hrsg.): Lernstandsbestimmung im Fach Deutsch. Gute Aufgaben für den Unterricht. Weinheim und Basel: Beltz Verlag, 10-28

Hayes, J. & Flower, L. (1980). Identifying the organization of writing processes. In: Gregg, L. W. & Steinberg, J. R. (Eds.): Cognitive processes in Writing. Hillsdale: Lawrence Erlbaum, 3-30.

Hayes, J. R. (2012). Modeling and Remodeling Writing. In: Written Communication, 29 (3), 369-388.

Helmke, T. et al. (2008). Die Videostudie des Englischunterrichts. In: Desi-Konsortium (Hrsg.): Unterricht und Kompetenzerwerb in Deutsch und Englisch. Ergebnisse der DESI-Studie. Weinheim und Basel: Beltz Verlag, 345-363.

Hiebert, J. et al. (2003). Highlights from the TIMSS 1999 Video Study of Eighth Grade Mathematics Teaching, Washington, DC: National Center for Education Statistics.

Hugener, I. (2008). Inszenierungsmuster im Unterricht und Lernqualität: Sichtstrukturen schweizerischen und deutschen Mathematikunterrichts in ihrer Beziehung zu Schülerwahrnehmung und Lernleistung - eine Videoanalyse. Münster: Waxmann.

IQB (2012): Vergleichsarbeiten 2011, 8. Jahrgangsstufe (VERA-8) Deutsch-Schreiben. Modul B: Fachallgemeine Erläuterungen. http://www.iqb.hu-berlin.de/vera/aufgaben; [2012-11-20]

Jost, J. & Becker-Mrotzek, M. (2013, im Druck). Empirische Forschung in der Sprachdidaktik. Am Beispiel empirischer Schreibdidaktikforschung. In: Frederking, V. & Krommer, A. (Hrsg.): Taschenbuch des Deutschunterrichts. Band 3. Grundfragen und aktuelle Problemfelder. Baltmannsweiler: Schneider Verlag.

Klieme, E. et al. (2003). Zur Entwicklung nationaler Bildungsstandards. Eine Expertise. In: Bundesministerium für Bildung und Forschung (Hrsg.): Bildungsreform Band 1. Berlin: BMBF.

Knopp, M., et al. (2012). Teilkomponenten von Schreibkompetenz untersuchen: Bericht aus einem interdisziplinären empirischen Projekt. In: Bayrhuber, H. et al. (Hrsg.): Formate Fachdidaktischer Forschung: Empirische Projekte – historische Analysen – theoretische Grundlegungen (Fachdidaktische Forschungen, Band 2). Münster: Waxmann, 47-66.

Kruse, N. et al. (2012). Zur Qualität von Kindertexten. Entwicklung eines Bewertungsinstruments in der Grundschule. In: Didaktik Deutsch, 32, 87-110.

Lehmann, R. H. (1990). Aufsatzbeurteilung – Forschungsstand und empirische Daten. In: Ingenkamp, K. & Jäger, R. (Hrsg.): Tests und Trends. Jahrbuch der pädagogischen Diagnostik. Bd. 8. Weinheim und Basel: Beltz Verlag.

Lindner, C. (2000). „Talk im Turm". Eine gesprächsanalytische Untersuchung. (Linse). Essen: Universität. http://www.linse.uni-due.de/linse/esel/pdf/tturm.pdf; [2012-11-28].

Masters, G. N. & Wright, B. D. (1997). The Partial Credit Model. In: van der Linden, W. & Hambleton, R. K. (Eds): Handbook of Modern Item Responce Theory. New York: Springer, 101-121.

May, P. (2009). HSP Handbuch 1-9: Diagnose orthografischer Kompetenz zur Erfassung der grundlegenden Rechtschreibstrategien. Donauwörth: Auer.

Neumann, A. & Lehmann, R. H. (2008). Schreiben in Deutsch. In: DESI-Konsortium (Hrsg.): Unterricht und Kompetenzerwerb in Deutsch und Englisch. Ergebnisse der DESI-Studie. Weinheim und Basel: Beltz Verlag, 89-103.

Neumann, A. & Mahler, I. (2013). Eine Videostudie zu sprachförderlichen Merkmalen der Lehrersprache. In: Riegel, U. & Macha, K. (Hrsg.): Videobasierte Kompetenzforschung in den Fachdidaktiken. Münster: Waxmann, 115-132.

Neumann, A. & Matthiesen, F. (2011). Indikatorenmodell des schulischen Schreibens (IMOSS). Testdokumentation 2009, 2010. Lüneburg: Leuphana Universität.

Neumann, A. (2006). Stabilität von Raterurteilen über die Zeit – Anpassung an vorhandene Schülerleistungen. Auswertung zweier Replikationsstudien zu den Urteilen in „DESI-Textproduktion". In: Empirische Pädagogik (3), 286-296.

Neumann, A. (2007). Briefe schreiben in Klasse 9 und 11: Beurteilungskriterien, Messungen, Textstrukturen und Schülerleistungen. Münster: Waxmann.

Neumann, A. (2011). Lernfortschritte in komplexen Lernarrangements. Schreibkompetenzen messen. In: Glässing, G.; Schwarz, H.-H. & Volkwein, K. (Hrsg.): Basiskompetenz Deutsch. Konzepte und Anregungen für Unterricht und Schulentwicklung der Gymnasialen Oberstufe. Weinheim und Basel: Beltz Verlag, 166-180.

Neumann, A. (2012). Blick(e) auf das schulische Schreiben. Erste Ergebnisse aus IMOSS. In: Didaktik Deutsch (32), 63-85.

Neumann, A. (2013, in press). Advantages and Disadvantages of Different Text Coding Procedures for Research and Practice in School Context. In: M. Tillema et al. (Eds.): Measuring writing. Recent insights into theory, methodology and practices. Studies in Writing, 27.

Neumann, A.; Mahler, I. & Buhrfeind, I. (2014, im Druck). Wie können mündliche Sprachprozesse für das Schreiben genutzt werden? In: Spiegel, C. & Grundler, E. (Hrsg): Konzeptionen des Mündlichen. Bern: hep-Verlag.

Nold, G. (2008). Auf dem Weg zu Kompetenzmodellen im Bereich „Sprechen und Zuhören" im Fach Deutsch. In: Bremerich-Vos, A.; Granzer, D. & Köller, O. (Hrsg.): Lernstandsbestimmungen im Fach Deutsch. Gute Aufgaben für den Unterricht. Weinheim und Basel: Beltz Verlag, 78-86.

Nussbaumer, M. (1991). Was Texte sind und wie sie sein sollen. Tübingen: Niemeyer.

Ossner, J. (2006). Kompetenzen und Kompetenzmodelle im Deutschunterricht. In: Didaktik Deutsch (21), 5-19.

Ricard Brede, J. (2011). Videobasierte Qualitätsanalyse vorschulischer Sprachfördersituationen. Freiburg i. Br.: Fillibach.

Richert, P. (2005). Typische Sprachmuster der Lehrer-Schüler-Interaktion. Empirische Untersuchung zur Feedbackkomponente in der unterrichtlichen Interaktion. Bad Heilbrunn: Klinkhardt

Schipolowski, S. & Böhme, K. (2010). Der Ländervergleich im Fach Deutsch. In: Köller, O.; Knigge, M. & Tesch, B. (Hrsg.): Die sprachlichen Kompetenzen im Ländervergleich. Münster: Waxmann, 87-97.

Schöneck, N. & Voß, W. (2005). Das Forschungsprojekt. Wiesbaden: VS.

Schoonen, R. (2013, in press). The validity and generalizability of writing scores: the effect of rater, task and language. In: Tillema, M. et al. (Eds.): Measuring writing. Recent insights into theory, methodology and practices. Studies in Writing, 27.

Seidel, T.; Prenzel, M. & Kobarg, M. (Eds.) (2005). How to run a video study. Münster: Waxmann.

Seidel, T. & Shavelson, R. J. (2007). Teaching Effectiveness Research in Past Decade: The Role of Theory and Research Design in Disentangling Meta-Analysis Results. In: Review of Educational Research, 77 (4), 454-499. http://rer.sagepub.com/content/77/ 4/454.full.pdf+html [12-11-28].

Vogt, R. (2011). Gesprächsfähigkeit im Unterricht. In: Knapp, K. (Hrsg.): Angewandte Linguistik. Tübingen, Basel: Francke, 78-103.

Webersik, J. (2012). Ein Verfahren zur vergleichenden Analyse mündlicher Sprachproben von DaZ-Schüler/-innen: zur Kategorienentwicklung. In: Jeuk, S.

& Schäfer, J. (Hrsg.): Deutsch als Zweitsprache in Kindertageseinrichtungen und Schulen. Aneignung, Förderung, Unterricht. Beiträge aus dem 7. Workshop "Kinder mit Migrationshintergrund". Freiburg i. Br: Fillibach, 105-123.

Weigle, S. C. (2002). Assessing Writing. Cambrigde: University press.

Wirtz, M. & Caspar, F. (2002). Beurteilerübereinstimmung und Beurteilerreliabilität. Methoden zur Bestimmung und Verbesserung der Zuverlässigkeit von Einschätzungen mittels Kategoriensystemen und Ratingskalen. Göttingen/Bern/Toronto/Seattle: Hogrefe.

Michael Krelle

Videographie von Deutschunterricht
– *Methodische Anmerkungen und Hinweise*

Videographische Methoden haben in der empirischen Unterrichtsforschung Konjunktur: Man zielt darauf ab, konkretes Unterrichtsgeschehen zu untersuchen, beobachtbare Unterrichtsverfahren zu analysieren und die Voraussetzungen und Resultate von faktischem Unterricht in den Blick zu nehmen (Klieme 2006: 768). Zuletzt sind eine Reihe methodischer Hinweise in diesem Bereich erschienen, u. a. von Dinkelaker & Herrle 2009, Corsten, Krug & Moritz 2010, Tuma, Schnettler & Knoblauch 2013 und Moritz 2013. Obwohl man dort betont, dass die Fachlichkeit des Unterrichts auch in methodischer Hinsicht eine entscheidende Rolle spielt (vgl. auch Baumert et al. 2004: 316), sind Hinweise zur Videographie von Deutschunterricht bisher die Ausnahme (vgl. Bremerich-Vos 2006).

Im Folgenden geht es um solche Anmerkungen und Hinweise zur Videographie. Es werden Aspekte diskutiert, die sich auf die Vorbereitung, die Durchführung und die Auswertung von Videostudien im Fach Deutsch beziehen. Eine Diskussion aller denkbaren Probleme ist hier selbstverständlich nicht möglich und wird auch nicht angestrebt. Die diskutierten Aspekte sollen vielmehr dazu dienen, am Anfang des Forschungsprozesses einige prototypische Herausforderungen im Blick zu haben. Dazu wird auf die linguistische, fachdidaktische und pädagogisch-psychologische Unterrichtsforschung Bezug genommen.

1 Unterrichtskommunikation videographieren

Wer Deutschunterricht videographisch untersuchen möchte, ist damit konfrontiert komplexe, flüchtige Kommunikationssituationen elektronisch zu fixieren und zu verdauern. Die Vor- und Nachteile einer videogestützten Beobachtung gegenüber einer z. B. fragebogengestützten Analyse liegen auf der Hand:

> *„Zum einen sind mit Hilfe von Fragebögen zum Unterricht erfasste Selbstauskünfte von Lehrenden und Lernenden ja jeweils spezifischen Verzerrungen unterworfen, so dass Videoaufnahmen als Korrektive verstanden werden können. Zum anderen lässt sich im Vergleich mit „nur" teilnehmender Beobachtung ohne Prozessfixierung im Medium des Films die Zuverlässigkeit der Beobachtung erhöhen. In immer neuen Zyklen können*

darüber hinaus „qualitative" und „quantitative" Informationen integriert werden. Zusätzlich werden Reanalysen – womöglich unter ganz neuen Perspektiven – erleichtert. Probleme bereiten allerdings u. a. unerwünschte Beobachtereffekte, sehr aufwändige Kodierungen und die Frage, inwiefern die Stundenbeispiele repräsentativ sind" (Bremerich-Vos 2006: 244).

Zumindest in einem Punkt lassen sich die genannten Probleme eingrenzen: Um „Beobachtereffekte" zu minimieren, versucht man, möglichst wenig Einfluss auf den Gegenstand zu nehmen, um die Daten nicht zu „verzerren" (vgl. auch Ricart Brede i. d. Bd.). Man könnte nun auf die Idee kommen, den Beteiligten nicht zu sagen, dass sie aufgenommen werden. Dann steckt man allerdings in dem Dilemma, juristisch-ethisch bedenklich zu handeln: Bei einer Videostudie zum Deutschunterricht müssen die Lehrerinnen und Lehrer, die Schulleitung und die Eltern vorab ihre Zustimmung zu dem Projekt geben. Man strebt schließlich die Verarbeitung personenbezogener Daten in institutionellen Kontexten an. Informiert man die Beteiligten aber umfassend vorher, verbergen die Interaktanten während der Aufnahme möglicherweise Erhebliches, was sie sonst von sich preisgegeben hätten, z. B. indem sie ihre sprachlichen Handlungsformen verändern. Dieses Dilemma wird auch als „Beobachterparadoxon" bezeichnet (vgl. u. a. Lalouschek & Menz 2002). Man ist sich einig, dass sich solche Probleme eingrenzen lassen, wenn man Kommunikationsformen videographiert, die – mehr oder weniger – öffentlich sind:

„Je öffentlicher ein Gespräch ist, desto ‚natürlicher' ist es beobacht- und dokumentierbar, weil Beobachtung und Dokumentation dem öffentlichen Gesprächszusammenhang bereits inhärent sind [...], desto geringer wird das juristisch-ethische Problem der Beobachtung, Aufzeichnung und Veröffentlichung und desto leichter ist es für einen beliebigen Dritten verständlich" (Schu 2001: 1017).

Im Hinblick auf den Deutschunterricht heißt das, dass die Einflussnahme deutlich geringer ist, wenn man Formen videographiert, in denen es eine möglichst große Klassenöffentlichkeit gibt. Das ist etwa im lehrergelenkten Unterricht der Fall, aber auch wenn Schülerinnen und Schüler (KMK 2004: 10) vor der Klasse sprechen, z. B. wenn sie

- Texte sinngebend und gestaltend vorlesen und (frei) vortragen,
- längere freie Redebeiträge leisten, Kurzdarstellungen und Referate frei oder mithilfe eines Stichwortzettels/einer Gliederung vortragen,
- verschiedene Medien für die Darstellung von Sachverhalten nutzen (Präsentationstechniken): z. B. Tafel, Folie, Plakat, Moderationskarten.

Aber auch bei anderen typischen Methoden und Arbeitstechniken des Deutschunterrichts, in denen Schülerinnen und Schüler mit anderen sprechen und eine größere Klassenöffentlichkeit herrscht, sind weniger Beobachtungs- und Verzerrungseffekte erwartbar, z. B. bei Dialogen, Streitgesprächen, Diskussionen, Rollendiskussionen, Debatten, die im Setting „Fishbowl" bzw. „Innenkreis-Außenkreis"[19] oder im Plenum durchgeführt werden.

Etwas anderes ist es, Formen zu videographieren, in denen man in Kleingruppen mit anderen spricht bzw. die weniger klassenöffentlich sind, z. B. wenn man Aufnahmen von Lesetandems macht oder im Schreibunterricht Revisionen in Kleingruppen dokumentiert. In solchen Fällen können Beobachtungs- und Verzerrungseffekte größer sein. Allerdings zeigt sich, dass auch hier die Einflussnahme geringer wird, wenn man die Aufnahmegeräte über einen längeren Zeitraum einsetzt und sich die Beteiligten an die Aufnahmesituation gewöhnt haben (Brinker & Sager 2001: 33).

Im Hinblick auf den Deutschunterricht stellt sich schließlich noch eine weitere fachspezifische Herausforderung: „Die deutsche Sprache ist vom fachlichen Grundverständnis her Medium, Gegenstand und Unterrichtsprinzip zugleich" (KMK 2004: 6). Wenn beispielsweise Schülerinnen und Schüler im Literaturunterricht diskutieren oder literarische Gespräche führen, wenn Lehrerinnen oder Lehrer „fragend-entwickelnd" arbeiten, um Sprache und Sprachgebrauch (z. B. in Texten) zu untersuchen, in allen solchen (und anderen) Fällen ist zu beachten, dass Sprache als Medium, Gegenstand und Unterrichtsprinzip ineinander verschränkt ist. Es ist eine Herausforderung, diese unterschiedlichen Ebenen bei der Analyse der Unterrichtskommunikation auseinanderzuhalten. Hier können linguistische Arbeiten zur Unterrichtskommunikation einen wichtigen Beitrag leisten. Zentrale Beiträge stammen hier z. B. von Bellack et al. (1974), Mehan (1979), Sinclair & Coulthard (1977) und Ehlich & Rehbein (1986). Beachtenswert ist etwa, dass Unterrichtskommunikation immer durch die institutionellen Rollen und Funktionen mitbestimmt ist bzw. diese konstituieren. So sind die Äußerungen der Beteiligten in unterrichtstypischen (Abfolge-)Mustern organisiert, die durch das Stellen und Lösen von Aufgaben bedingt sind. Ein typisches Schema ist hier z. B. das so genannte I-R-E-Schema (Initiation – Reply – Evaluation) im lehrergelenkten Unterricht: Die Lehrkraft initiiert eine bestimmte Frage/Aufgabe etc., zu der er bzw. sie die Lösung und die Lösungsschritte kennt. Die Schülerinnen und Schüler erwidern („reply") dann etwas, das von der Lehrkraft im Hinblick auf die von ihr angedachten Lösungsschritte bewertet wird (vgl. Mehan 1985).

---

[19] Beim „Fishbowl" (bzw. „Innenkreis-Außenkreis") sitzt ein Teil der Klasse in einem (inneren) Stuhlkreis, um z. B. über etwas zu diskutieren (in der Regel ca. 4-6 Schülerinnen und Schüler). Der andere Teil der Klasse beobachtet „von außen" die Diskussion nach vorher vereinbarten Kriterien.

Becker-Mrotzek & Vogt (2001) betonen, dass sich Formen der Unterrichts-kommunikation als „geplantes Instruieren" bestimmen lassen, indem man die jeweiligen Beteiligungsrollen in den Blick nimmt. Die Autoren gehen davon aus,

> *„[...] dass sich die schulische Wissensvermittlung in unter-schiedlichen Typen von Instruktionen realisiert, deren Wahl u. a. abhängig ist vom Unterrichtsfach, von der Altersstufe, von den Zielen oder dem Kenntnis-stand der Schüler und Schülerinnen. Instruktionen sind ganz allgemein Anweisungen zur Ausführung von mentalen (kognitiven) (z. B. Zuhören) und aktionalen Tätigkeiten (z. B. Schreiben) sowie zur Durchführung von komplexen Interaktionen (z. B. Gruppenarbeit). Die Tätigkeiten der Schüler können auf diese Weise mehr oder weniger eng festgelegt werden, d. h., je nach Instruktionstyp unterscheiden sich die Freiheitsgrade erheblich. So lässt beispielsweise die Anordnung, einen Text abzuschreiben, dem Schüler nur wenig eigenen Handlungsspielraum, die Durchführung eines Projekts dagegen viel"* (Becker-Mrotzek & Vogt 2001: 64).

Zusammenfassend lassen sich die folgenden Aspekte geplanten Instruierens unterscheiden:

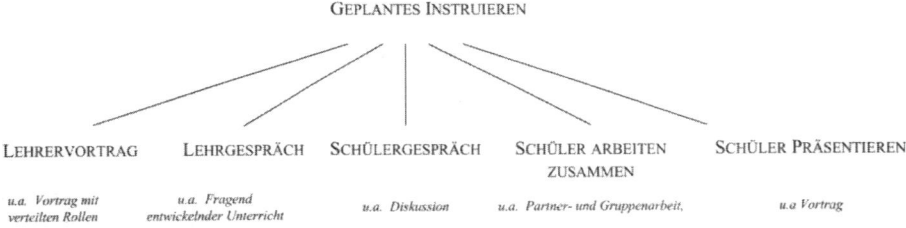

Abbildung 1: Unterricht als geplantes Instuiren (vgl. Becker-Mrotzek & Vogt 2001)

Die bisher diskutierten Aspekte sind alle mehr oder weniger bedeutsam, wenn man eine Videostudie zum Deutschunterricht vorbereitet und durch-führt.

2 Die Videostudie vorbereiten

Auch wenn es trivial klingt: Im Mittelpunkt der Vorbereitung einer Video-studie zum Deutschunterricht stehen die eigenen Forschungsfragen. Es sollte frühzeitig geklärt werden, welche Aspekte von Unterrichtskommunikation man untersuchen möchte, um nicht aufwändige Daten zu erheben, die im Nachhinein nicht gebraucht werden, oder am Ende wichtige Daten zu vermissen. Deshalb sollte u. a. gefragt werden,

- ob Analysen von konkreten Unterrichtsverfahren in verschiedenen Domänen in den Blick genommen werden, z. B. im Lese-/Literatur-, Schreib- und Sprachunterricht?
- ob die Umsetzung von Aufgabenformaten eine Rolle spielt, z. B. im Hinblick auf Lernarrangements oder Beurteilungsformen?
- ob Merkmale von Lehrer/innen- oder Schüler/innensprache im Deutschunterricht analysiert werden?
- ob die unterrichtlichen Bedingungsfaktoren bedacht oder Gegenstand der Untersuchung sind, z. B. solche, die für die Lernentwicklung im Fach Deutsch ausschlaggebend oder hinderlich sind?
- u.v.m.

Von solchen grundsätzlichen Entscheidungen hängt dann die Auswahl der Stichprobe und die Umsetzbarkeit des eigenen Vorhabens ab. Dazu ein Beispiel: Man stelle sich vor, es ginge um eine Studie zu Aspekten von Lehrer/innensprache und man beschließt, fünf Unterrichtsstunden in fünf verschiedenen Klassen aufzuzeichnen. Hier stellt sich nicht nur die Frage, inwiefern die ausgewählten Stunden repräsentativ sind (Borz & Döring 2005: 74ff.), sondern auch, wie realistisch die Umsetzung des Projektes ist: Unterstellt man, dass es sich bei den Unterrichtsstunden um 45-Minuten-Einheiten handelt, müssten bei der Auswertung insgesamt 1125 Minuten Videomaterial transkribiert werden. Je nach Aufwand sind solche Arbeiten unterschiedlich umfangreich. Lange (2008) nennt etwa zwischen 30 bis 60 Minuten Transkriptionsarbeit je aufgenommener Minute. Dresing & Pehl (2012) schätzen eine Transkriptionszeit von 5-10 Minuten je aufgenommener Minute, wenn sehr einfache Transkriptionsregeln angewendet werden. Wer Lehrersprache im Deutschunterricht untersuchen möchte, benötigt aber in der Regel komplexere Transkriptionsregeln und Notationen (s. u.):

> *„Dies bedeutet einen enormen Anstieg bei der benötigten Zeit: 5 Minuten Aufnahmen können in 1,5 bis 2 Stunden bei entsprechender Übung transkribiert werden. Das bedeutet im besten Fall rund 1:20, rechnet man jedoch mit Pausen, um dem Konzentrationsabbau entgegenzuwirken, tendiert man eher in Richtung des 25fachen [der Dauer]"* (Dresing & Pehl 2012: 36).

Legt man solche Schätzungen auch bei dem Beispiel oben zugrunde, ergeben sich folgende mögliche Transkriptionszeiten: Bei einer optimistischen Schätzung von 1:25 Minuten Transkriptionszeit, muss mit ca. 469 Stunden Verschriftlichungsarbeit gerechnet werden. Für ein komplexeres Transkript mit aufwändigen Notationen sollte man (bei einer Schätzung von 1:60 Minuten) hingegen mit ca. 1125 Stunden Transkriptionszeit rechnen. Das wären bis zu 140 Tage, die man als Forschende/r ausschließlich mit Transkriptionen beschäftigt ist.

Ob solche umfangreichen Transkriptionsarbeiten geleistet werden können, muss jeweils im konkreten Fall geprüft werden. Es ist offensichtlich, dass man also die Größe der Stichprobe und die Wahl der Transkriptionskonventionen weit vor der eigentlichen Aufnahme klären sollte, und zwar immer im Hinblick auf die jeweilige Forschungsfrage. Dabei kann sich herausstellen, dass die Forschungsidee unter den jeweiligen Bedingungen nicht umsetzbar ist, dass man einige Dinge eingrenzen oder zumindest überdenken muss. Eine weitere Möglichkeit ist auch, Video- und Transkriptdaten aus anderen Studien zu verwenden, die man dann im Hinblick auf die eigenen Forschungsfragen reanalysiert. So bietet z. B. das Institut für Deutsche Sprache (IDS) bzw. das Archiv für Gesprochenes Deutsch Kopien von Tonaufnahmen und Transkripten an, die man als Forschende/r nutzen kann. Informationen zu den Datenbanken Gesprochenes Deutsch (DGD und DGD2) findet man auf der Internetseite des IDS. Auch können Anfragen zu Korpora über Mailinglisten gestellt werden, z. B. über die Liste des Vereins für Gesprächsforschung (www.gespraechsforschung-ev.de) oder über das Nachwuchsnetzwerk im Symposion Deutschdidaktik (www.symposion-deutschdidaktik.de).

Ist man allerdings damit konfrontiert, selbst Daten zu erheben, müssen eine Reihe von Vorbereitungen getroffen werden, die zum Teil schon oben illustriert wurden. Ausgehend von der eigenen Fragestellung und den Hypothesen sind mindestens folgende Fragen für sich und für andere zu beantworten (vgl. Brinker & Sager 2001: 22):

- Wie umfangreich und detailliert soll das Material sein?
- Passt die Stichprobe zu der/den Forschungsfrage/n?
- Ist die Aufbereitung der Daten zu bewältigen?
- Welche technischen und finanziellen Mittel werden benötigt?
- Können möglicherweise Kodier- oder Transkriptionsarbeiten an Dritte vergeben werden oder kann ich auf Hilfe anderer Kolleginnen und Kollegen setzen?
- Wie viel Zeit steht für die gesamte Dokumentation (im Rahmen der Studien) zur Verfügung?
- Welche Möglichkeiten und Verbindungen „zum Feld" bestehen?
- Kann man persönliche und institutionelle Kontakte nutzen, um die Videostudie durchzuführen?

Nimmt man schließlich Kontakt „zum Feld" auf, müssen die Beteiligten von dem Projekt überzeugt werden und es müssen rechtliche Fraugen geklärt werden. Dabei kann es sinnvoll sein, den Umfang der Informationen für die Rezipienten unterschiedlich zu gestalten. So sollte man die beteiligen Lehrerinnen und Lehrer bzw. die Schulleitung schriftlich über das Projekt informieren und/oder eine Informationsveranstaltung zu der Studie anbieten. Dabei steht insbesondere der Sinn und Zweck der Studie im Mittelpunkt. Zudem sollte es einen detaillierten Zeitplan geben. Aus diesem ist sinnvollerweise ersichtlich, welche Eingewöhnungszeit des Beobachters bzw. der Beobachterin im Unterricht eingeplant ist. Es hat sich schließlich auch bewährt, die Lehrerinnen und Lehrer bzw. die Schulleitung um Hilfe zu bitten, wenn es darum geht,

- die Eltern über die geplante Untersuchung zu informieren,
- den Kontakt zu den Schulämtern und Behörden aufzunehmen, um Genehmigungen für Videoaufnahmen einzuholen,
- die Schülerinnen und Schüler über die geplante Untersuchung zu informieren.

Ein Beispiel für ein mögliches Schreiben an die Eltern ist im Folgenden abgedruckt.[20]

Liebe Eltern,

im Rahmen einer Studie über _____ führe ich ein Projekt zu/r _____ durch. Ich freue mich, dass die Lehrkräfte ihres Kindes und die Leitung der _____ Schule diese Studien unterstützen. In den folgenden Tagen/Wochen/Monate/am _____ werde ich den Unterricht Ihrer Tochter/Ihres Sohnes besuchen und Videoaufnahmen machen. Diese Aufnahmen dienen ausschließlich für Zwecke in Forschung und Lehre.

Für die Unterstützung dieses Projektes durch Sie und Ihr/e Kinder danke ich Ihnen heute schon ganz herzlich. Sollten Sie Zweifel oder Bedenken haben, dann wenden Sie sich bitte an die jeweilige Klassenlehrerin.

Mit freundlichen Grüßen

Abbildung 2: Elternanschreiben (in Anlehnung an König 2006)

---

[20] Weitere Informationen zu rechtlichen Aspekten findet man im Urheberrechtsgesetz bzw. in den jeweiligen Landesgesetzgebungen, z. B. im Schulgesetz, Landesdatenschutzgesetz und in den jeweiligen Verwaltungsvorschriften zum Datenschutz an öffentlichen Schulen.

3 Den Aufbau und die Erhebungssituation gestalten

Neben den oben beschriebenen grundlegenden Fragen stellen sich auch technische Herausforderungen, die hier nur angedeutet werden können, und zwar zum Aufbau und zur Erhebungssituation. Zumindest die folgenden Aspekte sind im Vorfeld bedenkenswert:

- Nimmt man die Daten „analog" auf (z. B. Video 8/Hi8), um sie anschließend zu digitalisieren oder verwendet man Geräte, die ausschließlich digital arbeiten, z. B. mit DVDs, integrierten Festplatten oder Speicherkarten?
- Welche Qualität wird für die jeweiligen Video- und Audiodaten benötigt bzw. welchen „Auflösungsgrad" sollen insbesondere die Videodaten haben?
- Wie sollen die Kameras im Raum platziert werden, sodass möglichst wenig Einflussnahme ausgeübt wird und dass Verzerrungsfaktoren minimiert werden?
- Setzt man auf eine stationäre oder mobile Aufnahmeapparatur, und bewegen sich die Interaktanten im Raum oder bleiben sie an einem Ort?
- Wie viele Kameras werden benötigt und werden zusätzliche Mikrophone benötigt? Insbesondere wenn mehrere Quellen aufgenommen werden sollen, benötigt man häufig eine Kopplung der Daten, die von mehreren Aufnahmequellen stammen.
- Verwendet man bei der Aufnahme „nur" das Mikrophon der Kamera oder benötigt man eine Kamera mit separatem Anschluss für externe Mikrophone? In diesem Kontext stellen sich auch die folgenden Fragen:
  - Verfügt die Kamera über einen externen Ausgang, z. B. als „Klinkenstecker"?
  - Gibt es eine Mikrophonhalterung, einen sogenannten „Kameraschuh?"
  - Wie gut ist das eingebaute Mikrophon der Kamera?
  - Wenn man weitere Mikrophone braucht:
    - Wo sollen diese im Raum angebracht werden?
    - Welche „Art" Mikrophon soll verwendet werden, z. B. ein Raum-, Tisch- oder Ansteck-Mikrophon etc.
    - Welche Richtcharakteristik sollen die Mikrophone haben („Kugel" oder „Kegel"/„Stab" etc.)?
- Gibt es Probleme mit der Lichtempfindlichkeit, weil man wegen der Gegebenheiten im Klassenraum z. B. gegen das Licht aufnehmen muss?
- Welche Bildeinstellungen wählt man, braucht man möglicherweise andere Objektive (und Filter bei Gegenlicht, s. o.)?

- Welche weiteren Ausrüstungsgegenstände werden benötigt, z. B. Stative?
- Ist es sinnvoll, einige Dinge anzuschaffen oder kann man die Ausrüstung leihen, z. B. über das Medienzentrum einer Schule oder Hochschule oder über Bekannte?
- Welche Projektmittel sind für solche Ausrüstungsgegenstände vorhanden?

Solche technischen Fragen müssen – wie andere Fragen auch – an die jeweiligen Gegebenheiten und Verhältnisse vor Ort angepasst werden. Auch hier gilt, dass man die Auswahl der Geräte vom Ergebnisse her denkt: Was ist Ziel der jeweiligen Studie? Was muss dokumentiert werden, um es für die Analyse zugänglich zu machen? Eine Reihe von Tipps erhält man u. a. über das Gesprächsanalytische Informationssystem (GAIS, http://prowiki.ids-mannheim.de/bin/view/GAIS/), aber auch bei kommerziellen Anbietern, z. B. auf der Internetseite „audiotranskription.de".

In der folgenden Abbildung sind zwei typische Erhebungssituationen abgebildet. Die Anforderungen, die sich dabei ergeben, werden im Anschluss diskutiert.

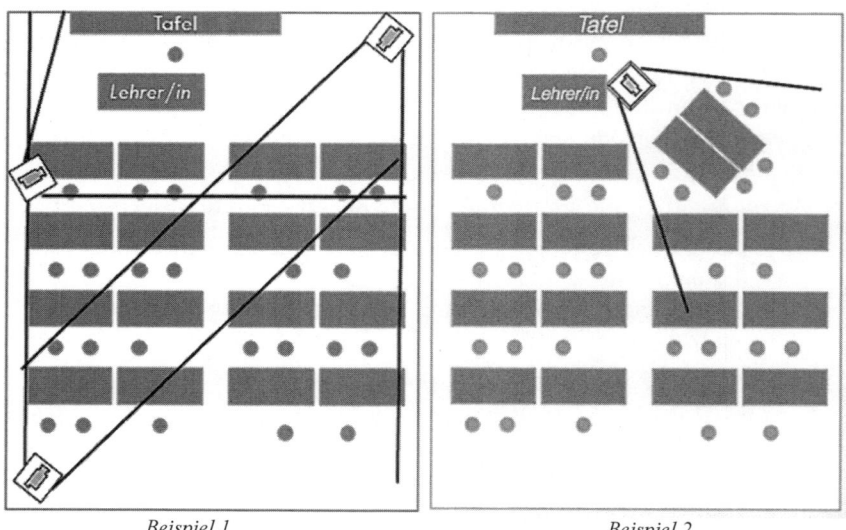

Beispiel 1   Beispiel 2

Abbildung 3: Zwei Beispiele zwei typische Erhebungssituationen

In Beispiel 1 ist das Untersuchungsziel, möglichst viele Daten der ganzen Klasse aufzunehmen. Ein solches komplexes Setting bietet sich an, wenn die Unterrichtskommunikation aller Beteiligten aufgenommen werden soll. Wenn es um die Umsetzung didaktischer Konzepte in Unterrichtsstunden geht oder oder wenn man sich darum bemüht, Kriterien fachspezifisch guten Unterrichts anhand von empirischem Material zu entwickeln und zu validieren.

Im Deutschunterricht betrifft das etwa Untersuchungen

- zum erfolgreichen Kommunizieren,
- zum situationsangemessenen Sprechen in Unterricht und Pause,
- zu para- und nonverbalen Mitteln bei Rückmeldungen,
- etc. .

Hier sind dann mehrere Aspekte zu bedenken, u. a. dass zumindest eine Aufnahme durch Gegenlicht eingeschränkt sein kann, dass es eine Reihe von Stativen braucht, um mit den Kameras das gesamte Unterrichtsgeschehen aufzeichnen, und dass die Mikrophone eine kugelförmige Richtcharakteristik haben sollten, damit der Schall von allen Seiten gleichmäßig aufgenommen werden kann. Zudem stellt sich hier die Herausforderung, dass die einzelnen Signale im Nachhinein miteinander gekoppelt bzw. synchronisiert werden müssen, damit man sie parallel analysieren kann. In dem anderen Fall (Beispiel 2) geht es hingegen um Unterrichtskommunikation von wenigen, z. B. einer Kleingruppe. Wer so Gruppen von Schülerinnen und Schüler aufnehmen möchte, setzt ggf. eher auf ein Tischmikrophon und eine Kamera, z. B. wenn man die Umsetzung einzelner Aufgaben in den Blick nimmt. Allerdings ist in solchen Settings die Einflussnahme vergleichsweise groß (s. o.). Man könnte hier erwägen, auf Ansteck- und Funkmikrophone zu setzen, die mit einem Clip an der Kleidung der (wenigen) Beteiligten befestigt sind und die Kamera weiter entfernt zu platzieren.

Es sollte klar geworden sein, dass in diesem Bereich auch viel „Kreativität" erforderlich ist. Dabei kann es – je nach Forschungsfrage – auch sinnvoll sein, gerade nicht auf typische Erhebungssituationen wie in Abbildung 3 zu setzen, sondern ungewöhnliche Beobachterperspektiven zu wählen. Man könnte z. B.

- den Leseprozess aufnehmen, wenn Schülerinnen und Schüler laut und mit dem Finger lesen, indem man mit der Kamera „über die Schulter schaut".
- den Schreibprozess videographieren, wenn Schülerinnen und Schüler auf ein dünnes Blatt schreiben, das auf einer Glasplatte liegt. Die Kamera zeichnet das Geschehen dabei von unten (durch die Glasscheibe) auf.
- mündliche Interaktionsprozesse in Kleingruppen analysieren, wenn Schülerinnen und Schüler am Computer gemeinsam arbeiten. Eine „Webcam", die im (oder am) Computer angebracht ist, zeichnet dabei das Geschehen auf.

4 Die Auswertung von Daten organisieren

Auch Auswertungsfragen sollten bereits vor der eigentlichen Videostudie in den Blick genommen werden, u. a. um einen angemessenen Zeitplan des Projektes entwerfen zu können.[21] Eine wesentliche Herausforderung ist es hier, die Form und Anordnung des Schriftbildes und des Auflösungsgrad der Daten so zu organisieren, dass sie zum jeweiligen Projekt passen und dass sie zeitlich zu bewältigen sind (s. o.).

4.1 Transkriptionssysteme

Eine erste Frage bezieht sich auf die Art der Darstellung. Hier haben sich zwei unterschiedliche Verfahren bewährt, die sog. „Text-" und „Partiturnotation". Beide können jeweils als einfaches System oder Zeilenblocksystem angelegt werden. Bei Textnotationen werden die Sprecherbeiträge in einzelnen Textblöcken dargestellt, jeder Beitrag wird durch eine Sprechersigle eingeleitet. Bei einer Partiturschreibweise wird hingegen eine Zusammenstellung aller Sprecherinnen und Sprecher in Abschnitten dargestellt. Die Beiträge werden wie bei einem Notenblatt in übersichtlichen, auf einzelnen übereinanderliegenden Linien verschriftlicht. Beiden Systemen gemein ist, dass der Transkripttext wie bei normalen Texten auch das Nacheinander auf dem Papier ikonisch das Nacheinander in der Zeit abbildet:

> „Die Leserichtung von links nach rechts und von oben nach unten entspricht also (mit wenigen Ausnahmen) dem linearen zeitlichen Ablauf". (Selting et al. 1998: 95).

Tritt gleichzeitiges Sprechen auf, wird dieses zumeist durch senkrechte Striche oder Klammern markiert. Unterscheiden kann man zudem, ob mit einem Zeilenblocksystem oder einem einfachen System operiert wird: Dabei steht die Frage im Vordergrund, ob man einem Sprecher genau eine Zeile zuordnet (einfaches System) oder ob jedem Interaktanten mehrere Zeilen zugeordnet werden, z. B. um nonverbales, paraverbales Verhalten zu dokumentieren oder ausführliche Kommentare aufzunehmen. *Textnotationen* segmentieren die sprachlichen Daten stärker nach Sprecherbeiträgen als *Partiturnotationen*. Letztere sind allerdings aufwändiger in der Herstellung und bei längeren Redebeiträgen etwas umständlicher und platzraubender (Brinker & Sager 2001: 42).

---

[21] Auf technische Aspekte des Übertragens von Daten wird hier nicht eingegangen. In der Regel wird zu jedem Aufnahmegerät Software geliefert und es gibt eine Reihe von Videobearbeitungsprogrammen. Nützliche Tipps findet man u. a. bei (Dresing/ Pehl 2012, 45ff.), aber auch in vielen anderen allgemeinen Einführungen.

Als Transkriptionssysteme haben sich zudem verschiedene Gestaltungsprinzipien herausgebildet, insbesondere die halbinterpretative Arbeitstranskriptionen (HIAT, Ehlich & Rehbein 1976) und das „Gesprächsanalytische Transkriptionssystem (GAT, Selting et al. 1998; GAT2, Selting et al. 2009). Die Verschriftlichung erfolgt dabei häufig in Anlehnung an die literarische Umschrift:

> *„Es wird damit eine phonetisch orientierte Notation nicht-standardkonformer Merkmale der gesprochenen Sprache in der Standardorthographie angestrebt. Die dabei entstehenden Ungenauigkeiten hinsichtlich der Trennung phonetischer und orthographischer Kriterien werden wegen der leichteren Lesbarkeit des Transkripts im Vergleich zu einer phonetischen Umschrift in Kauf genommen“ (Selting et al. 1998: 97).*

Welches Transkriptionssystem methodisch sinnvoll ist, hängt stark vom Analyseziel ab. In linguistischen Zusammenhängen werden die Transkriptionen und Analysen zumeist nicht durch mehrere Raterinnen und Rater kontrolliert. Generalisierungen werden häufig auch nicht über rechnerische Maße und statistische Verfahren vorgenommen (vgl. Brünner 2009: 61). Allerdings können rechnerische Maße hilfreich sein, auch weil die Validität der Ergebnisse eine ausreichende Reliabilität voraussetzt. Hier sind Ansätze der pädagogisch-psychologischen Unterrichtsforschung einschlägig, in der die empirische Güte durch den Einsatz mehrerer Raterinnen und Rater geprüft wird. Im Folgenden findet sich ein Beispiel, wie solche Verfahren bei der Analyse eingesetzt werden können.

4.2 Ein Beispiel: *Reliabilität prüfen*

Bei dem folgenden Beispiel wird auf eine Textnotation im Zeilensystem und das „GAT" gesetzt, weil nur fallweise (bei Bedarf), simultanes Sprechen gekennzeichnet wird. So können leichter Notationen und Kodierungen einzelner Sprecherinnen und Sprecher durch Raterinnen und Rater geprüft werden. Im GAT wird zudem zwischen zwei Transkriptionsstufen unterschieden, dem „Basistranskript", das gesprächsanalytische Mindeststandards festschreibt, und dem „Feintranskript", das je nach Forschungsfrage um Zusatzinformationen angereichert ist. Für Reliabilitätsprüfungen ist zunächst das Basistranskript ausreichen.

In methodischer Hinsicht stellt sich dann die Frage, was die Segmentierungseinheiten sind, auf die Einschätzungen vorgenommen werden sollen und mit welchem Auflösungsgrad die jeweiligen Daten betrachtet werden sollen. Hier wird auf Turns als Grundeinheiten gesetzt, die man dann für weitere Analysen von komplexeren Handlungen und Sequenzen nutzen kann (vgl. Fiehler et al. 2004: 197). Um solche Turns zu bestimmen, werden zunächst die sprachlichen Beiträge (i. S. v. „Äußerungen") nach GAT-Konventionen transkribiert[22]. Es wird aber nicht jede Transkriptzeile nummeriert, wie sonst im GAT üblich, sondern eine fortlaufende Transkriptnummer, ein Code für die jeweilige „Herkunft" (z. B. Schulklasse A), die Anfangs- und Endzeit, die zeitlich Länge und ein Code für die jeweiligen Sprecherinnen und Sprecher zugeordnet. Auf diese Weise werden Äußerungen bzw. Segmenten „technische" Informationen zugeordnet. Die Variablen sind im Einzelnen in Tabelle 1 zusammengefasst.

Tabelle 1: Reliabilitätsprüfung der Variable 07 vor den Hintergrundvariablen 01 bis 06 (Basiskodierung), vor allem in den entsprechend errechneten Zeitmaßdifferenzen

Label/ Name	Codes	Erläuterungen
01 Herkunft	Zuordnung der Transkriptnummer zum Korpus	*Jahrgang/Klasse* Beispiel: 9a, 9b, 9c, 9d
02 Transkript nummer	Platzierung der Äußerung im Gesprächsprozess.	*B/dreistellige Zahl, beginnend bei B001* Das „B" markiert die Zugehörigkeit zum Basistranskript. Beispiel: B001, B002, B003
03 Beginn	*Zeitmaß 1* Beginn des Sprecher-beitrags	*Stunden/Minuten/Sekunden .* Beispiel: 00:06:40
04 Ende	*Zeitmaß 2* *Ende des Sprecher-beitrags*	*Stunden/Minuten/Sekunden .* *Beispiel: 00:06:42*
05 Zeit	*Zeitmaßdifferenz: berechnete Zeit pro Sprecherbeitrag (Zeitmaß2-Zeitmaß1)*	*Stunden/Minuten/Sekunden .* *Beispiel: 00:00:02*
06 Transkript	Transkripttext nach GAT-Konventionen	*Beispiel:* „wenn [es] diese altersbeschränkung NICHT gibt und dU (-) lädst diese sachen herunter, die KOSTENpflichtig sind (--) und du noch Eigentlich noch nicht geSCHÄFTStüchtig bist, obWOHL du da den vertrAG unterschrieben hast, kAnnst du dann allerdings wiederum,vielleicht durch=nen etwas langwierigen prozess, so was, aber vielleicht auch dein geld zurÜCK bekommen (2 Sek.)"

---

[22] „Äußerungen" können als Abschnitte einer Rede definiert werden, vor und nachdem eine einzelne Person schweigt (Harris 1951). Mit solchen Einheiten segmentieren man dann bewusst nicht nach dem kommunikativen Aushandlungsprozess; sie enthalten auch noch keine weiteren grammatischen, thematischen oder pragmatischen Implikationen" (Brinker/Sager 2001, 11).

07 Sprecher (für das jeweilige Intervall)	*Zuordnung der Zahlen 0-4 nach folgenden Kriterien:* *Code 0:* *Der Moderator spricht* *Code 1:* *SprecherIn 1 spricht.* *Code 2:* *SprecherIn 2 spricht.* *Code 3:* *SprecherIn 3 spricht.* *Code 4:* *SprecherIn 4 spricht.*	*Code 0: Der Moderator (ein Erwachsener) sitzt so, dass er entweder ganz links oder ganz rechts im Bild zu sehen ist.* *Code 1: SprecherIn 1 sitzt so, dass er/sie ganz links im Bild zu sehen ist.* *Code 2: SprecherIn 2 sitzt so, dass er/sie in der linken Mitte des Bildes zu sehen ist (neben Schüler/in 1 und Schüler/in 3).* *Code 3: SprecherIn 3 sitzt so, dass er/sie in der rechten Mitte des Bildes zu sehen ist (neben Schüler/in 2 und Schüler/in 4).* *Code 4: SprecherIn 4 sitzt so, dass er/sie rechts im Bild zu sehen ist (neben Schüler/in 4).*

Eine solche Kodierung ist insbesondere bei Passagen mit gleichzeitigem Sprechen anspruchsvoll, weil dann die Grenzen von Äußerungseinheiten schwierig zu bestimmen sind. Um das Problem zu lösen, ist es erforderlich, die einzelnen (zeitgleichen) Äußerungen zunächst sequenziell in Äußerungselemente zu zerschneiden und sie so künstlich zu segmentieren.

Auf diese Weise entstehen gewissermaßen Teiläußerungen, die im Folgenden als „Äußerungselemente" bezeichnet werden. Dazu ein Beispiel:

```
B080    Velten      aber ((lacht)) is=es=es=is ((lacht))
                    nicht was ANderes? ob man sich selber
                    (.) von verschiedenen seiten
                    informationen zusammensucht und die
                    arbeit SELber verfasst oder die
                    [hausaufgabe (-)

B081    Eike-Brian  [genau= oder (.) rausschreibst         ]

B082    Velten                      oder ob man sich       ]
                    auf hausaufgaben(-)seiten schon
                    fertige hausaufgaben herunter lädt,
                    [so was was ].

B083    Eike-Brian  [von de=man ] gar nicht weiß [.], ob
                    sie überhaupt richtig sind. (.)
```

Abbildung 4: Beispiel für ein Transkript nach GAT-Konvention

Der Schüler Velten formuliert in B080 – B082 einen Beitrag, der von dem Schüler Eike-Brian begleitet wird (B081). Zeitlich gesehen findet also „gleichzeitiges Sprechen" statt, das im GAT-System nicht durch eine eigene

Segmentierung mit Nummer gekennzeichnet werden würde. Hier wird die sprechbegleitende Äußerung von Eike-Brian aber durch Klammern markiert und als *eigenes Segment* B081 (zeitlich geordnet) eingefügt. Der Beitrag von Velten wird somit künstlich „zerschnitten", es entstehen so sehr kleine Äußerungseinheiten, die man dann im Hinblick auf ihren kommunikativen Status von mehreren Ratern kodieren lassen kann. Dazu wird die folgende Variable über alle segmentierten Äußerungen und Teiläußerungen bzw. Äußerungselemente kodiert (vgl. Tabelle 2):

Tabelle 2: Variable 08 - Basiskodierung von Turns

Codes	Erläuterungen
Code 1: Turn Die Sprecherin/Der Sprecher ist kommunikativ „an der Reihe". *Code 2: Turnübernahmeversuch* Die Sprecherin/Der Sprecher hat nicht den Turn inne. Er/Sie beansprucht mit den Signalen aber, kommunikativ „an der Reihe" zu sein. *Code 3: Zuhörersignal* Die Sprecherin/Der Sprecher hat nicht den Turn inne. Er/Sie beansprucht mit den Signalen auch nicht, kommunikativ „an der Reihe" zu sein. *Hinweis:* Für die Unterscheidung von Code 2 und 3. ist Folgendes zu beachten: Ob eine Äußerung ein „Zuhörersignal" ist oder ob mit ihr ein Turn beansprucht wird, kann häufig nur auf Grundlage vieler Faktoren entschieden werden. Zu berücksichtigen sind hier sowohl sprachliche als auch nichtsprachliche Kommunikationsmittel.	*Code 1: Turn* Als „Turn" wird hier aus pragmatischen Gründen alles verstanden, was jemand sagt bzw. kommunikativ tut, wenn er/sie 'dran ist'. Ein Turn ist damit die gesprächsorganisatorische „Grundeinheit" in Gesprächen. Ein Code 1 wird also vergeben, wenn …<ul><li>die Sprecherin bzw. der Sprecher kommunikativ „an der Reihe" ist</li><li>er/sie 'dran ' ist.</li></ul>*Code 2: Turnübernahmeversuche* Mit einem Turnübernahmeversuch wird beansprucht, an der Reihe zu sein. Um geeignete Stellen zu identifizieren, prüfen Menschen beim jeweiligen Sprecher bzw. bei der jeweiligen Sprecherin u. a. die syntaktische Abgeschlossenheit, den propositionalen „Gehalt", illokutive Aspekte, eine ev. vokale Entspannung, den Blickkontakt, die Haltung etc. Angezeigt werden Turnübernahmeversuche durch SprecherInnen u. a.<ul><li>sprachlich (z. B. durch Widersprechen („Ne= also", „ja=aber").</li><li>nonverbal (u. a. durch Hand- und Kopfbewegungen, d. h. durch Mimik/Gestik).</li><li>parasprachlich (Intonation, Lautstärke etc.).</li></ul>*Code 3: Zuhörersignal/Begleitendes Sprechen* Als Zuhörersignal bzw. „Hörrückmeldung" und begleitendes Sprechen wird hier aus pragmatischen Gründen alles verstanden, was jemand sagt (bzw. kommunikativ tut), wenn sie oder er nicht `dran sind´. Es geht also um alle Signale, mit denen keine Turnübernahme beansprucht wird. Solche Formen werden zwar meist simultan (zu anderen) gesprochen, stellen aber keine Störung/Unterbrechung dar. Markiert werden solche Signal z. B. durch<ul><li>Antwortsignale i.S.v. Kommentaren bzw. Einstellungsbekundungen z. B. durch Rückmeldungen („ach so") oder reine Hörersignale bzw. Interjektionen („mhm").</li><li>Mimik und Gestik (Kopfnicken, Kopfschütteln, Blicke, etc.)</li></ul>

Dabei gibt es natürlich auch Unschärfen: Findet beispielsweise beim Übergang von Äußerungseinheiten gleichzeitiges Sprechen statt, wird der „Cut" (zeitlich) in der Mitte gesetzt, d. h. die Hälfte der Zeit des jeweils gemeinsam Gesprochenen wird den jeweiligen Interaktanten zugeordnet. Die zeitlichen Unschärfen liegen immer unterhalb von einer Sekunde. Solche Ungenauigkeiten werden hier zugunsten einer zuverlässigen Kodierung in Kauf genommen.

Im Anschluss an diese Zuordnung ist es notwendig, die kodierten Äußerungselemente wieder zusammenzufassen bzw. zu rekodieren. Die Rekodierung dient nunmehr dazu, Turns auf Basis der Kodierung zu bestimmen. Beispielsweise werden die oben abgedruckten Teiläußerungen B080, B081 und B082 als Turn von Velten zusammengefasst, weil die Rater Eike-Brians Beitrag in „B081" als back-chanel-behavior kodiert haben (Code 3) und Veltens Teiläußerungen B080 und B082 jeweils mit einem Code 1 (Turn) versehen haben. Ein Turnwechsel findet bei einer solchen Art der Rekodierung immer erst dann statt, wenn zwei unterschiedliche Sprecher aufeinander folgen, deren Äußerungen bzw. Äußerungselemente von den Ratern mit einem Code 1 kodiert wurden. In dem Beispiel oben ist dieses bei den Elementen B082 und B083 der Fall. Letzterer stellt so nämlich einen eigenständigen Turn von *Eike-Brian* dar, weil die Rater einen Code 1 vergeben haben.

Im Folgenden ist das Beispiel erneut – allerdings nach der Rekodierung – abgedruckt. Zusammengefasst ist der Turn H025 von Velten durch einen Übernahmeversuch von Eike-Brian begleitet. H026 stellt dann einen Turn von Eike-Brian (s. Abbildung 5) dar:

```
H025    Velten        aber ((lacht)) is=es=es=is ((lacht))
                      nicht was ANderes? ob man sich selber
                      (.) von verschiedenen seiten
                      informationen zusammensucht und die
                      arbeit SELber verfasst oder die
                      [hausaufgabe (-)

        (Eike-Brian)[genau= oder (.) rausschreibst        ]

        Velten                    oder ob man sich         ]

                      auf hausaufgaben(-)seiten schon
                      fertige hausaufgaben herunter lädt,
                      [so was was ].
H026    Eike-Brian [von de=man ] gar nicht weiß [.], ob
                      sie überhaupt richtig sind. (.)
```

Abbildung 5: Beispiel für einen Übernahmeversuch (Transkript Eike-Brian)

Letztlich werden bei diesem Vorgehen also verschiedene *Arten von Turns* bestimmt, und zwar solche, die ohne sprachliche Aktivitäten anderer Sprecher auskommen oder die von umfangreichen Turn-Übernahmeversuchen oder Höreraktivitäten begleitet werden. Über diese Einheiten können dann weitere Variablen kodiert werden, z. B. im Hinblick darauf, ob es sich um sequenzeinleitende oder -schließende Turns handelt, ob sie Teile bestimmter Handlungen sind etc.

Bei der Kodierung von 1070 Äußerungen und Äußerungssegmenten einer Videostudie zu Unterrichtsdiskussionen von Schülerinnen und Schülern wurde bei diesem Verfahren mit drei Raterinnen und Ratern eine insgesamt sehr hohe zufallsbereinigte Übereinstimmung von κ 0.87[23] und eine prozentuale Übereinstimmung von 94% bei der Variable 08 erreicht (Krelle, in Vorbereitung).[24] Dabei ergeben sich auch eine Reihe von Problemen und Herausforderungen, die an anderer Stelle diskutiert werden (ebd.). Wer weitere Formen der Kodierung und Reliabiltätsprüfung von Videodaten sucht, findet diese z. B. bei Helmke et al. (2008), Seidel, Prenzel & Kobarg (2005) und Prenzel et al. (2002).

5   Weitere Hinweise

Hier konnten nur ausgewählte Hinweise und Anmerkungen zur Videographie von Deutschunterricht formuliert werden. Ein Schwerpunkt lag auf Aspekten, die man im Vorfeld einer videographischen Studie im Blick haben sollte. Es wurde dafür votiert, alle Entscheidungen bereits vor der eigentlichen Untersuchung zu treffen. Anhand mehrerer Beispiele wurde illustriert, dass sich so unnötige „Mehrarbeit" vermeiden lässt.

Umfangreichere Hinweise zur Videographie und zu den hier angesprochenen Problemen findet man auch auf den Internetseiten verschiedener Vereine und Arbeitsgemeinschaften, z. B. des Vereins für Gesprächsforschung (www.gespraechsforschung-ev.de), des „Berliner Methodentreffs" (www.qualitative-forschung.de/methodentreffen), des Arbeitskreises Ange-

---

[23] Der Koeffizient Cohens Kappa (κ) ist ein standardisiertes Maß, das Werte zwischen -1 und $+1$ annehmen kann und für nominale Daten geeignet ist. Als Maß für die Beurteilerübereinstimmung von zwei Raterinnen findet Cohens κ häufig Anwendung. In der Regel werden Werte von κ = 0.60 bzw. 0.70 als „gute Übereinstimmung" interpretiert, wobei wenige Autoren erst ab κ = 0.75 von einer zufriedenstellenden Übereinstimmung sprechen (vgl. Wirtz & Casper 2002). Je nach Konstrukt können aber auch schon Werte von 0.50 als hinreichend angesehen werden.

[24] Die Zuordnung der Zeiten wurde abgezählt, die Transkripte wurden nach GAT-Konventionen in mehreren Überarbeitungsschleifen vorgenommen (01-06). Die Zuordnungen der Sprecherinnen/der Sprecher (07) wurden wie die Turnzuweisungen (08) mit drei Ratern doppelkodiert. Die prozentuale Übereinstimmung der Raterinnen und Rater liegt bei 97%, zufallsbereinigt bei κ 0.97.

wandte Gesprächsforschung (AAG) und des „Linguistik Servers Essen" (www.linse.uni-due.de).

Literatur

Baumert, J. et al. (2004). Mathematikunterricht aus Sicht der PISA-Schülerinnen und Schüler und ihrer Lehrkräfte. In: PISA-Konsortium Deutschland (Hrsg.): PISA 2003: Der Bildungsstand der Jugendlichen in Deutschland - Ergebnisse des zweiten internationalen Vergleichs 2003. Münster: Waxmann, 314-354.

Becker-Mrotzek, M. & Vogt, R. (2001). Unterrichtskommunikation. Linguistische Analysemethoden und Forschungsergebnisse. Tübingen: Niemeyer.

Bellack, A. A. et al. (1974). Die Sprache im Klassenzimmer. Düsseldorf: Schwann.

Bortz, J. & Döring, N. (2005). Forschungsmethoden und Evaluation für Human- und Sozialwissenschaftler. 3. Auflage. Heidelberg: Spinger.

Bremerich-Vos, A. (2006). Zur Videographie von Deutsch-Unterricht. Anmerkungen zur Vermittelbarkeit von linguistischer, sprachdidaktischer und pädagogisch-psychologischer Unterrichtsforschung. In: Hosenfeld, I. & Schrader, K. W. (Hrsg.): Schulische Leistung - Grundlagen, Bedingungen, Perspektiven. Münster: Waxmann, 243-262.

Brinker, K. & Sager, S. F. (2001). Linguistische Gesprächsanalyse. Eine Einführung. 3. Auflage. Berlin: Schmidt.

Brünner, G. (2009). Analyse mündlicher Kommunikation. In: Mündliche Kommunikation und Gesprächsdidaktik. Hrsg: Becker-Mrotzek, Michael (= Deutschunterricht in Theorie und Praxis Bd. 3). Baltmannsweiler: Schneider Verlag, 61-75.

Corsten, M.; Krug, M. & Moritz, C. (Hrsg.) (2010). Videographie praktizieren. Herangehensweisen. Möglichkeiten. Grenzen. Wiesbaden: Springer VS.

Dinkelaker J. & Herrle, M. (2009). Erziehungswissenschaftliche Videographie: Eine Einführung. Wiesbaden.

Dresing, T. & Pehl, T. (2012). Praxisbuch Interview & Transkription. Regelsysteme und Anleitungen für qualitative ForscherInnen. 4. Auflage. Marburg. Eigenverlag. www.audiotranskription.de/praxisbuch; [2013-03-12].

Ehlich, K. & Rehbein, J. (1986). Muster und Institution – Untersuchungen zur schulischen Kommunikation. Tübingen: Narr.

Ehlich, K. & Rehbein, J. (1976). Halbinterpretative Arbeitstranskriptionen (HIAT). In: Linguistische Berichte, 45, 21-41.

Fiehler, R. et al. (2004). Eigenschaften gesprochener Sprache. Tübingen: Gunter Narr.

Harris, Z. S. (1951): Methods in Structural Linguistics. Chicago: University of Chicago Press.

Helmke, T. et al. (2008). Die Videostudie des Englischunterrichts. In: DESI-Konsortium (Hrsg.): Unterricht und Kompetenzerwerb in Deutsch und Englisch. Ergebnisse der DESI-Studie. Weinheim und Basel: Beltz Verlag, 345-363.

Klieme, E. (2006). Empirische Unterrichtsforschung: Aktuelle Entwicklungen, theoretische Grundlagen und fachspezifische Befunde. In: ZfPäd., 52 (6), 765-773.

KMK (2004). Bildungsstandards im Fach Deutsch für den Mittleren Schulabschluss - Beschluss vom 04.12.2003. München/Neuwied: Luchterhand.

König, A. (2006). Dialogisch-entwickelnde Interaktionsprozesse zwischen ErzieherIn und Kind(-ern). Eine Videostudie aus dem Alltag des Kindergartens. Dortmund Universität. https://eldorado.tu-dortmund.de/bitstream/2003/24563/1/Diss_veroeff.pdf (eingesehen am: 12.03.2013).

Krelle, M. (in Vorbereitung). Mündliches Argumentieren in leistungsorientierter Perspektive – eine empirische Analyse von Unterrichtsdiskussionen in der neunten Jahrgangsstufe.

Lalouschek, J. & Menz, F. (2002). Empirische Datenerhebung und Authentizität von Gesprächen. In: Brünner, G.; Fiehler, R. & Kindt, R. W. (Hrsg.): Angewandte Diskursforschung. Bd. 1: Grundlagen und Beispielanalysen. Radolfzell: Verlag für Gesprächsforschung, 46-68.

Lange, B. (2008). Imagination aus Sicht von Grundschulkindern. Datenerhebung, Auswertung und Ertrag für die Schulpädagogik. In: Mayring, P. (Hrsg.): Die Praxis der qualitativen Inhaltsanalyse. Weinheim und Basel: Beltz Verlag.

Mehan, H.(1979). Learning lessons. Social Organisation in the Classroom. London: Harvard University Press.

Mehan, H. (1985). „The Structure of the Classroom Discourse". In: van Dijk, T. (Hrsg.): Handbook of Discourse Analysis, Vol. II. London: Academic Press, 119-131.

Moritz, C. (Hrsg.) (2013). Videotranskription in der Qualitativen Sozialforschung. Multidisziplinäre Annäherungen an einen komplexen Datentypus. Wiesbaden: Springer VS.

Prenzel, M. et al. (2002). Lehr-Lern-Prozesse im Physikunterricht – eine Videostudie. Zeitschrift für Pädagogik, 45 (Beiheft), 139-156.

Sager, S. F. (2001). Formen und Probleme der technischen Dokumentation von Gesprächen. In: Brinker, K. et al. (Hrsg.): Text und Gesprächslinguistik. Ein internationales Handbuch zeitgenössischer Forschung. 2. Halbband. Gesprächslinguistik. Berlin: De Gruyter, 1022-1033.

Schu, J. (2001). Formen der Elizitation und das Problem der Natürlichkeit von Gesprächen. In: Brinker, K. et al. (Hrsg.): Text und Gesprächslinguistik. Ein internationales Handbuch zeitgenössischer Forschung. 2. Halbband. Gesprächslinguistik. Berlin: De Gruyter, 1013-1021.

Seidel, T.; Prenzel, M. & Kobarg, M. (2005). How to run a video study. Technical report of the IPN Video Study. Münster: Waxmann.

Selting, M. et al. (1998). Gesprächsanalytisches Transkriptionssystem (GAT). In: Linguistische Berichte, 173, 91-122.

Selting, M. et al. (2009): Gesprächsanalytisches Transkriptionssystem 2 (GAT 2). In: Gesprächsforschung - Online-Zeitschrift zur verbalen Interaktion. Ausgabe 10/2009; 353-402: http://www.gespraechsforschung-ozs.de/heft2009/px-gat2.pdf; [2013-03-13].

Sinclair, J. McH. & Coulthard, M. (1977): Analyse der Unterrichtssprache. Ansätze zu einer Diskursanalyse dargestellt am Sprachverhalten englischer Lehrer und Schüler. Heidelberg: Quelle und Meyer.

Tuma, R., Knoblauch, H. & Schnettler, B. (2013): Videographie. Einführung in die interpretative Video-Analyse sozialer Situationen. Wiesbaden: Springer VS.

Wirtz, M. & Caspar, F. (2002). Beurteilerübereinstimmung und Beurteilerrelia-bilität. Göttingen: Hogrefe.

Isabelle Mahler & Annika Nissen

Viertklässler diskutieren: Was können wir tun, damit jeder Arbeit hat? Eine integrative Analyse von Fragebogen- und Videodaten

1 Einleitung

„Eigentlich könnte man ja auch äh n sozusagen n Studiengang füüüür • • für die Arbeitslosen die keine keinen richtigen Schulabschluss oder Hochschulabschluss haben die deshalb keine Arbeit kriegen nochmal dass die nochmal äh nochmal sozusagen studieren • • einen Beruf damit sie irgendwo einspringen können.“

Diesen Vorschlag unterbreitet Es[25], Schülerin einer niedersächsischen 4. Klasse in einer Diskussion auf die Frage: Was tun, damit jeder Arbeit hat? Neben ihr wissen auch ihre 74 Mitschülerinnen und Mitschüler sowie Schülerinnen und Schüler der Parallelklassen und damit 100% der befragten Kinder, dass nicht alle Menschen, die Arbeit haben wollen, auch Arbeit bekommen. Ein Resultat, das nicht anhand eines Transkriptes deutlich geworden wäre, das aber die Befragung mittels Fragebogen ergab.

In diesem Artikel soll eine Auseinandersetzung über die Chancen und Grenzen von Fragebogen- und Videoerhebungen stattfinden. Wer allerdings eine eindeutige Antwort auf eine solche Frage erwartet, die sich mit einem ‚Besser‘ und ‚Schlechter‘ von Methoden befasst, wird voraussichtlich enttäuscht werden. Vielmehr sollen die beiden Methoden nicht nur als gegenüberliegende, in der Wissenschaft oft kontrovers diskutierte Erhebungsinstrumente (Videostudie vs. Fragebogenerhebung) dargestellt werden, sondern es werden neben den theoretisch modellierten Vor- und Nachteilen am konkreten Beispiel auch die Überschneidungsbereiche herausgearbeitet. Gerade diese Überschneidungsbereiche rücken in unser Interesse, weil wir uns fragten: Führen zwei unterschiedliche Methoden hinsichtlich eines Themenfeldes zu gleichen, ähnlichen oder vollkommen abweichenden Schlussfolgerungen? Selbstverständlich soll dabei die Nutzbarkeit der produzierten Ergebnisse nicht zweitrangig werden, da dieses das Primärziel der

---

[25] Alle Namen der Schülerinnen und Schüler sowie der Lehrerinnen und Lehrer sind im Folgenden anonymisiert. Die Schülerinnen und Schüler werden jeweils durch zwei Buchstaben repräsentiert.

Wissenschaft darstellt und als solches auch für diesen Artikel betrachtet wird, hier aber steht die methodische Frage im Vordergrund.

2 Definitorische Rahmengebung

Die Gegenüberstellung der beiden Erhebungsinstrumente sowie das Herausarbeiten der Vor- und Nachteile erfolgt anhand eines Beispiels. Für eine adäquate Vergleichbarkeit beider Instrumente ist eine thematische Festlegung wichtig, die sowohl rezeptiv wie (re-)produktiv, mündlich wie schriftlich sprachliche Handlungen herbeiführen kann (vgl. Uesseler 2011). Die hierfür ausgewählte Untersuchung hat das Ziel herauszufinden, was die Kinder über das Thema Arbeitslosigkeit denken und bereits wissen. Hierfür wurde eine kombinierte Fragebogen-/Videostudie durchgeführt. Für die Videostudie wurde dabei eine Diskussion zum Thema Arbeitslosigkeit aufgenommen.

Insofern wird der Rahmen der Untersuchung durch das Thema Arbeitslosigkeit und die Form der mündlichen Unterrichtsdiskussion festgelegt. Das Themenfeld Arbeitslosigkeit weist auf unterschiedlichsten Ebenen einen Lebensweltbezug für die Kinder auf und ist curricular u. a. im Sachunterricht verortet. Die Diskussion/Argumentation als zu erlernende Sprachhandlungskompetenz des Deutschunterrichts hingegen benötigt thematische Setzungen, die auf das Interesse der Schülerinnen und Schüler stoßen.

2.1 Arbeitslosigkeit

Was denken bzw. wissen Kinder über Arbeitslosigkeit? Einen wesentlichen Beitrag hierzu liefert Gläser (2002) mit ihrer Dissertation zum Thema ,Arbeitslosigkeit aus der Perspektive von Kindern'. In dieser qualitativ angelegten Interviewstudie wertet sie elf Interviews mit Kindern im Alter zwischen acht und elf Jahren aus. Sie identifiziert dabei mehrere wesentliche Ergebnisse. So sind die Alltagstheorien der Schülerinnen und Schüler sehr eng mit ihrer Lebenswirklichkeit verknüpft. Des Weiteren werden von den Schülerinnen und Schülern vier wesentliche Ursachen für Arbeitslosigkeit benannt. Hierzu gehören (1) die Veränderung der Arbeitswelt bzw. die Technisierung der Arbeit, (2) eine Selbstverschuldung bzw. ein erwünschter Wechsel durch den Arbeitnehmer, (3) eine zu geringe Anzahl an Arbeitsplätzen und (4) die Arbeitslosigkeit als Versagen des Einzelnen. Als dritten Aspekt führt Gläser in ihren Ergebnissen die Maßnahmen an, welche die Schülerinnen und Schüler genannt haben, um dem Problem der Arbeitslosigkeit zu begegnen. Auch hier konnte sie die Aussagen in vier Kategorien unterteilen: (1) es soll möglichst an die Technisierung angeknüpft werden, (2) die Anzahl der Arbeitsplätze muss erhöht werden, (3) das Arbeitsamt hat die Aufgabe jemandem aus der Arbeitslosigkeit heraus zu helfen und (4) durch individuelle Anstrengung kann die Arbeitslosigkeit besiegt werden. Ein weiterer Punkt in den Ergebnissen Gläsers ist, dass die Arbeitslosigkeit von den Schülerinnen und Schülern nur teilweise als Schlüsselproblem im klafkischen Sinne wahrgenommen wird. Vielmehr spricht sie von einer „Art naiver Theorie über die Wirklichkeit", die sie von Claar (1996) übernimmt und auch für die Aussagen ihrer Schülerinnen und Schüler passend findet. Insgesamt weist Gläser auf einen starken Zusammenhang zwischen den Aussagen der Schülerinnen und Schüler und ihrer Herkunft hin. So haben diese Herkunftsfaktoren einen großen positiven Einfluss auf die Aussagen der Befragten (vgl. Gläser 2002).

Auch in anderen Zusammenhängen wurde sich mit der Thematik auseinandergesetzt. So stellt z. B. Kaiser (1996) in ihrem Forschungsprojekt fest, dass zunächst keine generellen Aussagen über die Kenntnisse der Schülerinnen und Schüler getroffen werden können. Sie benennt das Wissen eher als „fragmentarische Kenntnisse", über welche die Schülerinnen und Schüler verfügen (Kaiser 1996). Eine weitere wesentliche Erkenntnis über das Denken von Kindern über Arbeitslosigkeit liefert die 2. World Vision Kinderstudie. Es wurde festgestellt, dass eine tatsächliche oder drohende Arbeitslosigkeit der Eltern bei den Kindern mit großer Angst verbunden ist (Hurrelmann 2010).

2.2 Mündliche Unterrichtsdiskussion

Ausgehend vom Bereich der konzeptionellen Mündlichkeit handelt es sich bei Diskussionen im Unterricht um einen speziellen Teilaspekt des sprachlichen Lernens in der Schule. Bereits die curricularen Vorgaben der Grundschule (Bildungsstandards im Fach Deutsch, Jahrgangsstufe 4) fordern im Kompetenzbereich ‚Sprechen und Zuhören' eine verbale, argumentative Auseinandersetzung mit anderen Gesprächspartnern. Ziel ist u. a. die Entwicklung einer demokratischen Gesprächskultur und die Erweiterung der mündlichen Sprachhandlungskompetenz (vgl. Kultusministerkonferenz 2004).

Spiegel (2011) fokussiert die Gemeinsamkeiten und Unterschiede zwischen mündlichem und schriftlichem Argumentieren und nimmt auch eine Abgrenzung zwischen Erzählen, Berichten sowie dem Argumentieren vor. Hier wird Argumentieren als Sprachhandlung beschrieben, die dadurch gekennzeichnet ist, dass eine große Anzahl aktiver Sprecher sowie ein reger Sprecherwechsel vorzufinden sind (vgl. ebd.). Als Kompetenz formuliert handelt es sich bei Argumentationskompetenz um „die Fähigkeit, in einer (strittigen) Situation ein eigenes Gedankliches Konzept von Positionen und Gründen zu entwerfen und dieser der Sache und der Adressatin oder dem Adressaten angemessen sprachlich ausdrücken zu können" (ebd.: 37).

Neben den produktiven sprachlichen Kompetenzen bedarf es für eine adäquate Gesprächskompetenz im Deutschunterricht auch rezeptiver Aspekte von Sprache, ohne die eine Unterrichtsdiskussion kaum möglich wäre. Dabei handelt es sich laut KMK (2004) um Fähigkeiten im Bereich des verstehenden Zuhörens. Eine gelingende Zuhörkompetenz wird durch das Erreichen folgender Standards beschrieben:

- „Inhalte zuhörend verstehen,
- gezielt nachfragen,
- Verstehen und Nicht-Verstehen zum Ausdruck bringen" (vgl. ebd: 8).

Behrens, Böhme & Krelle (2009: 358) haben diesen komplexen Teilaspekt von Mündlichkeit genauer betrachtet und wie folgt definiert:

> *„Zuhören bezeichnet [...] in schulischen Kontexten auch kommunikatives Verstehen, Interpretieren und Reflektieren sprachlicher Äußerungen. Ein so verstandenes <Hörverstehen> bezieht sich auf den Einsatz differenzierter Prozesse, um sprachliche Informationen, wie u. a. eine Vielzahl an Textsorten, Themen und kommunikative Kontexte zu verarbeiten [...]. "*

Damit wird deutlich, dass Gesprächskompetenz nicht nur das aktive Sprechen umfasst, sondern auch andere Teilkompetenzen erforderlich sind, um von Gesprächskompetenz (im Rahmen dieses Artikels speziell der mündlichen Unterrichtsdiskussion) sprechen zu können. Bei Gesprächskompetenz handelt es sich somit um ein übergeordnetes Konzept, unter dem Teilaspekte des mündlichen Sprachgebrauchs, wie beispielsweise das aktive Zuhören und ein adressatenorientieres Sprechen, zusammengeführt und auf komplexe Art vielfach miteinander verbunden werden (vgl. Krelle 2011).

3 Fragestellung

Welches Erhebungsinstrument das Richtige für die eigene Untersuchung darstellt, ist häufig schnell entschieden. Allerdings bleibt oft die Frage, ob ein zusätzliches Instrument notwendig wird, um umfassende Daten zusammenzuführen.

Im Rahmen dieses Artikels sollen eine Fragebogenerhebung sowie eine Videoaufzeichnung zum Themenbereich, was Kinder über Arbeitslosigkeit wissen, erfolgen. Ziel ist es herauszuarbeiten, welche Informationen die Fragebogenerhebung liefern kann und welche Ergebnisse eine Videostudie generiert. Dabei geht es weniger um die explizite Auseinandersetzung mit

Einzelinformationen zum Wissen der Schülerinnen und Schüler, als vielmehr um den Versuch die gewonnenen Informationen zu gruppieren und dadurch globale Aussagen treffen zu können, welches Instrument (Fragebogen/ Video) welchen Informationsgewinn ermöglichen kann.

4 Methodisches Vorgehen

Für die Untersuchung der oben genannten Fragestellungen wurde eine Stichprobe von drei Klassen einer Grundschule ausgewählt. In einem ersten Schritt wurde ein Fragebogen[26] genutzt, der von den Autorinnen selbst erstellt wurde. Außerdem wurde eine der drei befragten Klassen während einer Diskussion zu einer Fragestellung im gleichen Themenfeld gefilmt. Daher werden im Folgenden sowohl die Methode der Befragung als auch die Methode der Videografie kurz vorgestellt.

4.1 Fragebogenerhebung

Die Methode der Befragung wird in der empirischen Forschung häufig verwendet. Jedoch kommt es in alltäglichen Situationen im typischen Muster von Fragen und Antworten oft auch zu Missverständnissen, weil die Fragen nicht klar genug formuliert werden. Dies ist ein entscheidender Aspekt, der ebenfalls bei der wissenschaftlichen Befragung zu berücksichtigen ist. Weiterhin kann – wie auch im Alltag – die Befragung sowohl schriftlich als auch mündlich erfolgen. Hierbei gilt es je nach Forschungsinteresse zu entscheiden, welcher Modus der geeignetere ist. So hängt die Entscheidung beispielsweise davon ab, welche Personen befragt werden sollen, welchen Geltungsbereich die Aussagen haben sollen und welche finanziellen Mittel zur Verfügung stehen (Bortz & Döring 2006). Im Folgenden wird – bezugnehmend auf das vorliegende Forschungsinteresse – nur die schriftliche Befragung näher erläutert.

Bei der schriftlichen Befragung werden den Untersuchungsteilnehmerinnen und Untersuchungsteilnehmern Fragen vorgelegt, die sie schriftlich beantworten. Dies hat den Vorteil, dass es keinen Einfluss durch die interviewende Person gibt (Sedlmeier & Renkewitz 2008), wie es beispielsweise in der mündlichen Befragung der Fall ist. Zudem ist schriftliches Befragen oft mit niedrigeren Kosten und geringem Zeitaufwand verbunden (Konrad 2006). Bevor die Untersuchung startet, kann eine kurze Einführung in die korrekte

---

[26] Der Fragebogen wurde zuvor in einer dritten Klasse der gleichen Schule pilotiert, um Verständnisschwierigkeiten u. ä. aufzudecken.

Bearbeitung erfolgen, dann sollte der Fragebogen jedoch von den Befragten ohne weitere Hilfestellungen bearbeitet werden können (Bortz & Döring 2006). Damit kann u. a. die Anonymität der Befragten gewährleistet werden. Dies ist ein weiterer großer Vorteil der schriftlichen Befragung, da die Untersuchungsteilnehmerinnen und Untersuchungsteilnehmer so meist weniger Hemmungen haben, die Fragen ehrlich zu beantworten (Lissmann 2006).

Da die Bearbeitung des Fragebogens alleine erfolgt, ist es wichtig, dass die Fragen klar und eindeutig formuliert sind. Ein Nachteil hingegen ist, dass kein Einfluss darauf genommen werden kann, dass die Befragten alle Fragen beantworten. Die fehlenden Angaben sind insofern ein Problem, als dass sie die Interpretation der Ergebnisse erschweren (Sedlmeier & Renkewitz 2008), da im Nachhinein nicht hinreichend geklärt werden kann, woran es lag, dass bestimmte Fragen nicht beantwortet wurden. So kann es sein, dass sich die Untersuchungsteilnehmerinnen und Untersuchungsteilnehmer, die die Fraugen nicht beantwortet haben, systematisch von denen unterscheiden, die die Fragen beantwortet haben. Zudem sind auch geringe Rücklaufquoten, eine Facette dieses Problems. Ein weiterer Nachteil ist die oftmals unkontrollierbare Erhebungssituation. Wenn die Fragebögen beispielsweise per Post oder E-Mail versendet werden, kann nicht überprüft werden, ob die Befragten von dritter Seite bei der Beantwortung beeinflusst, der Fragebogen gar von einem Dritten ausgefüllt oder der Befragte bei der Beantwortung abgelenkt wurde. Dies kann jedoch vermieden werden, indem die Probanden in Gruppen und unter standardisierten Bedingungen befragt werden. Für die Einhaltung der vorher festgelegten Standards sollte zudem eine Untersuchungsleiterin oder ein Untersuchungsleiter anwesend sein (Bortz & Döring 2006).

Die Fragen, die die Untersuchungsteilnehmerinnen und Untersuchungsteilnehmer beantworten, unterscheiden sich beispielsweise in Fragen, die die demografischen Daten betreffen, die Meinungen abfragen oder die Verhaltensweisen erheben sollen (Konrad 2006). Weiterhin wird zwischen offenen und geschlossenen Fragen unterschieden. Als geschlossene Fragen werden Fragen bezeichnet, bei denen die Antwortmöglichkeiten direkt vorgegeben sind und „nur" noch gewählt werden müssen. Laut Bortz und Döring (2006) sind in Fragebögen geschlossene Fragen zu bevorzugen, da sie sehr ökonomisch sind, die Auswertung ist schneller, eine höhere Objektivität ist gegeben und es sind keine zeitaufwendigen und teuren Kodiererarbeiten von Nöten (vgl. u. a. Bortz & Döring 2006; Jankisz & Moosbrugger 2007; Sedlmeier & Renkewitz 2008). Für die Befragten selbst haben die geschlossenen Fragen ebenfalls Vorzüge: Die Fragen sind oft einfacher und schneller zu beantworten und Schwierigkeiten mit der Sprachproduktion in der Zielsprache stellen kaum Probleme dar. Offene Fragen hingegen erwarten von den Untersuchungsteilnehmerinnen und Untersuchungsteilnehmern eine schriftlich formulierte Antwort, die aus einem Wort, aber auch aus mehreren Sätzen bestehen kann. In der Formulierung der Frage sollte jedoch sichergestellt werden, dass die Antworten nicht unstrukturiert erfolgen. Das Antwortformat sollte in der Frage bzw. in der Instruktion vorgegeben sein (Jankisz & Moosbrugger 2007). Offene Fragen werden vor allem dann genutzt, wenn über das Untersuchungsinteresse wenig bekannt ist oder wenn beispielsweise differenzierte Einstellungen gemessen werden sollen (Konrad 2006). Ein Vorteil ist also, dass die Forscher Neues über den Themenbereich lernen. Hingegen werden bei geschlossenen Fragen lediglich Daten erhoben, zu denen bereits eine Vermutung besteht (Sedlmeier & Renkewitz 2008). Nachteile könnten sich u. a. dann ergeben, wenn die Probanden Probleme in der Schriftsprache haben oder wenn die Schrift nicht entzifferbar ist (Bortz & Döring 2006).

Nicht nur aus diesem Grund sollte bei der Itemformulierung sowohl bei den offenen Aufgaben als auch bei den geschlossenen vor allem darauf geachtet werden, sich sprachlich eindeutig und leicht verständlich auszudrücken. Jede Untersuchungsteilnehmerin und jeder Untersuchungsteilnehmer sollte die Frage gleich verstehen (Jankisz & Moosbrugger 2007).

In dem für diese Studie erstellten Fragebogen wurden neben den demografischen Daten nur die Daten erhoben, die für die Analyse der Fragestellungen benötigt wurden. So wurden hier neben Wissensfragen (z. B. ob mehr Frauen oder Männer arbeitslos sind) auch z. T. offene Fragen gestellt, die die Meinung der Schülerinnen und Schüler über Arbeitslosigkeit erfassen sollen. Diese Daten sind für die Analyse der Fragestellungen grundlegend, weshalb in Kapitel 5 im Anschluss an die Erläuterungen der Stichprobe und der Durchführung beschrieben wird, wie die Merkmale erfasst worden sind. Zunächst soll jedoch die Methode der Videografie kurz vorgestellt werden.

4.2 Videografie

Videografie tritt erstmalig in den 1970ern und frühen 1980ern auf. Nachdem diese Art der Unterrichtsforschung längere Zeit ein ‚Schattendasein' fristete, erfolgt zum einen aus der technischen Entwicklung, zum anderen aus der Veränderung wissenschaftlicher Forschungsansätze, hin zum prozessorientierten Lernen, ein verändertes Denken über videobasierte Unterrichtsforschung (vgl. Petko et al. 2003). Eine Etablierung der Videografie in der Unterrichtsforschung ergab sich u. a. aus der TIMS-Videostudie (1995) und setzte sich beispielsweise mit der Physik-Videostudie des IPN (Seidel, Prenzel & Kobarg 2005) und der Videografie von Englischunterricht in DESI (DESI-Konsortium 2008) fort.

Die häufig thematisierte Unvereinbarkeit qualitativer und quantitativer Forschungsansätze wird im Bereich der Videografie u. a. aufgrund der Echtheit und der Vollständigkeit des Datenmaterials umgangen und vielmehr als integrativer Ansatz beider Analysemethoden behandelt (vgl. Buchalik 2009). „Video data provide a means of integrating quantitative and qualitative approaches to the study of classroom teaching" (Jacobs et al. 1999: 717). Neben dieser Verbindung qualitativer und quantitativer Analysemethoden hat die Videografie u. a. ein großes Potenzial, weil der ganzheitliche Charakter der Erfassung von Gesprächen *illustriert* werden kann. So macht die Videografie die Auswertung von – von einer Vorauswahl – abweichenden Analysekategorien problemlos möglich, sodass auch Ideen, die z. B. durch räumliche und zeitliche Distanz zu den Videoaufzeichnungen entstanden sind, eingearbeitet und verfolgt werden können (vgl. Helmke 2009). Das ist eine Chance, die durch die Möglichkeit des wiederholten Ansehens und bewussten Anhaltens der Videoaufzeichnung offeriert wird. Zudem ergibt sich damit auch das Potenzial unterschiedliche Perspektiven bei der Auswertung berücksichtigen zu können. Die Videoaufzeichnungen sind als Rohdaten anzusehen und können auch ohne vorherige Definition von Beobachtungsrastern nachträglich (und ggf. aus einer anderen Perspektive) ausgewertet werden. Weitere Vorteile der Videografie des Unterrichts lassen sich z. B. Helmke (2007) entnehmen, der u. a. die Unabhängigkeit zwischen Erfassung und Auswertung als Vorteil von Videoaufnahmen des Unterrichts postuliert. Daneben zählen zu den Charakteristika der systematischen Videoanalyse auch die Möglichkeiten, Lehr-Lern-Prozesse im zeitlichen Verlauf betrachten zu können und die Chance, Befunde anhand von Beispielen prägnant darstellen zu können.

Janík und Seidel (2009) systematisieren Videoanalysen von Unterricht anhand von drei Kategorien. Das sog. *Beschreibungswissen* identifiziert (typische) Unterrichtsmuster, wohingegen das *Erklärungswissen* Zusammenhänge zwischen unterrichtlichen Handlungsmustern und multikriterialen Bildungswirkungen erfasst und in der dritten Kategorie, dem *Handlungswissen*, den Nutzen des aufgezeichneten Unterrichtsmaterials für die Lehreraus- und fortbildung gesehen wird. In Abhängigkeit von der Fragestellung lässt sich erschließen, welche Art von Wissen durch eine systematische Videoanalyse erzeugt werden kann.

5 Untersuchung

In der vorgestellten Untersuchung soll personenbezogen an der gleichen Stichprobe mit zwei gegenübergestellten Methoden geforscht werden. Dabei wird eine Teilpopulation aus der Fragebogenerhebung für die Videountersuchung herangezogen.

5.1 Stichprobe und Durchführung

Die Daten wurden in drei vierten Klassen einer niedersächsischen Grundschule erfasst. Sowohl die Schule als Institution wie auch die Schülerinnen und Schüler selbst sind aufgrund vielfältiger Forschungskooperationen mit der Methode der Fragebogenerhebung und mit Videoaufzeichnungen vertraut. Die Klasse A setzt sich aus 14 Jungen und 13 Mädchen zusammen. In der Klasse B sind 16 Jungen und 12 Mädchen. In der Klasse C lernen 13 Jungen und 11 Mädchen zusammen. Insgesamt besteht die Stichprobe für die Fragebogenuntersuchung damit aus insgesamt 79 Schülerinnen und Schülern. Für die Videostudie wurde eine dieser drei Probandenklassen ausgewählt, in der zusätzlich eine Diskussion innerhalb des Themenfeldes ‚Arbeitslosigkeit' stattfand. Diese Klasse wurde ausgewählt, weil aus einer angrenzenden Untersuchung (vgl. Neumann & Mahler 2013) bekannt war, dass die Schülerinnen und Schüler mit der Gesprächsform ‚Diskussion' bereits vertraut waren. Selbstverständlich wurde datenschutzrechtlich unbedenklich agiert und alle vorab notwendigen Absprachen wurden getroffen.

5.2 Erfassung der Merkmale

Im Folgenden werden alle Merkmale, die in die Analyse eingehen, beschrieben. Um die Stichprobe näher beschreiben zu können, wurden im Fragebogen neben den Fragen zur Arbeitslosigkeit ebenfalls Items aufgenommen, die den demografischen Hintergrund der Kinder erfassen sollen.

Fragen zur Arbeitslosigkeit

Der Fragebogen beginnt mit den Fragen zur Arbeitslosigkeit. Ziel ist es zu ermitteln, was die Schülerinnen und Schüler bereits für ein Verständnis von Arbeitslosigkeit bzw. welches Wissen sie eventuell im Unterricht bereits erworben haben (z. B. ob mehr Frauen als Männer arbeitslos sind, welche Altersklasse besonders von Arbeitslosigkeit betroffen ist oder woher die Arbeitslosen ihr Geld bekommen). Zudem soll mit dem Fragebogen die Meinung der Schülerinnen und Schüler zu bestimmten Aspekten der Arbeitslosigkeit erfasst werden (z. B. ob die Schülerinnen und Schüler meinen, dass Arbeitslose etwas dafür können, dass sie keine Arbeit haben oder wie es für die Kinder ist, wenn ein Elternteil arbeitslos wird). Die Daten werden je nach Format quantitativ oder qualitativ ausgewertet.

Demografische Daten

Die Befragung endete mit einigen Fragen zu den demografischen Daten der Schülerinnen und Schüler. Hiermit soll die soziale Herkunft (Coleman, 1988; Bourdieu, 1983) der Schülerinnen und Schüler näher beschrieben werden. Erfasst wurden das Geschlecht, die Familienstruktur sowie die in der Familie vorhandenen Kultur- und Gebrauchsgüter.

6 Ergebnisse

Im folgenden Abschnitt sollen nun ausgewählte Ergebnisse der Befragung dargestellt werden. Hierzu wird zwischen einer zunächst quantitativen Auswertung der geschlossen Fragen und einer anschließend qualitativen Auswertung der offenen Fragen unterschieden. Zudem werden auch die qualitativen Ergebnisse der Videoaufzeichnung präsentiert.

6.1 Fragebogen

6.1.1 Demografische Daten

Insgesamt liegen 75 ausgefüllte Fragebögen für die Analyse der Fragestellungen vor. Vier Kinder waren an den Durchführungtagen krank und dementsprechend liegt von diesen Schülerinnen und Schülern kein Fragebogen vor. 35 der Versuchspersonen sind weiblich und 40 männlich. Die Familienstruktur wurde mit zwei Fragen erfasst. Zunächst wurde die Personenanzahl pro Haushalt erfragt. Die Angaben erstrecken sich von zwei bis acht Personen. Zusätzlich wurde die Anzahl der Kinder erfasst. In den Familien der befragten Kinder leben ein bis sechs Kinder. Bei 78.7% der insgesamt 75 befragten Schülerinnen und Schüler wohnen mindestens zwei Erwachsene zu Hause. Von 21.3% der Schülerinnen und Schüler ist ein Elternteil alleinerziehend.

Die Anzahl der im Haushalt befindlichen Bücher verteilt sich über die untersuchten Familien wie in Tabelle 1 ersichtlich. Es zeigt sich deutlich, dass die Haushalte, die mehr als 200 Bücher besitzen, mit 50% den größten Anteil ausmachen.

Tabelle 1: Anzahl und prozentuale Verteilung der Bücher im Haushalt

	N	%
0-10 Bücher	2	2.8
11-25 Bücher	6	8.3
26-100 Bücher	20	27.8
101-200 Bücher	8	11.1
über 200 Bücher	36	50
Gesamt	72	100

Der Besitz von Gebrauchsgütern und Kulturgegenständen wurde erfasst, indem alle Gegenstände einzeln erfragt und deren Vorhandensein mit ja oder nein beantwortet werden konnte. Die meisten Kinder gaben an einen Computer, einen eigenen Schreibtisch und eigene Bücher zu besitzen (97.3%), es folgt ein eigenes Zimmer (93.3%) und der Besitz einer Spülmaschine (89.2%). Einen Rasenmäher besitzen laut Angabe der Schülerinnen und Schüler 85.3% der Familien und eine Tageszeitung beziehen 80% der Befragten. Ein zweites Auto findet sich hingegen etwas seltener in den Familien (41.3%). Für die weiteren Analysen wurde die Anzahl der Besitztümer summiert (siehe Tabelle 2). Bei diesem Verfahren ist jedoch zu beachten, dass dadurch alle Items gleich gewichtet werden. Es wird nicht unterschieden, ob ein eigenes Zimmer oder das Vorhandensein eines Rasenmähers mehr Auswirkungen hat. Die Aufsummierung zeigt, dass nur ein Kind angegeben hat, die Familie besäße nur eins der genannten Gebrauchs- und Kulturgegenstände, alle anderen Kinder haben mindestens vier Besitztümer angekreuzt, 27 Kinder sogar die höchste Ankreuzmöglichkeit von acht Besitztümern.

Tabelle 2: Anzahl und prozentuale Verteilung der Besitztümer

	N	%
1 Besitztum	1	1.3
4 Besitztümer	4	5.3
5 Besitztümer	6	8.0
6 Besitztümer	10	13.3
7 Besitztümer	27	36.0
8 Besitztümer	27	36.0
Gesamt	75	100.0

6.1.2 Quantitative Auswertung

In die quantitative Analyse gehen nur die geschlossenen Wissensfragen ein. Im Folgenden werden die deskriptiven Ergebnisse der ersten Fragen dargestellt.

Fragen zur Arbeitslosigkeit

Auf die Frage, ob alle, die arbeiten wollen, eine Arbeit finden, hat jedes Kind mit „nein" geantwortet. Die zweite Frage, ob es überall auf der Welt Arbeitslose gibt, wird ebenfalls nur leicht differenziert beantwortet. Nur 4 % der Schülerinnen und Schüler sind der Meinung, dass es nicht überall auf der Welt Arbeitslose gibt. Bei der Frage, welche Altersklasse von der Arbeitslosigkeit besonders betroffen ist, wird deutlich, dass die meisten Kinder denken (insgesamt 68,5%), dass entweder die 20-30 Jährigen oder die über 50 Jährigen am meisten betroffen sind (siehe Tabelle 3). Die letzte Frage erfasst die Einschätzung der Kinder in Bezug darauf, bei welchem Geschlecht häufiger Arbeitslosigkeit vorliegt. 66.2 % der Schülerinnen und Schüler geben an, dass sie denken, Frauen seien häufiger arbeitslos.

Tabelle 3: Anzahl und prozentuale Verteilung der Ergebnisse, welche Altersklasse besonders häufig betroffen ist

	N	%
20 bis 30	27	37.0
31 bis 40	12	16.4
41 bis 50	11	15.1
über 50	23	31.5
Gesamt	73	100.0

6.1.3 Qualitative Auswertung

Im Folgenden sollen die Ergebnisse der offenen Fragen dargestellt werden, die qualitativ ausgewertet wurden. Hierzu werden zunächst zu jeder Frage die allgemeinen Antworttendenzen der Schülerinnen und Schüler präsentiert, um diese durch besondere Antworten zu ergänzen. Erst in der abschließenden Diskussion sollen die gegeben Antworten näher beleuchtet werden.

Hinsichtlich der Frage „Was meinst du, können Arbeitslose etwas dafür, dass sie arbeitslos werden?" konnten die Schülerinnen und Schüler zum größten Teil weder klar mit Ja noch mit Nein antworten, wobei viele eher zu Nein tendierten. Vielmehr zeigte sich, dass sie zwischen den beiden Polen schwankten. In ihren Antworten selbst nannten sie Gründe, die zu einer

Arbeitslosigkeit führen. Diese Gründe ordneten sie einem Selbstverschulden oder einem Nichtselbstverschulden von Arbeitslosigkeit zu. Beispiele hierfür sind: „Ja, wenn sie einen schlechten Schulabschluss [haben] oder zu alt sind.", „Nein, es liegt meistens an der Firma, die zum Beispiel geschlossen haben." oder „Kommt drauf an, mache ja und manche nein." Auffällig bei den Antworten war, dass einige sehr differenzierte Gründe angaben. So sagte ein Kind: „Nein, Arbeitslose können nichts dafür. Meistens wird z. B. eine Autofabrik z. B. Porsche an Volkswagen verkauft, dadurch verlieren viele ihren Job."

Auf die Frage „Hast du schon einmal etwas Gutes über Arbeitslosigkeit gehört?" antwortete der Großteil der Schülerinnen und Schüler mit Nein. Nur sehr wenige differenzierten dabei ihre Antworten weiter aus. Ein Kind fügte z. B. hinzu, dass Arbeitslosigkeit ganz schlecht sei, weil man so kein Geld verdient. Auffällig war jedoch, dass einige der Schülerinnen und Schüler diese Frage mit Ja beantworten konnten. Diese Aussagen waren auch deutlich differenzierter, als die verneinten Antworten. Beispiele hierfür sind: „Ja, er hat seinen Job verloren, war nur noch draußen und hat Fußball gespielt und wurde Fußballer.", „Ja, dann kann man, wenn man Kinder hat, immer bei den Kindern sein." oder „Ja, sie haben einmal im Radio in den Nachrichten gebracht, dass die Zahl der Arbeitslosen gesunken ist."

Auch die Frage „Woher bekommen Arbeitslose ihr Geld?" zeigt eine klare Antworttendenz der Schülerinnen und Schüler. Die Mehrheit nannte in diesem Zusammenhang den Staat und „Hartz IV". Dabei wurden die Antworten zum Teil sehr umfassend und genau erläutert. So schrieb ein Kind: „Vom Staat. Jeder Mensch zahlt ja Steuern und davon fließt auch etwas zum Hartz IV-Projekt rein, vom Hartz IV leben die Arbeitslosen." Neben den beiden Punkten Staat und „Hartz IV" wurden aber auch weitere Aspekte angeführt. Mehrfach tauchten in den Schülerantworten die Antworten auf: von der Familie, an der Straße Musik machen, betteln oder Nachhilfe geben. Besonders auffällig war jedoch die Antwort „HIV", die auch mehrmals genannt wurde. Hierauf wird in der abschließenden Diskussion noch genauer eingegangen.

Die Analyse der Frage „Was meinst du, wie ist es für Kinder, wenn ihr Vater oder ihre Mutter arbeitslos wird?" zeigt, dass sich die meisten der Schülerinnen und Schüler vorstellen können, dass es für die entsprechenden Kinder nicht so schön, sehr schwer bzw. sehr schlimm ist. Einige der Schülerinnen und Schüler nennen dabei konkrete Folgen, die aus dem Arbeitslos werden resultieren können. „Sehr schlimm! Wenn dann beide Eltern arbeitslos werden, müssen die Kinder vielleicht in ein Heim.", „Sehr schlimm, weil die Eltern sind dann sehr in Sorge und trinken Alkohol. (Besonders die Väter)" oder „Nicht schön, weil meistens sich die Eltern dann nicht mehr den Sportverein leisten können." Auffällig war, dass ein Kind dieser Situation aber auch etwas Positives abgewinnen konnte. So wurde angeführt: „Ich glaube, das ist nicht so toll, weil man dann kein Geld verdient. Aber dafür sind die Eltern mehr für das Kind da."

6.2 Videographie

Im Folgenden werden die Ergebnisse der Videostudie dargestellt. Dazu wurden hinsichtlich der Fragestellung relevante Lupenstellen der aufgezeichneten Diskussion transkribiert (siehe Anhang), und als Datengrundlage einer qualitativen Auswertung genutzt. Es werden zunächst die genannten Argumente der Schülerinnen und Schüler präsentiert und abschließend in der Diskussion der Ergebnisse (vgl. Kap. 7) mit den Ergebnissen der Fragebogenerhebung zusammengeführt.

In dem vorliegenden Transkript schlägt Es zunächst vor, dass für die Arbeitslosen vorerst 1€-Jobs geschaffen werden könnten (vgl. T: PF. 1f). Mit der Übernahme des Rederechts durch Lo verschiebt sich das Thema dahingehend, dass von Deutschland als hochgebildetem Industrieland gesprochen wird, in dem schlichtweg mehr Menschen in der Produktion eingesetzt werden können, um die Arbeitslosigkeit zu reduzieren. Des Weiteren spricht Lo von einem Export der erzeugten Güter in ärmere Länder (vgl. T: PF. 2ff.). Dieser Schwenk des Themas, weg von der zentralen Fragestellung der Arbeitslosigkeit, hin zu globaleren Gedanken, lässt sich nur unterrichtskontextuell mit dem Hintergrundwissen begründen, dass die Schülerinnen und Schüler im Sachunterricht zuvor über Kinderarmut in der Welt gesprochen haben. Daraufhin fokussiert Li in ihrem/seinem Redebeitrag die Idee, von Arbeitspausen für Reiche und der Reduktion der Arbeitslosigkeit durch das Einspringen der Arbeitslosen in die dadurch ‚freigewordenen' Jobs (vgl. T. PF. 5ff.). Jo knüpft direkt an Li's Redebeitrag an und problematisiert die dadurch entstehende Verschiebung, dass der unterbreitete Vorschlag nur dazu führt, dass Arbeitende selber zu Arbeitslosen werden (vgl. T. PF 8f). Dieser Einwand wird offensichtlich von der Klasse getragen, da ein kurzer Paralleldiskurs entfacht, der mit der Zustimmung durch einzelne Schülerinnen und Schüler endet. Daraufhin erteilt der diskussionsmoderierende Zukunftsminister Ka das Wort, die/der anführt, dass die Reicheren auch einfach Geld spenden könnten (vgl. T. PF 9f). An dieser Stelle ist anzunehmen, dass erneut eine Bezugnahme auf das Sachunterrichtsthema Kinderarmut erfolgt, weil der erwähnte Redebeitrag die Begriffe ‚arm' und ‚reich' fokussiert, nicht aber den Bezug herstellt zum eigentlichen Diskussionsthema der Arbeitslosigkeit. Diese Verschiebung wird zwei Turns später von Lu durch eine Verknüpfung beider Aspekte präzisiert und dadurch inhaltlich auf den Diskussionsschwerpunkt zurückgeführt *„wenn die ja so reich sind* könnten die ja • ähm dazu spenden ähm dass ähm neue Fabrikhäuser und Firmen an andere angebaut werden • damit die armen arbeiten könn"(vgl. T: PF 11ff). Zuvor findet ein kurzer Paralleldiskurs statt und Ti kritisiert, dass das Spendenargument dazu führen könnte, dass im Endeffekt die Spendengelder vom Staat und damit von allen Bewohnern Deutschlands kommen (vgl. T: PF 10f). Erneut ergreift Ti (vgl. T: PF 13f) das Wort und verbalisiert einen Widerspruch zu Li's deutlich früher unterbreitetem Vorschlag der Arbeitspausen für Reiche (vgl. T. PF. 5ff.). „*Ich finde was Li (Anonymisierung) gesagt hat ergibt auch nicht so viel Sinn weil wenn wenn n reicher äh • Pilot ist dann kann ja auch nicht schnell n Arbeitsloser einspringn.*" Dieser Einwand mündet in einem wohl zustimmend gemeinten Paralleldiskurs der Klasse (vgl. T: PF 15). Daraufhin unterbreitet Es den Vorschlag der Einführung eines Studiengangs speziell für Arbeitslose, in dem u. a. das Einspringen in bestimmte Berufe geschult wird (vgl. T. PF 16f). Es folgt ein erneuter Rückgriff bezugnehmend auf die Abgabe/Spende des Geldes von Reicheren an Ärmere. Sü gibt zu bedenken, dass die Reicheren im Gegensatz zu den Arbeitslosen für ihr Geld „*geschuftet*" haben (vgl. T: PF 17ff). Darauf folgt ein eher ablehnendes „*sichaaaaaa*" aus der Klasse, dem Sü mit einem „*jaaaaaa*" begegnet. Der moderierende Zukunftsminister erteilt erneut Lu das Rederecht, die/der bereits Angedeutetes aufgreift, vertieft und neue Aspekte in die Diskussion einbringt. Es wird darauf eingegangen, dass es einerseits viele Arbeitssuchende, andererseits auch viele freie Arbeitsplätze gibt. Lu spricht beispielsweise von fehlenden Arbeitskräften in den öffentlichen Verkehrsmitteln der Metropolregionen „*[...] es is ja auch so an vielen Stellen suchen sich die Leute n Arbeitsplatz und an vielen Stellen fehlen die Leute und da müsste man halt einspring • • es is ja auch so in Hamburg, Berlin oder München da fehln die z. B. auch bei S-Bahn, U-Bahn den ganzen Öffentlichn fehln da auch total viele Leute •*" (vgl. T: PF. 22ff). Li greift den Vorschlag von Lu auf und schlägt vor einen speziellen Laden bzw. eine Firma dafür zu gründen (vgl. T: PF. 25ff.), wohingegen Sü zu bedenken gibt, dass dann noch mehr Arbeitslose aus dem Ausland kommen würden, um von dieser Firma zu profitieren (vgl. T: PF 28f). An dieser Stelle intervenierte die Lehrperson und erteilte einen anschließenden Arbeitsauftrag zur Vertiefung der diskutierten Inhalte.

7 Diskussion der Ergebnisse

Die Diskussion der Ergebnisse erfolgt zweiteilig, entsprechend der beiden Methoden (Fragebogen/Video), bevor anschließend ein Fazit bezüglich der modellierten Fragestellung gezogen wird. Relevant für die Verortung der dargestellten Ergebnisse ist das Wissen, dass die zugrundeliegende Stichprobe positiv selektiert ist. In IGLU 2011 haben in Deutschland beispielsweise 49.1% der befragten Eltern angegeben, mehr als 100 Bücher in ihrem Haushalt zu haben (vgl. Wendt, Stubbe & Schwippert 2012). In der vorliegenden Stichprobe hingegen sind es mit 61.1% deutlich mehr Haushalte, in denen mehr als 100 Bücher vorhanden sind. Ähnlich verhält es sich mit den erfassten Besitztümern (abonnierte Tageszeitung, Geschirrspülmaschine und Rasenmäher).

Fragebogenerhebung

Ziel war es zu erfragen, wie Schülerinnen und Schüler aus drei vierten Klassen über das Thema Arbeitslosigkeit denken. Im Folgenden gilt es nun, die gefundenen Ergebnisse zu diskutieren und in bisherige Erkenntnisse einzuordnen.

Mit Hilfe des Fragebogens konnte festgestellt werden, dass die Schülerinnen und Schüler schon abgesehen von einigen Fehlvorstellungen ziemlich genaue Vorstellungen von Arbeitslosigkeit haben. Im Bereich der quantitativen Analyse zeigte sich beispielsweise, dass die befragten Schülerinnen und Schüler einstimmig davon überzeugt sind, dass nicht alle eine Arbeit haben, die auch arbeiten wollen. Wohingegen auf die Frage, welches Geschlecht häufiger von Arbeitslosigkeit betroffen ist, die Schülerinnen und Schüler entgegen der realen Tendenz antworteten, nach der Frauen seltener von Arbeitslosigkeit betroffen sind (Statistisches Bundesamt 2011). Die Fehlvorstellungen könnten dadurch entstanden sein, dass die Schülerinnen und Schüler nicht wissen, wie sich die Arbeitslosenquoten zusammensetzen und dass z. B. Hausfrauen nicht zu den Arbeitslosen gezählt werden, d. h. dass der Begriff anscheinend nicht eindeutig klar ist und hier noch Klärungsbedarf besteht.

In der qualitativen Analyse hat sich gezeigt, dass die Schülerinnen und Schüler bei den offenen Fragen ihre Antworten weiter ausdifferenzieren und begründen. So können viele eindeutig benennen, woher Arbeitslose ihr Geld bekommen. Einige von ihnen können dabei sogar sehr genau anführen, wie dieser Prozess funktioniert. Auffällig bei den Kinderantworten war jedoch die Antwort „HIV", die mehrmals auftrat. Hier ist zu vermuten, dass die Schülerinnen und Schüler die Abkürzung Hartz IV weiter zu HIV verkürzten. Dieses bleibt jedoch Spekulation und müsste mit den entsprechenden Schülerinnen und Schülern genauer geklärt werden. Festzustellen ist zudem ein großer Detailreichtum in den Antworten. Dies zeigt sich beispielsweise in der Frage „Was meinst du, können die Arbeitslosen etwas dafür, dass sie arbeitslos geworden sind?". Hier konnten die Kinder viele verschiedene Gründe für Arbeitslosigkeit nennen. Interessant bei den Kinderantworten ist des Weiteren auch, dass sie gehörte Inhalte (z. B. über das Sinken der Arbeitslosigkeit aus dem Radio) mit abstrakteren Fragen verknüpfen können. Dies gelingt den Schülerinnen und Schülern beispielsweise bei der Frage, ob sie schon einmal etwas Gutes über Arbeitslosigkeit gehört haben. Des Weiteren zeigen die Kinder hinsichtlich der Arbeitslosigkeit starke Empathie und sehen es als schwerwiegendes Problem an. Dies wird im Antwortverhalten auf die Frage „Was meinst du, wie ist das für Kinder, wenn ihr Vater oder ihre Mutter arbeitslos wird?" deutlich. Auffällig war jedoch, dass teilweise eine sehr spezielle Situation beschrieben wurde (z. B. Alkohol). Dass die Schülerinnen und Schüler in ihren Antworten spezielle Situationen beschreiben, fiel auch in den vorherigen Fragen auf. Daher wäre in folgenden Untersuchungen zu klären, inwieweit persönliche Erfahrungen Einfluss auf die Antworten der Kinder nehmen.

Videoaufzeichnung

Ziel war ebenfalls die Erfassung dessen, was Schülerinnen und Schüler einer vierten Klasse über das Thema Arbeitslosigkeit denken/wissen. Allerdings war die einzig vorgegebene Fragestellung für die Videoaufzeichnung was die Schülerinnen und Schüler machen würden, damit alle Menschen Arbeit haben.

Das kurze Transkript macht deutlich, dass in den 17 aufeinanderfolgenden, verschriftlichten Äußerungen acht verschiedene Schülerinnen und Schüler das Rederecht ergreifen. Da sich jeweils vier Jungen und vier Mädchen äußern, scheint das gewählte Thema Arbeitslosigkeit für beide Geschlechter von Interesse zu sein. Es werden einerseits vielfältige Argumente eigeninitiativ und neu formuliert, andererseits machen begründete Zustimmungen und Widersprüche Bezüge und Verknüpfungen zu Äußerungen von Mitschülerinnen und Mitschülern deutlich. Auf den ersten Blick gelingt den aktiv Diskutierenden das Aufrechterhalten der Diskussion. Die hohen kognitiven und sprachlichen Anforderungen an die Produktions- und Rezeptionsfähigkeit der Schülerinnen und Schüler in dieser Situation werden von der Probandenklasse gut bewältigt (vgl. Spiegel 2011). Das Transkript suggeriert somit eine gewisse Vertrautheit der Schülerinnen und Schüler mit Diskussionen, was durch die Lehrperson bestätigt wird.

Die Übernahme des Rederechts wurde durch den moderierend eingesetzten Zukunftsminister zugeteilt. Mit Ausnahme von drei kurzen Paralleldiskursen, die auf kontrovers anzusehende Schüleräußerungen folgen, gelingt der Klasse die Aufrechterhaltung gängiger Gesprächsregeln wie beispielsweise das Ausredenlassen.

Am Transkript wird deutlich, dass spezifische Wörter oder Wortgruppen die Erwartungshaltung an (nachfolgende) Äußerungen maßgeblich beeinflusst.

So werden beispielsweise Zustimmungen, Einwände/Ablehnungen, Bezugnahmen, Korrekturen, Präzisierungen, Anknüpfungen, Gewichtungen, etc. teilweise explizit angekündigt (vgl. Tabelle 4).

Tabelle 4: Beispiel für erwartungsleitende Prototypen

Zustimmung	Ja, dann…, son bisschen wie Lu gesagt hat
Einwand	aber…, ich finde was Li gesagt hat ergibt auch nicht so viel Sinn, weil…, warum sollten die einfach…, den Vorschlag fänd' ich jetzt zum Beispiel auch nicht gut, weil…
Bezugnahme	naja also…, eigentlich könnte man ja auch…,

Selbstständiges Verbalisieren von Verknüpfungen zwischen einzelnen Gesprächsbeiträgen zeigt außerdem unverkennbar das Gelingen der Übernahme der Zuhörerrolle in der Diskussion. Insgesamt wird deutlich, dass eine kollektive Auseinandersetzung mit dem Thema erfolgt und die Schülerinnen und Schüler auch in der Diskussion Wissen erwerben und vertiefen.

8 Fragebogen vs. Video: Ein vorläufiges Fazit

Wie die Studie zeigt, haben beide vorgestellten Methoden ihre ganz eigene, gleichzeitig aber auch gemeinsame Daseinsberechtigung. Selbstverständlich werden immer auch testökonomische Aspekte wie Zeit und Geld in Methodenentscheidungen einbezogen, allerdings ist die vorgestellte Studie – in diesem kleinen Rahmen – ein Beispiel dafür, dass sich Erhebungsmethoden gut ergänzen können und vielfältige und vorallem wertvolle Ergebnisse herbeiführen. In der vorgestellten Erhebung wird zudem deutlich, dass die Schülerinnen und Schüler fähig sind, ihre Antworten sowohl mündlich wie auch schriftlich auszudifferenzieren und Bezüge auf bestimmte, zu Grunde liegende Aspekte herzustellen. Grundsätzlich ist demnach sowohl der Einsatz eines Fragebogens als auch einer Videoerhebung (mit Schülerdiskussion) in einer vierten Klasse möglich und führt zu aufschlussreichen Ergebnissen. Beide Methoden haben aufgezeigt, dass die Kinder bereits über viel Wissen zum ausgewählten Themenbereich verfügen. Dass sie darüber hinaus das Wissen auch anwenden können, wird deutlich, wenn sie ihre Aussagen und Denkprozesse – egal ob mündlich in der Diskussion oder schriftlich im Fragebogen – begründen.

Neben Gemeinsamkeiten ließen sich jedoch auch Unterschiede feststellen. Beispielsweise ist bei einer Diskussion mehr situative Spontanität seitens der Diskussionleitung gefragt, da im Vorfeld nicht vollständig planbar ist, welche Facetten in der Diskussion aufgegriffen werden und welche nicht. Der beoachtende Forscher hat somit keinen Einfluss auf den Verlauf der Diskussion und damit auch nicht auf die verbalisierten Inhalte der auszuwertenden Schülerantworten. Der Fragebogen hingegen ist in seinem Antwortformat eher als statisch zu bezeichnen, da genau das erfasst wird, was die vorab aufbereiteten Fragen abdecken. Ein weiterer wesentlicher Unterschied ist in der Prozess- vs. Produktorientierung zu finden. Während der Fragebogen eher produktorientiert den Ist-Zustand von Wissen abfragt und abbildet, besteht bei der (video- oder audiobasiert fixierten) Diskussion das Potenzial, sich dem Prozess des klassenkollektiven Denkens und Erarbeitens sowie Reflektierens und (Re)Formulierens zum Unterrichtsgegenstand zu nähern. Allerdings werden die Denkprozesse in einer Diskussion nicht sichtbar. Insofern bleibt offen wer sich am klassenkollektiven Denken beteiligt, da sich in einer Diskussion (je nach vorher abgesprochenen Regeln) für gewöhnlich nicht alle Schülerinnen und Schüler beteiligen müssen. Fragebögen hingegen bilden das Wissen jedes Individuums des Klassenkollektivs ab, sofern die Schülerinnen und Schüler die Fragen beantworten.

Dennoch bleibt es dabei, dass eine pauschale Aussage über die Güte eines Testinstrumentes (hier Fragebogen vs. Videostudie) nicht möglich ist und immer in Abhängigkeit zur Fragestellung und dem beabsichtigten Informationsgewinn auszuwählen ist.

Literatur

Baumert, J. et al. (1997). TIMSS - Mathematisch-naturwissenschaftlicher Unterricht im internationalen Vergleich: Deskriptive Befunde. Opladen: Leske & Budrich.

Beschlüsse der Kultusministerkonferenz (2005). Bildungsstandards im Fach Deutsch für den Primarbereich. Heusenstamm: Wilhelm & Adam.

Behrens, U.; Böhme, K. & Krelle, M. (2011). Zuhören. Operationalisierung und fachdidaktische Implikationen. In: Bremerich-Vos, A.; Granzer, D. & Köller, O. (Hrsg.): Bildungsstandards Deutsch und Mathematik. Leistungsmessung in der Grundschule. Weinheim und Basel: Beltz Verlag, 357-375.

Bortz, J. & Döring, N. (2006). Forschungsmethoden und Evaluation für Human- und Sozialwissenschaftler (4., überarbeitete Auflage). Heidelberg: Springer Medizin Verlag.

Bos, W. et al. (2005). IGLU: Skalenhandbuch zur Dokumentation der Erhebungsinstrumente. Münster: Waxmann.

Bourdieu, P. (1983). Ökonomisches Kapital, kulturelles Kapital, soziales Kapital. In: Kreckel, R. (Hrsg.): Soziale Welt. Soziale Ungleichheiten. Göttingen: Schwartz, 183-198.

Buchalik, U. (2009). Fachgespräche. Lehrer-Schüler-Kommunikation in komplexen Lehr-Lern-Umgebungen. Frankfurt a. M.: Peter Lang.

Claar, A. (1996). Was kostet die Welt? Wie Kinder lernen mit Geld umzugehen. Berlin: Springer Verlag.

DESI-Konsortium (2008): Unterricht und Kompetenzerwerb in Deutsch und Englisch. Ergebnisse der DESI-Studie. Weinheim und Basel: Beltz Verlag.

Gläser, E. (2007). Ökonomische Bildung. In: Kahlert, J. et al. (Hrsg.): Handbuch Didaktik des Sachunterrichts. Bad Heilbrunn: Julius Klinkhardt, 159-163.

Gläser, E. (2002). Arbeitslosigkeit aus der Perspektive von Kindern. Eine Studie zur didaktischen Relevanz ihrer Alltagstheorien. Bad Heilbrunn: Julius Klinkhardt.

Helmke, A. (2009). Unterrichtsqualität und Lehrerprofessionalität. Diagnose, Evaluation und Verbesserung des Unterrichts. Seelze-Velber: Klett/Kallmeyer.

Helmke, A. (2007). Unterrichtsqualität erfassen, bewerten, verbessern. 5. Auflage. Seelze-Velber: Klett/Kallmeyer.

IGLU (2011). Lesekompetenzen von Grundschulkindern in Deutschland im internationalen Vergleich. Münster: Waxmann.

Jacobs, J. K.; Kawanaka, T. & Stigler, J. W. (1999). Integrating qualitative and quantitative approaches to the analysis of video data on classroom teaching. In: International Journal of Educational Research, 31, 717-724.

Janik, T. & Seidel, T. (Hrsg.) (2009). The power of Video Studies in Investigating Teaching and Learning in the Classroom. Münster: Waxmann.

Jankisz, E. & Moosbrugger, H. (2007). Planung und Entwicklung von psychologischen Tests und Fragebogen. In: Moosbrugger, H. & Kelara, A. (Hrsg.): Testtheorie und Fragebogenkonstruktion. Heidelberg: Springer Medizin Verlag, 27-71.

Kaiser, A. (1996). Lernvoraussetzungen von Jungen und Mädchen für sozialwissenschaftlichen Sachunterricht (2., veränderte Auflage). Oldenburg: BIS-Verlag.

Konrad, K. (2006). Die Befragung. In: Wosnitza, M. & Jäger, R. S. (Hrsg.): Daten erfassen, auswerten und präsentieren. Eine elementare Einführung in sozialwissenschaftliche Forschungsmethoden, Statistik, computerunterstützte Datenanalyse und Ergebnispräsentation. Landau: Empirische Pädagogik, 48-74.

Krelle, M. (2011). Dimensionen von Gesprächskompetenz. Anmerkungen zur Debatte über mündliche Fähigkeiten im Deutschunterricht. In: Behrens, U. & Eriksson, B. (Hrsg.): Sprachliches Lernen zwischen Mündlichkeit und Schriftlichkeit. Bern: hep verlag, 13-34.

Lissmann, U. (2006). Forschungsmethoden – ein Überblick. In: Wosnitza, M. & Jäger, R. S. (Hrsg.): Daten erfassen, auswerten und präsentieren. Eine elementare Einführung in sozialwissenschaftliche Forschungsmethoden, Statistik, computerunterstützte Datenanalyse und Ergebnispräsentation. Landau: Empirische Pädagogik, 3-27.

Neumann, A. & Mahler I. (2013). Eine Videostudie zu sprachförderlichen Merkmalen der Lehrersprache. In: Riegel, U. & Macha, K. (Hrsg.): Videobasierte Kompetenzforschung in den Fachdidaktiken. Münster: Waxmann, 115-132.

117

Petko, D.; Waldis, M.; Pauli, Ch. & Reusser, K. (2003). Methodologische Überlegungen zur videogestützten Forschung in der Mathematikdidaktik. In: Zeitschrift für Didaktik der Mathematik, Vol. 35 (6), 265-280.

Sedlmeier, P. & Renkewitz, F. (2008). Forschungsmethoden und Statistik in der Psychologie. München: Pearson Studium.

Seidel, T.; Prenzel, M. & Kobarg, M. (Hrsg.) (2005): How to run a video study. Technical report of the IPN Video Study. Münster: Waxmann.

Spiegel, C. (2011). Argumentieren schriftlich – mündlich: Gemeinsamkeiten und Unterschiede. In: Behrens, U. & Eriksson, B. (Hrsg.): Sprachliches Lernen zwischen Mündlichkeit und Schriftlichkeit. Bern: hep verlag, 35-54.

Statistisches Bundesamt Statitische Ämter des Bundes und der Länder (2009). Soziale Mindestsicherung in Deutschland 2007. 10.08.2013.

Uesseler, S. (2011). Alltägliche Wissenssprache im Unterricht – eine Fallanalyse. In: Behrens, U. & Eriksson, B. (Hrsg.): Sprachliches Lernen zwischen Mündlichkeit und Schriftlichkeit. Bern: hep verlag, 35-54.

Wendt, H.; Stubbe T. C. & Schwippert, K. (2012). Soziale Herkunft und Lesekompetenzen von Schülerinnen und Schülern. In: Bos, W. et al. (Hrsg.): IGLU 2011. Lesekompetenzen von Grundschulkindern in Deutschland im internationalen Vergleich. Münster: Waxmann, 175-190.

Anhang Transkript

Speakertable

parallel	Sex	u
	Comment	

Es	Sex	f
	Comment	

Lo	Sex	f
	Comment	

Sü	Sex	m
	Comment	

Li	Sex	f
	Comment	

Jo	Sex	m
	Comment	

Ka	Sex	f
	Comment	

Lu	Sex	m
	Comment	

Ti	Sex	m
	Comment	

[1]

Es [v]	wir könnten ja me • noch mehr • 1€-Jobs an • erstmal • • • sozusagen anschaffen damit die erstaml eine 1€-

[2]

Es [v]	Arbeit haben und danach gucken wir weiter
Lo [v]	Deutschland ist ja ein hochgebildetes Industrieland und wenn wir

[3]

Lo [v]	jetzt zum Beispiel auch mehr • also • also • • also • • • also mehr herstellen, dann gibts ja auch mehr Leute die

[4]

Lo [v]	das machen dann kann man das zum Beispeil auch in ärmere Länder exportieren damit die das auch kriegen • joa

[5]

| Li [v] | die so ganz reichen könnten ja erstmal aufhörn zu arbeiten • weil die dann bestimmt genug geld haben und die |

[6]

| Li [v] | aaaam könnten ähm dann • • • also die keine Arbeit haben, die Arbeitslosen könnten dann ähm sozusagen an der |

[7]

| Li [v] | Stelle einspringen weiiil wenn die Reichen weiter arbeiten die eine arbeit haben und ähm dann verdiehn die dann |

[8]

| Li [v] | natürlich immer mehr Geld und dann können natürlich die Arbeitslosen da öfter wieder einspringen |
| Jo [v] | aber wenn |

[9]

Jo [v]	die aufhön • • •sind die doch auch arbeitslos
Ka [v]	naja also die Reicheren könnten
parallel [v]	Ja dann sind die ganz ganz arm

[10]

Ka [v]	sonst • • auch einfach den ärmeren n bisschen Geld spenden
Ti [v]	dann geht das ja nur auf die Kosten der
parallel [v]	tun sie doch

[11]

| Lu [v] | wenn die ja |
| Ti [v] | Reichen und wenn der Staat das bezahlt das kommt das ja von den ganzen Menschen in Deutschland |

[12]

| Lu [v] | so reich sind könnten die ja • ähm dazu spenden ähm dass ähm neue Fabrikhäuser und Firmen an andere |

[13]

| Lu [v] | angebaut werden • damit die armen arbeiten könn |
| Ti [v] | Ich finde was Li(Anonymisierung) gesagt hat ergibt auch nicht |

[14]

| Ti [v] | so viel Sinn weil wenn wenn n reicher äh • Pilot ist dann kann ja auch nichtschnell n Arbeitsloser einspringn |

[15]

| Es [v] | eigentlich könnte man ja auch äh n sozusagen n Studiengang füüüür • • für die Arbeitslose die keine |
| parallel [v] | ähhhh neeee |

[16]

| Es [v] | keinen richtigen Schulabschluss oder Hochschulabschluss haben die deshalb keine Arbeit kriegen nochmal dass |

[17]

Es [v]	die nochmal äh nochmal sozusagen studieren • • einen Beruf damit sie irgendwo einspringen können
Sū [v]	warum

[18]

Sū [v]	sollte die einfach den Armen geben die ham doch geschufftet um Geld zu kriegn und die • •Arbeitslosen ham nix

[19]

Sū [v]	gemacht und kriegn Geld	jaaaaaa
Lu [v]		den Vorschlag fänd ich jetzt zum Beispiel auch nicht • gut,
parallel [v]	sichaaaaaa	

[20]

Lu [v]	weeeeiiiiil weil die Eltern die Geld verdien die kriegen das denn ja nicht und das is denn ja auch Zufall • weil die

[21]

Lu [v]	Kinder leiden denn ja auch drunter unter der Arbeitslosigkeit der Eltern und die Eltern wolln ja auch • • es ist ja

[22]

Lu [v]	auch meistens nicht so dass die Eltern die Arbeit nicht wollen die kriegn die einfach nich • • • es is ja auch so an

[23]

Lu [v]	vielen Stellen suchen sich die Leute n Arbeitsplatz und an vielen Stellen fehlen die Leute und da müsste man

[24]

Lu [v]	halt einspring • • es is ja auch so in Hamburg, Berlin oder München da fehln die z. B. auch bei S-Bahn, U-Bahn •

[25]

Li [v]	Son bisschen wie Lu gesagt hat • ähm man könnte ja
Lu [v]	den ganzen Öffentlichn fehln da auch total viele Leute

[26]

Li [v]	eineeeee ähm sozusagen Firma aufmachen oder • ähm • • • eine Arbeit wo die Arbeitslosen hingehn können und

[27]

Li [v]	ähm • dann • • zum Beispiel als • • weiß nich aber man könnte sowas ja versuchen dass man extra son Laden

[28]

Sū [v]	wenn jetzt Deutschland eine Firma aufmacht wo alle
Li [v]	aufmacht nur für Arbeitslose oder eben ne Firma

[29]

Sū [v]	Arbeitslosen komm dass is doch dann überfüllt weil dann komm aus den Ausland ja noch ganz viele

121

Vivien Heller

Gesprächsanalyse in der sprachwissenschaftlichen und sprachdidaktischen Unterrichtsforschung

1 Einführung

Der Beitrag stellt gesprächsanalytische Vorgehensweisen in Bezug auf Fragestellungen der sprachwissenschaftlichen und sprachdidaktischen Unterrichtsforschung dar. Die gesprächsanalytische Forschung ist – auch dann, wenn sie sich mit Unterrichtskommunikation befasst – nicht per se auf sprachdidaktische Fragestellungen zugeschnitten. So bilden die Kommunikation in institutionellen Kontexten wie dem Unterricht (aber auch in der Behörde, vor Gericht usw.) und in Zusammenhang damit die Kontextualisiertheit sprachlichen Handelns bzw. die sprachliche Konstitution von Institutionen zentrale Gegenstandsbereiche der sprachwissenschaftlichen Grundlagenforschung. Insofern als sich die Gesprächsanalyse mit Fragen des Spracherwerbs und der institutionellen Kommunikation befasst, stellt sie also eine Grundlagendisziplin für die sprachbezogene Fachdidaktik dar. In jüngerer Zeit sind nun auch vermehrt gesprächsanalytische Studien zu verzeichnen, die explizit sprachdidaktische Fragestellungen bearbeiten.

In seiner Darstellung des theoretischen Hintergrundes (Kap. 2) und des methodischen Vorgehens (Kap. 3) konzentriert sich der Beitrag auf den aus der Ethnomethodologie hervorgegangenen Ansatz der Konversationsanalyse (KA), da dieser theoretisches und analytisches Rüstzeug für die Rekonstruktion kontextschaffenden und -interpretierenden Interagierens bietet und es damit ermöglicht, den Blick nicht nur auf das kommunikative Handeln im Unterricht, sondern die interaktive – und damit dynamische – Konstitution von Unterricht zu richten.

Des Weiteren werden vier sprachdidaktisch relevante Gegenstandsbereiche gesprächsanalytisch inspirierter Erwerbs- und Unterrichtsforschung skizziert (Kap. 4). Kapitel 4.1 referiert Studien, die Unterrichtsinteraktion als eine Form der institutionellen Kommunikation analysieren und diese mit der Kommunikation in anderen Kontexten wie der Familie und Peergroup vergleichen. Einen weiteren Gegenstandsbereich bildet die Diskurskompetenz (Kap. 4.2), die sowohl eine Voraussetzung für die Partizipation am als auch einen Lerngegenstand im Deutschunterricht bildet. Drittens eröffnet die Gesprächsanalyse mit ihrem rekonstruktiv-sequenziellen Vorgehen einen Blick auf die interaktiven Prozesse, in denen sich Wissensvermittlung vollzieht. Dementsprechend stellt Kapitel 4.3 Untersuchungen vor, die den Fokus auf sprachliche Interaktionen als Lernmedium richten. Kapitel 4.4 schließlich umreißt als vierten Gegenstandsbereich ein sozialkonstruktivistisch fundiertes Konzept von Wissen, das sich als Konsequenz aus der Einsicht in die interaktive Einbettung von Prozessen der Wissensgenerierung ergibt (vgl. auch Quasthoff & Heller i. d. Bd.).

2 Theoretischer Hintergrund

Bsp. (1) Stacheltier[27]

```
01  A:  beim letzten mal (0.7) haben wir ja (.) uns ja drüber
02      unterHALten (0.4) über dieses !STA!cheltier. (0.5)
03  B:  [ja;]
04  A:  [das] so gern in nem blätterhaufen [rumkrakst;]
05  C:  [|ich WEIß |]
        |((meldet sich))|
06      [ was-]
07  D:  [Igel;]
08  A:  ((hält Finger vor Mund, macht Meldegeste; 4.2))
09      ((zeigt auf T)
10  E:  Igel;
((...))
15      <<p> wer kann denn noch mal sagen,
16      =was MACHT denn so ein igel>;
17      (3.3)
18  Ks: ((melden sich))
19  A:  habt ihr AUFgeschrieben;
20      (3.7)
21      FÜNF kinder wissen noch was;
22      (1.1)
23      sechs kinder-
24      (1.2)
25      aHA:; (-)
26      aHA:;
27      die erinnerung KOMMT ne?
28      =nina was mag der denn;
29  N:  =KÄ:fer- (-)
30      REgenwürme:r-
31  A:  <<p> gut>.
```

---

[27] Die Transkriptionskonventionen folgen dem Gesprächsanalytischen Transkriptionssystem (GAT 2) von Selting et al. (2009).

Auch ohne zusätzliche Informationen gelingt es uns, den Sprechersiglen mit einiger Sicherheit bestimmte Sprecherrollen zuzuordnen und Vermutungen über die Situation bzw. den Kontext der Gesprächsaktivität anzustellen. Warum können wir anhand der bloßen Äußerungen und ihrer sequenziellen Abfolge treffsicher schlussfolgern, aus welchem Gesprächskontext der vorliegende Auszug stammt und um welchen Ausschnitt sozialer Wirklichkeit es sich hier handelt?

A etabliert ein Thema, ohne dieses explizit zu nennen. Sie verweist auf ein vorangegangenes Gespräch (*beim letzten mal*) und signalisiert mit der Abtönungspartikel *ja* und der Umschreibung *dieses !STA!cheltier* die Erwartung, dass bezüglich des Themas ein gemeinsames Wissen besteht. Indem A eine Pause lässt, etabliert sie nicht nur die Erwartung geteilten Wissens, sondern weist den anderen Gesprächsbeteiligten auch die Aufgabe zu, das Verfügen dieses Wissens anzuzeigen – ein für Alltagsgespräche im Allgemeinen ungewöhnliches Verfahren, da sich hier eine der Beteiligten als Prüferin etabliert (vgl. Heller 2011). Weitere Hinweise auf den Kontext dieser Aktivität liefert zudem der Befund, dass fast alle übrigen Beteiligten ihr Wissen nicht unmittelbar kundtun, sondern zunächst nur dessen Verfügen anzeigen (Z. 3, Z. 5/6). Nur D entschlüsselt die Umschreibung und nennt das Thema der vergangenen Stunde. Aufschlussreich ist weiterhin die Beobachtung, dass A den Inhalt dieses Beitrags ignoriert und stattdessen mit dem Hinweis auf Melden (Z. 8) quittiert. Diese spezielle Art der Rederechtsorganisation, die besonderen Rechte, die A hier offensichtlich geltend macht, geben uns Deutungshinweise darauf, dass es sich bei A um eine Lehrperson handelt, die an ein Thema einer vorangegangenen Unterrichtsstunde anknüpft und überprüft, ob aufseiten der Schülerinnen und Schüler (B, C und D) das erwartete Wissen vorhanden ist. Die besondere Art, mit der hier über das bloße Vermitteln von Wissen hinaus auch das Verfügen von Wissen thematisiert wird, kontextualisiert die Aktivität unmissverständlich als Unterricht (und nicht etwa als Pausengespräch).

Von zentraler Bedeutung ist nun, dass nicht nur wir Außenstehende an den eben rekonstruierten Verfahren erkennen, um welchen Ausschnitt von Wirklichkeit es sich handelt, sondern auch die Beteiligten selbst. Sie signalisieren sich fortlaufend, an welcher Art von Kontext sie sich orientieren und stellen damit zugleich den Kontext ihres Handelns her. Hierin liegt eine der zentralen Leistungen der Gesprächsforschung: Sie stellt theoretisches und analytisches Rüstzeug für die Untersuchung kontextschaffenden und kontextinterpretierenden Interagierens zur Verfügung und ermöglicht es damit, den Blick nicht nur auf das kommunikative Handeln *im* Unterricht, sondern die interaktive – und damit dynamische – Konstitution *von* Unterricht zu richten.

Kennzeichnend für eine ethnomethodologische Perspektive (Garfinkel 1967) ist somit, dass Institutionalität nicht als gegeben vorausgesetzt, sondern als Hervorbringung der Beteiligten verstanden wird. Für die Analyse von Unterrichtsinteraktion als einer Form institutioneller Kommunikation ist dies von grundlegender Bedeutung: Seit langem ist in der Sprachwissenschaft die Rede von sprachlichen Varietäten oder Registern, die „situationsangemessen" eingesetzt werden. Quantitativ-soziolinguistische Studien widmen sich der Erforschung situativen Sprachgebrauchs, indem sie externe Variablen des Kontextes herausgreifen und mit bestimmten Sprachgebrauchsweisen korrelieren. Diese Studien verbindet die Grundannahme, dass der Kontext als gegeben vorausgesetzt werden könne und dass Sprecher auf die von ihrem Handeln unabhängig bestehenden Kontexte *re*agierten. ‚Kontext' wird hier als eine Art „bucket" (Heritage & Clayman 2010: 21) oder „container" (Hutchby & Wooffitt 2008: 138) modelliert, den Interaktanten betreten und an den sie ihr kommunikatives Handeln anpassen. Wie aber entstehen überhaupt Situationen? Wie und woran erkennen wir, welche Art von Kontext – konversationsanalytisch gesprochen – „konstituiert" wird und welche sprachlich-kommunikativen Erwartungen hier an uns gestellt werden, dass wir uns beispielsweise melden müssen und damit das Verfügen von Wissen anzeigen, bevor wir etwas sagen?

Die ethnomethodologische Gesprächsanalyse stellt den Automatismus der Verknüpfung von Situation und Sprachgebrauch in Frage. Sie versteht Kontexte nicht als unabhängig von den Aktivitäten der Beteiligten, sondern gerade erst als durch diese hervorgebracht: "the procedures participants deploy in the production of institutional forms or talk are centrally involved in the reproduction of the 'institutional' nature of institutions themselves" (Hutchby & Wooffitt 2008: 138). So ist auch im Unterricht denkbar, dass die Beteiligten durch gemeinsames Scherzen, Erzählen persönlicher Erlebnisse o. Ä. zeitweise eine informelle, ‚private' Rahmung herstellen. Die Reetablierung von ‚Unterricht' wird dann meist durch ein „So, jetzt müssen wir aber noch ein bisschen arbeiten" vollzogen.

Auch ‚Unterricht' ist somit als eine Vollzugswirklichkeit zu verstehen. Zwar wird ‚Unterrichtlichkeit' von den Lehrenden und Lernenden in ihrem alltäglichen Tun als selbstverständliche, gegebene soziale Tatsache wahrgenommen. Aus ethnomethodologischer Perspektive jedoch wird sie als ein „ongoing accomplishment" (Garfinkel 1967) sichtbar, als eine soziale Wirklichkeit also, die von den Beteiligten nicht nur zu Interaktionsbeginn einmal hergestellt, sondern auch fortwährend im Gespräch aufrechterhalten werden muss.

Was ist nun genau gemeint, wenn in der Ethnomethodologie davon die Rede ist, „Ethnomethoden" zu explizieren? Die Konstituente „methodisch" bezeichnet zum einen den Befund, dass Interaktionen nicht chaotisch und zufällig ablaufen, sondern sich durch Geordnetheit auszeichnen, die insbesondere durch die Systematik der sequenziellen Organisation entsteht. Zum anderen bezieht sich „methodisch" auf den Umstand, dass die „Ethnos", d. h. die Mitglieder einer Kultur, ihrem (kommunikativen) Handeln Sinn attribuieren und dies ihrem Interaktionspartner wahrnehmbar und verständlich – mit Garfinkel gesprochen: *accountable* – machen (Garfinkel 1967). Sie tun dies nicht in subjektiv-beliebiger Weise, sondern mittels sozial geteilter Verfahren, sog. *accounting practices*, die mit den von Gumperz (1982) beschriebenen Kontextualisierungshinweisen vergleichbar sind. Beispielsweise versieht C ihre Äußerung *ich WEIß was-* mit Hinweisen darauf, in welchem Rahmen sie diese verstanden wissen möchte. Sie zeigt nicht nur ihr Erinnern an das Thema an; vielmehr signalisiert sie durch Nichtweiterreden und Melden, dass besondere – rahmenkonstituierende – Regeln der Rederechtsorganisation bestehen; dadurch sowie durch die Wahl der Lexik *(WEIß)* verdeutlicht sie zudem, dass sie die gerade stattfindende Interaktion als ein wissensüberprüfendes Frage-Antwort-Spiel versteht, und macht accountable, dass ihre Äußerung im Rahmen der rollenspezifischen Aufgabenverteilung (Lehrperson stellt Fragen – Schülerinnen und Schüler antworten) einen Beitrag zu diesem Spiel darstellt. Als eine zentrale Eigenschaft solcher accounts hat Garfinkel deren *Reflexivität* herausgearbeitet: Sie dienen einerseits dazu, die soziale Ordnung – hier: die interaktive Ordnung des wissensüberprüfenden Unterrichtsdiskurses – zu erzeugen und erkennbar zu machen. Andererseits erhalten sie ihre Bedeutung erst in der Bezugnahme auf diesen Rahmen. Diese Rückbezüglichkeit von accounting practices steht in Zusammenhang mit der *Indexikalität* (Garfinkel 1967; Ochs 2000), d. h. der grundsätzlichen Kontextgebundenheit allen Sprechens.

Als Ethnos schöpfen wir aus einem gemeinsamen Fundus von „Methoden", in denen sich niedergeschlagen hat, wie man *normalerweise* mit bestimmten (kommunikativen) Alltagsaufgaben und -problemen verfährt. Mit der Realisierung dieser *üblichen* Methoden erzeugen wir daher nicht einfach eine beliebige Art von Wirklichkeit, sondern eine, die wir als *Normalität* wahrnehmen. Dass auch Normalität also nicht einfach existiert, sondern von uns fortwährend erzeugt wird, bildet i. d. R. den „seen but unnoticed background of everyday life" (Garfinkel 1967: 118) und wird nur bei Verletzungen des Erwartbaren thematisiert. Im obigen Auszug geht die Lehrerin auf den Zuruf *Igel* von D nicht inhaltlich ein, sondern klagt zunächst die Beachtung der Regeln der Rederechtsorganisation ein. Eine potenzielle Verletzung von Unterrichtsnormalität thematisiert die Lehrerin zudem auf subtile Weise, als sie ausbleibendes Erinnern – *habt ihr AUFgeschrieben;* – rechenschafts-

pflichtig macht und die wachsende Anzahl der Meldungen öffentlich dokumentiert. Sie vermittelt hier also implizit, was typischerweise zu der institutionellen Rolle des Schülers gehört. Gerade im Anfangsunterricht wird deutlich, dass die Rollen ‚Lehrer‘ und ‚Schüler‘ nicht voranalytisch als gegeben
gesetzt werden dürfen (Watson 1992). Als ‚Schüler‘ agieren die Interaktanten erst dann, wenn sie die rollentypischen Handlungen bzw. „category-
bound activities" (Sacks 1995) vollziehen. Gleichwohl zeigt sich die
Institutionalität des Kontextes Unterricht gerade auch darin, dass zwischen
erfahrenen bzw. sozialisierten Interaktanten diese Rollen nicht immer wieder
neu ausgehandelt werden.

Ein dynamischer Kontextbegriff zieht weitreichende Konsequenzen für die
Konstitution möglicher Forschungsgegenstände nach sich: Von Interesse ist
nicht nur das kommunikative Handeln *im* Kontext Unterricht, sondern auch,
mittels welcher Verfahren Unterricht überhaupt erst konstituiert wird und
welche Arten unterrichtlicher Kontexte hergestellt werden. Zugleich erlaubt
es die ethnomethodologische Perspektive, die Variabilität, Fluidität oder
Gefährdung unterrichtlicher Kontexte in den Blick zu nehmen. Damit liefert
sie grundlegende Erkenntnisse zu Fragen sprachdidaktischer Relevanz (vgl.
Kap. 4).

Konzentrierte sich die KA zunächst auf Unterhaltungen oder „conver-
sations" als den kommunikativen Ort, an dem soziale Ordnung hergestellt
wird, befasste sie sich auch bald mit institutionellen Formen der Kommunikation. Ihren Analysegegenstand bezeichnet sie seitdem umfassender als
„talk in interaction" (Schegloff 2007). Neben den ethnomethologischen
Wurzeln haben auch die interaktionssoziologischen Arbeiten Goffmans
Eingang in die Gesprächsanalyse gefunden, insbesondere seine Rahmen-
analyse (1974) und seine Differenzierung der Sprecher- und Hörerrolle
(1981).[28] Während die KA in den USA vorrangig in der Soziologie beheima-
tet ist, wurde sie in Europa vermehrt von der Linguistik aufgegriffen und für
sprachdidaktische Fragestellungen fruchtbar gemacht.[29]

---

[28] Goffman (1981) zeigt in seiner Analyse der Rolle des Sprechers, dass dieser sich unterschiedlich zu
seinen Äußerungen positionieren kann: als bloßer Aktivator („animator") des Gesagten, als Urheber
(„author") oder Auftraggeber („principal"). Ebenso sind für den Hörer unterschiedliche Möglichkeiten
der Beteiligung denkbar: Er kann beispielsweise ratifizierter Adressat oder auch nur Mithörer
(„overhearer") sein.
[29] Es haben sich eine ganze Reihe von Forschungsrichtungen auf die Analyse von Sprache in Interaktion
spezialisiert: neben der ethnomethodologischen Konversationsanalyse auch die Funktionale Pragmatik,
die Kritische Diskursanalyse, die Dialoganalyse und die Objektive Hermeneutik. Für eine Systematisierung der Forschungsrichtungen vgl. Hausendorf & Quasthoff (2005b).

3 Methodisches Vorgehen

Spezifisch für die ethnomethodologische Konversationsanalyse ist, dass sie ihre Methodik an den konstitutiven Eigenschaften verbaler Interaktion, insbesondere ihrer Methodizität, Sequenzialität, Interaktivität und Reflexivität (Deppermann 2000: 98), ausrichtet. Abzuleiten sind daraus zwei grundlegende Postulate: Das Beobachtbarkeitspostulat besagt, dass Aussagen über Interaktionen in den Daten verankert werden müssen, d. h. die analytischen Resultate müssen „from the data themselves" gewonnen werden (Schegloff & Sacks 1973: 201f.). Diesbezüglich besteht ein Unterschied zu anderen qualitativen Vorgehensweisen, die externe Analysekategorien bereits vor dem Durchgang durch die Daten definieren. Zweitens folgt daraus ein rekonstruktives Vorgehen: Es geht nicht darum, was Forschende aus der Perspektive einer vor der Analyse gewählten Theorie über eine Interaktion sagen können, sondern darum, nachzuvollziehen, wie die Beteiligten selbst ihr Handeln interpretieren und koordinieren (vgl. Deppermann 2000). Indem die Gesprächsbeteiligten Sinn und Ordnung nicht nur interaktiv herstellen, sondern dies auch in einer wahrnehmbaren Weise tun – ebendies besagt das Display-Konzept (Sacks et al. 1974: 728) – gewähren sie auch den Analysierenden einen Zugang zu den Regeln und Prinzipien, an denen sie sich orientieren. Für die Rekonstruktion leitend ist weiterhin die "order at all points"-Maxime (Sacks 1995). Keine Äußerung und kein Element einer Äußerung ist als zufällig oder überflüssig anzusehen. Anders als bei kodierenden Verfahren dürfen Äußerungen oder einzelne sprachliche und somatische Mittel, mit denen sie hervorgebracht werden, nicht aus ihrem sequenziellen Kontext herausgelöst oder gar von der Analyse ausgeschlossen werden.

Um die Zug-um-Zug-Produktion eines sozialen Geschehens rekonstruieren zu können, muss dieses *registrierend konserviert* werden. Befragungen, Interviews [30] oder Beobachtungsprotokolle sind für eine Rekonstruktion interaktiver Prozesse ungeeignet, da sie immer schon durch nachträgliche Deutungen überlagert sind und die Details der sequenziellen Organisation nicht durch retrospektive Verfahren oder Beobachtung erfassbar sind. Gesprächsanalytische Untersuchungen basieren somit grundsätzlich auf Audio- oder Videoaufnahmen möglichst authentischer Interaktionen und deren Transkription. Die Transkription gewährleistet zudem die Überprüfbarkeit und Nachvollziehbarkeit der Ergebnisse; so zeichnen sich gesprächs-

---

[30] Dies heißt nicht, dass Interviews für konversationsanalytische Untersuchungen uninteressant sind. Sie werden jedoch nicht als Mittel der Informationsgewinnung, sondern als ein Forschungs*gegenstand* sui generis behandelt.

analytische Untersuchungen i. d. R. dadurch aus, dass nicht nur die Analyse-ergebnisse, sondern auch die Daten und Analysen selbst zugänglich gemacht werden.

Die *Transkription* verfolgt den Zweck, die Interaktion in ihren Details zu bewahren, indem sie Merkmale der Mündlichkeit (Prosodie, Überlappung, Sprechgeschwindigkeit) und der Somatizität (Körperhaltungen und –bewegungen, Proxemik, der Einsatz von Materialien, z. B. das Zeigen mit dem Stift auf das Blatt) abzubilden versucht.[31] Trotz des Bemühens um eine möglichst detaillierte Konservierung stellt das Transkript jedoch immer schon eine Interpretation und Abstraktion von den konkreten Daten dar. Insofern bildet das Transkribieren keinen der Analyse vorgelagerten Schritt; vielmehr sind die Auswahl von Sequenzen, ihre Transkription und Analyse eng miteinander verwoben.[32]

Ebenso ist die Konstitution des Untersuchungsgegenstandes – und damit einhergehend auch des Korpus' – integraler Bestandteil des analytischen Prozesses. Geht es beispielsweise darum, das Phänomen 'Wissenselizitierungen' bzw. 'Wissensdemonstrationen' zu untersuchen, so ist deren sequenzielle Struktur und Funktionsweise zu Beginn der Analyse noch nicht klar – genau dies ist ja erst Gegenstand und Ziel der Rekonstruktion. Der Untersuchungsprozess beginnt mit der detaillierten Analyse einzelner Fälle, wobei die Prämisse leitend ist, dass das untersuchte Phänomen und seine Geordnetheit „als Resultat der methodischen Lösung eines strukturellen Problems" (Bergmann 2008: 533) verstanden wird. Wie lösen die Unterrichtsbeteiligten das Problem, Wissen unter Anleitung zu vermitteln, wenn ihnen das Wissen des jeweils anderen nicht direkt zugänglich ist? Oder anders herum: Welches Problem wird dadurch gelöst, dass die Lehrperson Fraugen stellt, deren Antwort sie schon kennt? Ausgehend von der Einzelfallanalyse wird anschließend im Datenmaterial nach vergleichbaren und abweichenden Fällen (in der KA: „deviant cases") gesucht, um Kollektionen zu bilden.[33] Letztere machen es möglich, „to describe the specific features of

---

[31] Für den deutschsprachigen Raum haben Selting et al. (2009) das Gesprächsanalytische Transkriptionssystem, das sich an die internationalen konversationsanalytischen Konventionen anlehnt und diese für linguistische Fragestellungen erweitert, entwickelt und überarbeitet (GAT 2). Daneben existiert die Halbinterpretative Arbeitstranskription (HIAT) von Ehlich und Rehbein, die vor allem im Rahmen der funktional-pragmatischen Diskursanalyse eingesetzt wird (vgl. http://www.exmaralda.org/hiat/index.html).
[32] Zudem können Transkriptionen im Verlauf der Analyse verfeinert werden. GAT 2 (s. o.) ist daher nach dem Zwiebelprinzip konzipiert.
[33] Um relevante Sequenzen im Datenmaterial aufzufinden, kann es hilfreich sein, Gesprächsinventare (Deppermann 2008) zu erstellen. Sie ermöglichen einen Überblick über die Makrostruktur einer Unterrichtsstunde oder bestimmter Gesprächsphasen und machen Sequenzen im Analyseprozess wieder auffindbar.

individual cases, and at the same time bring those specifics under the umbrella of a generalized account of some sequential pattern or interactional device" (Hutchby & Wooffitt 2008: 90). Die Qualität der Ergebnisse hängt dabei nicht zwangsläufig von großen Stichproben ab, sondern kann auch auf der detaillierten Analyse von Einzelfällen beruhen (Deppermann 2008: 28).

An diesem Punkt der Darstellung lassen sich bereits Unterschiede zu kodierenden Verfahren der videographierenden Unterrichtsforschung verdeutlichen. Ein rekonstruktives Vorgehen zeichnet sich dadurch aus, dass keine im Voraus definierten Kategorien an die zu untersuchende Interaktion herangetragen werden. Bilden die soziale Organisation von Lernkontexten und interaktive Mechanismen von Lernprozessen das Untersuchungsinteresse, so lassen sich diese Interaktionsprozesse nicht gegenstandsadäquat mit Kodes beschreiben, die sich in der Regel auf isolierte, aus ihrem sequenziellen Kontext herausgelöste Äußerungen beziehen (vgl. Krelle i. d. Bd.). Führen wir uns zur Veranschaulichung noch einmal die Äußerung der Lehrerin vor Augen: *beim letzten mal (0.7) haben wir ja (.) uns ja drüber unterHALten (0.4) über dieses !STA!cheltier.* Versucht man die Art der Frage anhand von Kodes wie z. B. „keine", „offene Frage" und „geschlossene Frage" (vgl. Kobarg, Prenzel & Schwindt 2009: 415) zu kodieren, so wirft dies nicht nur Probleme auf, sondern ermöglicht auch keine Aussagen über die interaktive Organisation des Lehr-Lern-Diskurses. Welche Kriterien sollen bei der Entscheidung angelegt werden, ob es sich bei der Äußerung um eine Frage handelt oder nicht? Legt man schriftsprachliche Kriterien an, so kann man die Äußerung nicht als Frage klassifizieren. Aus interaktionslinguistischer Sicht jedoch wird hier eindeutig ein Zugzwang[34] etabliert, der von den Schülerinnen und Schülern auch als solcher erkannt und behandelt wird. Die Äußerung erfüllt somit eine ähnliche Funktion wie eine Frage. Die vorhandenen Kodes sind also für die Frage, was genau diese spezifische Art der Thematisierung leistet und welche konditionellen Relevanzen damit etabliert werden, nicht weiterführend.

Auch Kodes zur Bestimmung des kognitiven Niveaus der Frage, wie sie in der pädagogischen Unterrichtsforschung entwickelt wurden, lassen sich nicht ohne weiteres anwenden: Handelt es sich um eine „Reproduktions-

---

[34] Mit dem Begriff des Zugzwangs bzw. der konditionellen Relevanz (auch: Folgeerwartung) wird die normative Erwartung hinsichtlich der Folgeäußerung beschrieben, die mit einer Äußerung wie z. B. einer Frage oder einem Gruß aufgebaut wird. Zwar wird durch das Etablieren eines Zugzwangs „nicht die konkrete Form der Anschlussäußerung" festgelegt, „sondern nur gewisse Eigenschaften" (Deppermann 2008: 68). Doch ist die normative Erwartung so stark, dass bei Nichterfüllung des Zugzwangs eine Anschlussäußerung eingefordert werden kann. Ferner wird zwischen präferierten und dispräferierten Anschlüssen unterschieden, wobei „Präferenz" nicht psychologisch zu verstehen ist, sondern sich auf die strukturelle Abfolge von Möglichkeiten bezieht (Gülich & Mondada 2008).

frage", „Kurzfrage", „Langfrage" oder „deep-reasoning question" (ebd.)?
Sequenziell kann sowohl eine Kurzantwort, wie sie D beispielsweise liefert,
angeschlossen werden, als auch eine längere Antwort, mit der ein Kind
einzelne Aspekte des vergangenen Gesprächs aufgreift oder von eigenen
Erlebnissen erzählt. In diesem Fall wäre schwierig zu entscheiden, ob es sich
um eine Reproduktions- oder eine Langfrage handelt. Zudem ließe sich
anhand einer Kodierung nicht erfassen, dass und warum die Lehrerin im
Folgenden ihren Zugzwang in abgewandelter Form reetabliert.[35]

Kurz: Da das gesprächsanalytische Vorgehen darauf abzielt, zu bestimmen,
was eine Äußerung mit ihrer jeweiligen sprachlichen, prosodischen und nonverbalen Realisierung an einer bestimmten sequenziellen Position im
Gespräch leistet, kann nicht mit vor der Analyse definierten Kodes gearbeitet
werden, die beim Durchgang durch die Daten unter Ausblendung des jeweiligen sequenziellen Kontextes angewendet werden müssten. Welche Merkmale von Lehrerfragen (ihre sequenzielle Position sowie die sprachlichen,
prosodischen und nonverbalen Realisierungsformen) also welche Arten von
Schülerantworten relevant machen und ermöglichen, wäre erst das Ergebnis
einer gesprächsanalytischen Untersuchung. Letztere geht somit strikt induktiv vor.

Das Beispiel verdeutlicht, dass eine kontextfreie Analyse isolierter Äußerungen weder sinnvoll noch möglich ist. Was eine einzelne Äußerung leistet,
kann nicht losgelöst von ihrem sequenziellen Kontext beschrieben werden.
Die KA legt deshalb ein besonderes Augenmerk auf die sequenzielle Organisation von Interaktion, weil die Beteiligten mit ihren kommunikativen Zügen
bestimmte Erwartungen etablieren. Sequenzialität bezieht sich dabei nicht
nur auf das Nacheinander, sondern auch auf die Organisation von Äußerungen. Jede Äußerung hat einen zweifachen zeitlichen Horizont: Sie orientiert
sich an einem vorangehenden Zug und bildet selbst einen Kontext für die
folgende Äußerung. So verweist die Lehrerin selbst bei der Themeneröff-
nung *beim letzten mal (0.7) haben wir ja (.) uns ja drüberunterHALten (0.4)
über dieses !STA!cheltier. (0.5)* retrospektiv auf ein vergangenes Gespräch;
zugleich macht sie projizierend Bewerbungen um das Rederecht und die
Anzeige von Wissen konditionell relevant. Dass nicht nur der Forscher die
Äußerung als einen Zugzwang zur Wissensdemonstration interpretiert,
sondern auch die Beteiligten selbst, wird durch die „next turn proof procedure" (Sacks et al. 1974: 728f.) überprüfbar: Die sequenziell anschließenden

---

[35] Ihren globalen Zugzwang modifiziert sie zu einer lokalen „Vorladung" (*wer kann denn noch mal
sagen,=was MACHT denn so ein igel;*), die nach größtenteils ausbleibenden Meldungen eine „Lokali-
sierung" und „Explikation" des globalen Zugzwangs (vgl. Hausendorf & Quasthoff 2005a: 203) darstellt.

Züge dokumentieren, wie die Beteiligten wechselseitig Verständigung und Sinn herstellen, und gewähren auch den Forschenden einen Zugang zu den interaktiven Mechanismen und Praktiken.

Die KA befasste sich zunächst mit *lokalen* sequenziellen Erwartungen bzw. Zugzwängen, sog. Paarsequenzen wie Gruß – Gegengruß. Mit dem Interesse an Diskursaktivitäten wie beispielsweise dem Erzählen und Erklären, bei denen einer der Beteiligten für eine gewisse Zeit die Gesprächsrolle des primären Sprechers übernimmt, rückte die interaktive Hervorbringung *globaler Diskurseinheiten* (Wald 1978; Hausendorf & Quasthoff 2005a) bzw. Gattungen (Günthner 2009) – in der funktional-pragmatischen Theoriebildung als Handlungsmuster bezeichnet (Ehlich & Rehbein 1986) – in den Blick. Für die Sprachdidaktik eröffnet sich damit die Möglichkeit, curricular verankerte Diskursaktivitäten wie Erzählen, Erklären, Begründen und Beschreiben zu untersuchen (vgl. für eine Übersicht Kotthoff 2010b): Welche kommunikativen Anforderungen werden an Kinder gestellt? Werden vorrangig lokale Zugzwänge an sie gerichtet oder gewährt die Lehrperson Gesprächsraum für die Produktion übersatzmäßiger Diskurseinheiten? Wie werden diese interaktiv hervorgebracht und in den laufenden Diskurs eingebunden? Wie erwerben Kinder globale Diskurskompetenzen? Lassen sich Unterschiede beispielsweise zwischen dem Begründen in der dyadischen und in der Gruppenkonstellation beobachten?

Im Hinblick auf sprachdidaktische Fragestellungen scheinen sich jedoch bei einem gesprächsanalytischen Vorgehen auch gravierende Probleme zu ergeben: Wie können Analyseergebnisse, die an einer überschaubaren Anzahl *situierter* Interaktionen gewonnen wurden, generalisiert werden? Zunächst ist mit Ten Have darauf hinzuweisen, dass „CA's purpose is *not primarily* to describe empirical patterns of (inter)actions, but rather to get a *theoretical grasp* of interactions' underlying 'rules' and 'principles'" (2007: 150). Um diese zu *explizieren*, geht die Gesprächsanalyse vergleichend vor. Ausgehend von der detaillierten Analyse eines einzelnen Exemplars des Phänomens werden so lange neue Fälle hinzugezogen, bis eine ‚Sättigung' eintritt.[36] Ten Have (2007: 145) unterscheidet „within-type-comparisons" und „across-type-comparisons". Während bei ersteren Standardfälle und abweichende Fälle eines Typs, z. B. lehrerseitige Reformulierungen, verglei-

---

[36] Dass auch in gesprächsanalytischen Untersuchungen Korpora gebildet werden, die eine Generalisierbarkeit der Ergebnisse erlauben, lässt sich an der klassischen Studie Schegloffs (1968, zit. nach Schegloff 2007) zu Gesprächseröffnungen bei Telefonaten belegen. Er analysiert 500 Fälle, die eine Regelmäßigkeit aufweisen, und schließt auch einen abweichenden Fall („deviant case") nicht aus der Analyse aus, sondern nimmt diesen zum Anlass einer Reformulierung der zugrunde liegenden Systematik von Eröffnungen.

chend analysiert werden, ist mit letzteren ein analytisches Vorgehen bezeichnet, bei dem ein kommunikatives Verfahren in unterschiedlichen Kontexten verglichen wird (s. u.).

Ein weiteres Problem stellt sich mit der Frage, wie personenbezogene Konzepte wie ‚Kompetenz' oder ‚Wissen' beschrieben werden können, ohne deren Kontextgebundenheit und Kokonstruiertheit auszublenden (vgl. Quasthoff & Heller i. d. Bd.). Aus konversationsanalytischer Perspektive sind Sprachstrukturen Produkt der Interaktion und nicht einem Individuum allein zurechenbar. Die Gesprächsforschung begegnet diesem Problem mit gezielten Datenkonstellationen und Beschreibungsinstrumenten, die nach unterschiedlichen Analyseebenen differenzieren. Neben ‚Kompetenz' und ‚Wissen' werden im Folgenden nun weitere Gegenstandsfelder gesprächsanalytischer Unterrichtsforschung entfaltet.

4 Gegenstandsfelder gesprächsanalytischer Unterrichtsforschung

Es lassen sich mindestens vier für sprachwissenschaftliche und sprachdidaktische Fragestellungen relevante Gegenstandsbereiche gesprächsanalytischer Unterrichtsforschung unterscheiden. Diese werden im Folgenden skizziert, ohne dass dabei ein Anspruch auf Vollständigkeit erhoben wird.

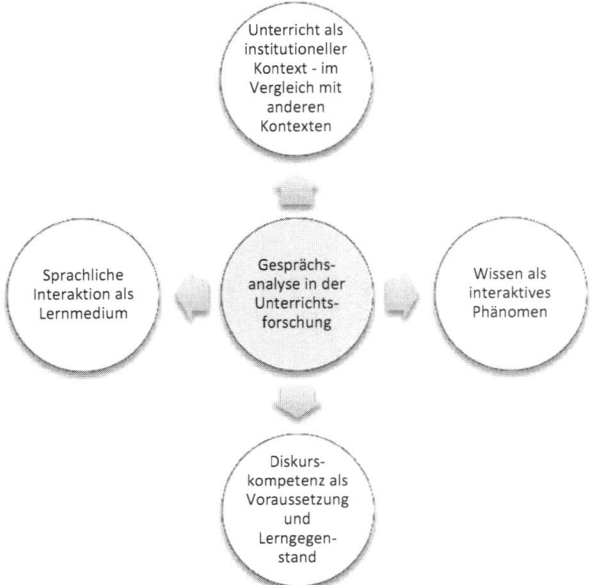

Abbildung 1: Gegenstandsfelder gesprächsanalytischer Unterrichtsforschung

4.1 Unterricht als institutioneller Kontext und im Vergleich mit anderen Kontexten

Eine frühe und einflussreiche Studie, die die Spezifika kommunikativen Handelns in der Institution Schule herausarbeitete, stammt von Ehlich & Rehbein (1986), den Begründern der funktional-pragmatischen Diskursanalyse. Während sie die institutionellen Formen der Kommunikation tendenziell als Verzerrung alltäglicher kommunikativer Praktiken verstehen, geht ein ethnomethodologischer Ansatz nicht von der Gegebenheit des institutionellen Kontextes aus, sondern fragt, „wodurch genau denn ein Geschehen zu dem wird, was wir wie selbstverständlich *als Unterricht* verstehen und behandeln" (Hausendorf 2008: 931, Herv. i. O.). In seiner Analyse der räumlichen Konstellation im Klassenzimmer stellt Hausendorf fest, dass die Wahrnehmungschancen i. d. R. ungleich verteilt sind: Während die wechselseitige Wahrnehmung der Schülerinnen und Schüler durch die Sitzverteilung back-to-back und side-to-side eingeschränkt ist, kann die Lehrperson alle Anwesenden sehen und ist auch selbst permanent wahrnehmbar. In der Institutionalisierung dieser Konstellation sieht Hausendorf sowohl eine Antwort auf die Risiken eines Interaktionssystems, das eine Vielzahl von Beteiligten einschließt, als auch eigene Risiken verborgen.

Als weitere institutionsspezifische Charakteristika wurden die Asymmetrie der Beteiligungsrollen (Hausendorf 2008) – manifestiert in bestimmten Verfahren der Rederechtsverteilung bzw. kommunikativen Ordnungen (vgl. für einen Überblick Becker-Mrotzek & Vogt 2009) – sowie Besonderheiten der Wissensvermittlung unter der Bedingung der Führung und Anleitung (Hausendorf 2008) untersucht. Letztere zeichnet sich – schul- und jahrgangsübergreifend – durch eine kontextspezifische sequenzielle Struktur aus, die Mehan (1979) als Iniation – Reply – Evaluation (IRE; z. T. auch als IRF: Initiation – Reply – Feedback) beschrieben hat[37] und die sich auch im eingangs zitierten Transkript findet:

Initiation	28	L: =nina was mag der denn;
Reply	29	N: =KÄ:fer- (-)
	30	REgenwürme:r-
Evaluation	31	L: <<p> gut>.

Wer welchen Part in dieser dreigliedrigen Struktur übernimmt, ist hochgradig institutionalisiert. Indem sowohl Schülerinnen und Schüler als auch

---

[37] Aktuellere Untersuchungen dieses Phänomens finden sich u. a. bei Lee (2007) und Koshik (2002), die „Designedly Incomplete Utterances" als lehrerseitiges Verfahren der Wissenselizitierung in Korrektursequenzen beschreibt (vgl. dazu auch Margutti 2010).

Lehrpersonen bestimmte Gesprächsaufgaben (das Fragen und Evaluieren auf Lehrerseite, das Antworten auf Schülerseite) übernehmen, bestätigen sie auch die institutionellen Rollen und reproduzieren den Kontext ‚Unterricht‘. Die IRE-Struktur verdeutlicht zudem, dass Schüleräußerungen im Kontext Unterricht generell unter einem Bewertungs- und Benotungsverdacht stehen (Quasthoff 2009).

Die Herausarbeitung der Kontextualisiertheit und Kontextualisierungskraft kommunikativer Verfahren führte zu der Entwicklung von Fragestellungen, die sich dem Vergleich von Diskursaktivitäten in unterschiedlichen Kontexten widmen. Anlass für den Vergleich bildet die Annahme, dass die Unterschiedlichkeit kommunikativer Praktiken in den Kontexten Familie und Schule erhöhte Anforderungen insbesondere an solche Schülerinnen und Schüler stellt, deren familiale Diskurserfahrungen von unterrichtlichen Praktiken divergieren. Für kontextvergleichende Studien haben Gesprächsforscherinnen und -forscher Konzepte aus der Ethnographie der Kommunikation und der Linguistischen Anthropologie fruchtbar gemacht (vgl. Michaels, Sohmer & O'Connor 2000), insbesondere die der

- kommunikativen Praktiken;
- speech communities (Kommunikationsgemeinschaften) bzw. communities of practice;
- Sprach- und Diskurssozialisation.

Mit dem Begriff der *kommunikativen Praktiken* wird zum Ausdruck gebracht, dass sich die Mitglieder einer Kommunikationsgemeinschaft an verfestigten, sozial geregelten Verfahren des Kommunizierens orientieren. Dazu gehören maßgeblich kommunikative Gattungen (s. o.), die sich als historisch und kulturell situierte ‚Lösungen‘ für wiederkehrende Alltagsaufgaben und Problemstellungen ausgebildet haben und im Verlauf der Sozialisation tradiert und transformiert werden.

Soziolinguistische und ethnographische Studien zeichnen nach, inwiefern sich soziale Milieus bzw. *Kommunikationsgemeinschaften* hinsichtlich ihrer Gattungsrepertoires (Günthner 2009; Heath 1983; Heller 2012; Keim 2004; Snow & Blum-Kulka 2002) unterscheiden: Zum einen haben sie in unterschiedlichem Ausmaß Zugang zum kommunikativen Haushalt einer Gesellschaft, d. h. dem „Gesamt-Umsatz‘ an kommunikativen Formen in gesellschaftlichem Gebrauch" (Luckmann 1995; 2002: 171). Zum anderen konstituieren sie sich aber überhaupt erst über die Tradierung bestimmter Gattungsrepertoires und auch stilistischer Präferenzen (vgl. Eckert 2000). Kommunikationsgemeinschaften bzw. „communities of practice" (Lave & Wenger 1991) definieren sich also über eine geteilte kommunikative Praxis.

Wie sich Kinder in ihren primären und sekundären Kommunikationsgemeinschaften bestimmte kommunikative Praktiken aneignen, ist Gegenstand der *Sprach- und Diskurssozialisationsforschung* (Kramsch 2002, vgl. für einen Überblick: Ochs & Schieffelin 2008). Im Unterschied zu Ansätzen, die Spracherwerb vorrangig als Erwerb des Lautsystems sowie semantisch-lexikalischer und morpho-syntaktischer Strukturen auffassen, wird Spracherwerb in der Sprachsozialisationsforschung immer auch als Sozialisation in bestimmte kommunikative Praktiken verstanden:

> *„Language socialization is the process whereby children and other novices are socialized through language, part of such socialization being a socialization to use language meaningfully, appropriately, and effectively. [...] Language socializes not only through its symbolic content but also through its use, i.e. through speaking as a socially and culturally situated activity" (Ochs 2000: 408).*

Eine ganze Reihe gesprächsanalytischer Studien widmet sich familialen Tischgesprächen, um die Partizipation an einer und die Sozialisation in eine bestehende Diskurspraxis zu untersuchen (vgl. für einen Überblick Blum-Kulka 2008). Quasthoff & Kern (2007) zeigen, dass Eltern ihre Kinder in sehr unterschiedlicher Weise in Erzähl- und Erkläraktivitäten involvieren. Um einen Zusammenhang zwischen den mündlichen Diskursfähigkeiten der Kinder und den interaktiven Ausprägungen der Familienkommunikation aufzudecken, rekonstruieren sie familiale Interaktionsmuster, indem sie die Art der Fragen und des Zuhörerverhaltens der erwachsenen Gesprächsbeteiligten in den Blick nehmen. Zudem zeigen sie, dass Kinder über interaktionsmusterspezifische Rollen- und Kompetenzzuschreibungen in unterschiedlicher Weise als *member* definiert werden. Somit stellen die von ihnen rekonstruierten Interaktionsmuster ein zentrales Element der sozialisatorischen Erfahrungen von Kindern dar.

Nicht nur in Familien, auch im Unterricht findet eine Sozialisation in institutionelle und fachkulturelle Praktiken statt (Duff 2010). Damit stellt sich die Frage, inwiefern sich familiale Diskurspraktiken und unterrichtliche Diskursanforderungen unterscheiden. Methodisch lässt sich diese Frage beispielsweise anhand eines Vergleichs derselben Gattung in verschiedenen Kontexten beantworten (vgl. Quasthoff & Heller i.d.B.). So hat Morek (2012) kindseitige Erklärungen in familialen Tischgesprächen, in Hausaufgabeninteraktionen sowie im Unterricht untersucht. Das *tertium comparationis* für den Vergleich bildete die Rekonstruktion der interaktiven Aufgaben des Erklärens, d. h. kontextinsensitiver konversationeller Jobs (Hausendorf & Quasthoff 2005a; b). Der Vergleich bezieht sich zum einen auf Unterschiede zwischen familialen Interaktionsmustern des Erklärens und zum anderen auf kindseitiges Erklären in den beiden Kontexten Familie und Unterricht.

Die kommunikativen Erfahrungen von Kindern deutscher, türkischer und vietnamesischer Herkunftssprache in Familie und Unterricht vergleicht Heller (2012). Mit einem gesprächsanalytisch-ethnographischen Zugang stellt sie Gattungs- und Themenrepertoires, den Umgang mit Mehrsprachigkeit sowie interaktive Muster des Argumentierens in Familie und Unterricht kontextvergleichend gegenüber. Darauf aufbauend rekonstruiert sie, wie sich Passungen und Divergenzen in Lehrer-Schüler-Interaktionen manifestieren und im Verlauf von Interaktionsgeschichten musterhaft verfestigen.

Die hier vorgestellten Studien demonstrieren, dass gesprächsanalytisch-ethnographische Zugänge geeignet sind, diskurssozialisatorische Prozesse zu erhellen und der Situiertheit des Erwerbs von Diskurskompetenz Rechnung zu tragen. Sie lassen sich damit auch für die Entwicklung eines explanativen Ansatzes für den vielfach belegten Zusammenhang von sozialer Herkunft und Schulleistung nutzen. Die Gesprächsanalyse bewährt sich hier an der Schnittstelle soziolinguistischer, sprachdidaktischer und erziehungswissenschaftlicher Fragestellungen.

4.2 Diskurskompetenz als Voraussetzung und Lerngegenstand im Deutschunterricht

Insofern als Sprache als eines der zentralen Lernmedien fungiert, bildet Diskurskompetenz (Quasthoff & Katz-Bernstein 2007) als die Fähigkeit zur rezeptiven und produktiven Partizipation an Gesprächen eine wesentliche Lern*voraussetzung*. Zugleich stellt sie im Unterricht auch ein Lernziel bzw. einen Lern*gegenstand* dar. Diskursive Fähigkeiten wie Erzählen, Erklären, Beschreiben, Begründen usw. sind curricular verankert und sollen über die gesamte Schulzeit hinweg ausgebaut werden.

Eine Förderung von Diskurskompetenz ist nicht möglich ohne Wissen über ihren Erwerb und die Teilfähigkeiten bzw. -dimensionen, die zur Partizipation an Gesprächen befähigen. Zu einer interaktiv fundierten Modellierung von Diskurskompetenz haben gesprächsanalytisch basierte Studien beigetragen durch

- die Reanalyse und Neubewertung kommunikativer Phänomene, die im Rahmen der Generativen Grammatik als bloße „performance errors" kategorisiert wurden;
- die Entwicklung sozial und interaktiv fundierter Modelle von Diskurskompetenz bzw. Interaktionskompetenz;

- die Fokussierung nicht nur auf Lernprodukte, sondern auf Erwerbskontexte und interaktive Ressourcen.

Konversationsanalytische Untersuchungen haben sich ‚kleiner' kommunikativer Phänomene wie Äußerungsabbrüchen, continuers und restarts (Goodwin 1980) gewidmet, die im Paradigma der Generativen Grammatik als „speech error" oder „disfluency" bewertet wurden (vgl. Lee et al. 2009). Solcherlei Performanzprobleme galten für die Modellierung von Kompetenz als irrelevant. Goodwin (1980) zeigt dagegen, dass Pausen und restarts als interaktive Verfahren der Herstellung von Blickkontakt und Aufmerksamkeit zu Beginn eines Turns eingesetzt werden. Beispielsweise produzieren Schülerinnen und Schüler im Rahmen gemeinsamer Schreibaufgaben systematisch nicht beendete Turns, um ihre Interaktionspartner zu Vervollständigungen zu veranlassen und so kollaborativ Probeformulierungen für ‚schreibbare' Sätze hervorzubringen (Lerner 1995). Daran wird deutlich, dass es sich bei diesen unscheinbaren Phänomenen keineswegs um Performanzprobleme handelt. Für die Einschätzung und Bewertung der Diskurskompetenz durch Lehrpersonen ist die Reanalyse solcher Verfahren von unmittelbarer Bedeutung, da sie nicht als Fehler, sondern als systematisch eingesetzte und funktionale Verfahren zu bewerten sind (vgl. Lee et al. 2009).

Kompetenz stellt ein der ethnomethodologischen Konversationanalyse auf den ersten Blick fernliegendes Konstrukt dar (Bergmann & Quasthoff 2010) – sie wird zumeist allein von den Forschenden und nicht von den Interaktanten selbst relevant gemacht. Versuche, den Erwerb von Diskurskompetenz zu beschreiben, fokussierten daher zunächst auf Reparaturen, da hier von den Interaktanten selbst beobachtbar auf „trouble sources" Bezug genommen und im Falle fremd initiierter Reparaturen (vgl. u. a. Macbeth 2007; Rost-Roth 2009) von Erwachsenen eine Art Korrektur oder Modell angeboten wird. Allerdings handelt es sich bei Reparaturen um lokale sequenzielle Strukturen. Der Erwerb der Fähigkeit, Diskurseinheiten zu produzieren, lässt sich damit nicht in den Blick nehmen. Es liegen jedoch auch Ansätze vor, die den Erwerb globaler Diskurskompetenz zu beschreiben versuchen. Aus Platzgründen stelle ich hier nur zwei gesprächsanalytisch basierte Ansätze[38]

---

[38] In der Sprachdidaktik liegen weitere Modelle von Diskurskompetenz vor. Ehlich (2007) konzipiert einen Qualifikationsfächer, der neben den phonischen, semantischen und morphologisch-syntaktischen Basisqualifikationen die für den vorliegenden Zusammenhang besonders relevanten pragmatischen, diskursiven und literalen Basisqualifikationen I und II umfasst. Nach Becker-Mrotzek (2009) umfasst Gesprächskompetenz das Prozessieren des thematischen Wissens, der Identität und Beziehung, der Handlungsmuster und der Unterstützungsverfahren der Verständnissicherung. Diese vier zentralen Anforderungen an Gesprächskompetenz werden von ihm auf die Basisqualifikationen von Ehlich bezogen.

vor, deren Stärke darin liegt, dass sie die interaktive Fundierung von Kompetenz nicht ausblenden.

Hausendorf & Quasthoff (2005a) rekonstruieren mittels des Beschreibungsinstrumentes GLOBE (vgl. Quasthoff & Heller i. d. Bd.), wie kindliche Erzähler die Fähigkeit, selbstständig narrative Einheiten zu produzieren und in das Gespräch einzubetten, erwerben. Auf der Grundlage der empirischen Beobachtungen modelliert Quasthoff (Quasthoff & Katz-Bernstein 2007: 78; Quasthoff 2009) nun Dimensionen von Diskurskompetenz, wobei sie nur solche Teildimensionen zugrunde legt, die durch die Rekonstruktion der Erwerbsprozesse in aktual- und ontogenetischer Sicht fundiert sind: das Erkennen bzw. Etablieren globaler und lokaler sequenzieller Abhängigkeiten im Gespräch (Kontextualisierung), das Herstellen globaler Kohärenz (Vertextung) sowie die Verwendung sprachlicher Formen, welche die lokalen und globalen Zusammenhänge gattungsspezifisch markieren (Markierung). Das Modell zeichnet sich dadurch aus, dass es sich sowohl auf den Erwerb unterschiedlicher Gattungen als auch modalitätsübergreifend auf den Erwerb derselben Gattung im Mündlichen und Schriftlichen beziehen lässt (Quasthoff, Ohlhus & Stude 2009; Kern 2011). Vor allem aber lassen sich damit nicht nur Resultate, sondern auch Ressourcen des Erwerbs – interaktive Unterstützungsmechanismen – beschreiben und Kompetenzen standardisiert überprüfen (Quasthoff et al. 2011).

Kontextvergleichende Studien haben deutlich gemacht, dass die in der dyadischen Konstellation der Familieninteraktion beobachteten Unterstützungsmechanismen nicht ohne weiteres auf die unterrichtliche Konstellation der Massenkommunikation übertragen werden können, da hier das für die Eltern-Kind-Interaktion kennzeichnende *recipient design*, d. h. die Feinabstimmung der Gesprächsunterstützung auf die jeweiligen Fähigkeiten des Kindes, aufgehoben ist (Hausendorf & Quasthoff 2005a) und zudem andere Zielsetzungen – anstelle des Mitteilens persönlicher Erlebnisse greifen Lehrpersonen vor allem „lehrreiche" Erlebnisse auf – verfolgt werden (Becker-Mrotzek 2011).

Die Mehrzahl der Untersuchungen zum Unterricht als Erwerbskontext richtet den Fokus auf Interaktionen zwischen Lehrenden und Schülerinnen und Schülern. Studien zu Schüler-Schüler-Interaktionen zeigen jedoch, dass auch diese als Lernkontexte fungieren können (vgl. Goodwin & Kyratzis 2007; Stude 2013). Stude (2013) weist nach, dass sich gerade aufgrund der Abwesenheit eines Erwachsenen kommunikativ und interaktiv begründete Aufgaben stellen, deren selbständige Bewältigung zu einer Weiterentwicklung der sprachlichen Kompetenz der Kinder beitragen.

Im Kontext der Zweitspracherwerbsforschung sind in den letzten Jahren vermehrt Erwerbsstudien zu verzeichnen, die mit dem Begriff „Interaktionskompetenz" die Annahme zugrunde legen, dass auch der Erwerb einer zweiten Sprache bzw. Fremdsprache mehr erfordert als den Erwerb lexikalisch-semantischer und syntaktischer Mittel. Vielmehr beinhalte Interaktionskompetenz

> *„[...] knowledge of social-context-specific communicative events or activity types, their typical goals and trajectories of actions by which the goals are realized and the conventional behaviors by which participant roles and role relationships are accomplished. Also included is the ability to deploy and to recognize context-specific patterns by which turns are taken, actions are organized and practices are ordered. And it includes prosodic, linguistic, sequential and nonverbal resources conventionally used for producing and interpreting turns and actions, to construct them so that they are recognizable for others, and to repair problems in maintaining shared understanding"* (Hall & Pekarek Doehler 2011: 1f.).

Rückschlüsse über Interaktionskompetenz gewinnen Pekarek Doehler & Pochon-Berger (2011) beispielsweise auf der Grundlage eines querschnittlichen Vergleichs von Verfahren der Dissensherstellung in der Fremdsprache Französisch (erworben im Unterricht in der deutschsprachigen Schweiz). Im Altersvergleich der 13/14jährigen und 17/18jährigen Schülerinnen und Schüler zeigt sich, dass letztere eine zunehmende Sensibilität für Präferenzorganisation zeigen, divergente Positionen begründen und zunehmend in der Lage sind, Details der Äußerungen des Gegenübers nachzuverfolgen. Die Autorinnen ziehen den Schluss, dass „[l]earners do not simply transfer their interactional competence from one language to the other, merely developing the linguistic forms needed to accomplish specific interacttional tasks. Rather, when learning an L2, *learners recalibrate their 'methods' for accomplishing actions* – including the linguistic means to do so" (ebd. 237f.). Damit lassen sich wichtige Rückschlüsse auch für den Zweitspracherwerb im Rahmen des Deutschunterrichts ziehen.

Entscheidend für die genannten Konzeptionen ist, dass Diskurskompetenz nicht als situationsabstrahierende Fähigkeit begriffen wird; sie wird erworben, ausgebaut und ,angewendet' im Rahmen einer bestehenden Praxis, d. h. in kulturell bedeutsamen Diskursaktivitäten zunächst der primären, später auch der unterrichtlichen Kommunikationsgemeinschaften.

4.3 Sprachliche Interaktion als Medium des Lernens

In nahezu allen Fächern wird Sprache als Medium des Lernens genutzt. Die Erkenntnisse sprachwissenschaftlicher Unterrichtsforschung zu diesem Gegenstandsbereich sind somit nicht nur für die Deutschdidaktik, sondern für nahezu alle Fachdidaktiken relevant (vgl. Kotthoff 2010a).

In Bezug auf die sprachwissenschaftliche Erforschung von ‚Sprache als Lernmedium' ist zuallererst festzuhalten, dass dieser Gegenstandsbereich im Rahmen sehr unterschiedlicher Methodologien beleuchtet wird. Während gesprächsanalytische Studien sich diesem Phänomenbereich nähern, indem sie solche kommunikative Gattungen untersuchen, die primär dem Zweck der Wissensvermittlung dienen, und damit Diskursaktivitäten als Analyseeinheit zugrundelegen, setzen variationslinguistische Studien auf sprachstruktureller Ebene an und abstrahieren von konkreten Interaktionen.

Die Reflexion über die Nutzung von Sprache als Lernmedium ist deshalb von unmittelbarer Relevanz für didaktische Überlegungen, weil sich Lehrerinnen und Lehrer angesichts der Komplexität unterrichtlicher Prozesse und Zielsetzungen häufig nicht bewusst sind, wie sie sprachlich agieren, wenn sie Lernprozesse zu initiieren beabsichtigen. Ihnen ist i. d. R. nicht zugänglich, dass sie dies mittels kommunikativer *Gattungen* wie Erklärungen (Morek 2012; Neumeister 2011; Spreckels 2009), Instruktionen bzw. Aufgabenerklärungen (Spreckels 2011), Wortbedeutungserklärungen (Spreckels 2008), Definitionen oder Argumentationen (Spiegel 2006; Grundler & Vogt 2009; Grundler 2011; Heller 2012) realisieren. Für die Lernprozesse, die dadurch in Gang gesetzt werden sollen, ist aber entscheidend, welchen kommunikativen Kontext die Lehrperson durch die Orientierung an einer Gattung herstellt, wie sie accountable macht, um welche Art von Diskursaktivität es sich gerade handelt und wie diese interaktiv realisiert wird. Im folgenden Auszug kontextualisiert die Lehrerin nicht eindeutig, im Rahmen welcher Gattung agiert werden soll: Handelt es sich um eine Informationsnachfrage oder um eine Wissensüberprüfung?

Bsp. (2) Wie viele Kerzen? (L: Lehrerin, Mi: Michi, Ra: Raffi, I: Ina)

```
01  L:   |SO.=wie viel KERzen muss ich anmachen?|
         |((nimmt Streichholzschachtel))       |
02       (1.3)
03  Mi:  zwei;
04       (.)
05  Ra:  ZWEI-
06       (-)
07  L:   |ja?=waRUM;                           |
         |((nimmt Streichholz aus Schachtel))|
08       (0.9)
```

```
09  In:  ein-
10  Ks:  =DREI;
11  Ra:  alle [(xxx xxx) VIER; (-) ALle.]
12  Mi:       [VIE:R; (0.4) ALle;       ]
((...))
73  L:   ↑ZWEI.
74       (1.3)
75       wir haben ZWEI adventssonntage ge[habt ]
76  K4:                                 [raffi] hat richtig;
77  L:   =hm_hm:,
78       =und gestern hatten wa AUCH nur zwei kerzen an hier-
79       (.)
80  Mi:  warum haste [das geFRA:GT;              ]
81  L:               [warum soll ich dann heute DREI] anmachen;
82       (0.5)
83       warum ich geFRAGT habe?
84       (0.8)
85       weil ich mal wissen wollte ob ihr das noch WISST;
86       (1.4)
87       von gestern bis heute schon wieder alles verGESsen_ne?
```

Die Uneindeutigkeit der Rahmung zieht sich durch die gesamte Sequenz, in der die Schülerinnen und Schüler raten und die Lehrerin insistierend ihre Warum-Frage wiederholt, ohne damit Begründungen elizitieren zu können. Dass die Lehrerin das Wissen der Schülerinnen und Schüler überprüfen möchte, wird erst im Anschluss an die Frage-Antwort-Sequenz deutlich, als Michi metakommunikativ nach dem Grund des Fragens fragt. Wenn die Schülerinnen und Schüler jedoch zuvor nicht erkennen bzw. kontextualisieren, dass es sich um eine Wissensüberprüfung handelt, können sie ihr Wissen auch nicht demonstrieren, unabhängig davon, ob sie über das in Frage stehende Wissen verfügen oder nicht.

Für das Gelingen von Lernprozessen ist es somit keineswegs trivial, wie Lehrpersonen selbst Instruktionen, Erklärungen, Definitionen usw. realisieren. Spreckels (2011) vergleicht beispielsweise Instruktionen einer erfahrenen Lehrerin mit denen einer Berufsanfängerin und arbeitet strukturierende und verständnissichernde Verfahren heraus.[39]

Auf einer globaleren Ebene werden in gesprächsanalytischen Studien auch *Gesprächstypen und -stile* in den Blick genommen: Unter welchen Voraussetzungen sind Lehr-Lern-Diskurse (Ehlich 2009; Becker-Mrotzek & Vogt 2009) geeignet, um eine größere und meist heterogene Gruppe von Schülerinnen und Schülern in Prozesse der Wissenskonstruktion zu involvieren? Daneben sind Stile der Gesprächsführung (Spiegel 2006; Morek 2012)

---

[39] Des Weiteren sei auf die Bände von Schmitt (2011) und Bräuer & Ossner (2011) verwiesen, die ebenso „angewandte Interaktionsanalysen" versammeln.

Gegenstand gesprächsanalytischer Untersuchungen geworden: So konnte Morek (2012) feststellen, dass Lehrerinnen und Lehrer in Unterrichtsgesprächen entweder systematisch auf die Form oder auf die Funktion von Schüleräußerungen orientiert waren. In ähnlicher Weise ließen sich konsistente Kontextualisierungen des Argumentierens als Wissensüberprüfung oder als Wissenskonstruktion nachweisen (Cazden 2001; Heller 2012). Die Studien differenzieren Befunde zum fragend-entwickelnden Unterricht und belegen, dass Lehrkräfte institutionelle Zwecke in unterschiedlicher Weise interpretieren und kommunikativ realisieren. Sie zeigen weiterhin, in welcher Weise unterschiedliche Stile bzw. Kontextualisierungen anschlussfähig sind für die Heterogenität der kommunikativen Praktiken aufseiten der Schülerinnen und Schüler.

Mit den gegenwärtig sehr prominenten Begriffen „Bildungssprache", „Schulsprache" oder auch „Fachsprache" wird ‚Sprache als Lernmedium' im Rahmen einer Methodologie untersucht, die von den jeweiligen Akteuren und der kontextschaffenden Kraft ihrer kommunikativen Handlungen abstrahiert. Variationslinguistische Arbeiten beschreiben vornehmlich lexikalisch-semantische und syntaktische Merkmale, die im Kontext des (Fach-)Unterrichts mit einer hohen Frequenz genutzt werden. Daraus wird die didaktische Forderung abgeleitet, die Verwendung solcher sprachlicher Mittel im Unterricht explizit zu thematisieren, da nicht alle Kinder ‚von Haus aus' über solcherlei bildungssprachliche Mittel verfügten. Die ethnomethodologische KA hat sich Konzepten wie Bildungs- oder Fachsprache bislang kaum gewidmet, da sie den Gebrauch sprachlicher Mittel nicht losgelöst von den Interaktanten und den von ihnen geschaffenen Kontexten betrachtet. Sie kann jedoch variationslinguistische Zugänge ergänzen, indem sie den Blick auf die Akteure richtet, die im Rahmen der von ihnen interaktiv hervorgebrachten Kontexte bestimmte normative Erwartungen an die sprachliche Form etablieren. Zu rekonstruieren ist also, mittels welcher Praktiken (z. B. impliziten, expliziten) Lehrpersonen Normen etablieren, inwieweit diese Erwartungen von den Schülerinnen und Schülern erkannt, bedient oder auch zurückgewiesen werden (vgl. dazu Morek & Heller 2012).

4.4 Wissen als interaktives Phänomen

Der vorangegangene Abschnitt widmete sich der Funktion sprachlicher Interaktion als Medium des Lernens. Was in diesem Medium angeeignet werden soll, ist Wissen. Führt man sich nun vor Augen, dass der Prozess der Wissensvermittlung bzw. -konstruktion ein interaktiver ist, so werden traditionelle Konzeptionen von Wissen als eines individuell zuschreibbaren Bestandes von Kenntnissen fragwürdig (vgl. Bergmann & Quasthoff 2010). Aus gesprächsanalytischer Perspektive ist Wissen daher „als das von den

Interaktions- und Kommunikationsbeteiligten gemeinsam festgestellte und insofern auch beobachtbare Ergebnis sprachlicher und praktischer Interaktionsprozesse" (Dausendschön-Gay, Domke & Ohlhus 2010) zu fassen. Ein solches interaktiv fundiertes Konzept von Wissen bildet gleichsam die andere Seite der Medaille von 'Sprache als Lernmedium'.

'Wissen' ist nun insofern ein für die Sprachwissenschaft und Sprachdidaktik besonders interessantes Phänomen, als es nicht direkt beobachtbar ist: Was unser Gegenüber weiß, ist uns intransparent, wir können ihm lediglich ein bestimmtes Wissen unterstellen oder aus beobachtetem Verhalten auf sein Wissen inferieren (vgl. Bergmann & Quasthoff 2010). Unterricht aber dient per definitionem der Feststellung, Vermittlung und Bewertung von Wissen – wie also lösen Lehrende und Lernende diese institutionell verankerten Zwecke angesichts der Unbeobachtbarkeit von Wissen ein? Zu rekonstruieren sind in diesem Zusammenhang die Verfahren, mit denen die Beteiligten Wissen elizitieren, behaupten, demonstrieren, ratifizieren, bearbeiten, gewichten und bewerten – kurz: „institutionell zur Geltung bringen" (Dausendschön-Gay, Domke & Ohlhus 2010: 11). So lässt sich in der eingangs zitierten Sequenz (Bsp. 1) beobachten, dass die Lehrerin verschiedene Verfahren der Wissenselizitierung einsetzt, beispielsweise die Umschreibung des von ihr relevant gesetzten Wissensbereiches (*dieses !sta!cheltier*), Hinweise auf den 'Ort' des Wissens und Praktiken der Wissenskonservierung (*habt ihr AUFgeschrieben;*) sowie die explizite Thematisierung des Verfügens von Wissens (*FÜNF kinder wissen noch was;*), mit der sie das Anzeigen und Demonstrieren von Wissen für *alle* Schülerinnen und Schüler relevant setzt.

Empirisch bislang weitgehend unbearbeitet ist weiterhin die Frage, mit welchen Verfahren in unterschiedlichen fachlichen Domänen bzw. Unterrichtsfächern Wissen vermittelt bzw. angeeignet wird. So zeichnet sich der Deutschunterricht durch die Besonderheit aus, dass Sprache nicht nur ein Medium, sondern auch einen *Gegenstand* der Wissensvermittlung darstellt. Soll somit Sprachliches explizit thematisiert werden, kann dies wiederum nur mit sprachlichen Mitteln geschehen und erfordert metasprachliche Kompetenzen (vgl. Stude 2013). Auch hier stellen sich aus gesprächsanalytischer Sicht Fragen, die von unmittelbarer didaktischer Relevanz sind: Mit welchen Praktiken und welchen (meta)sprachlichen Ressourcen stellen die Beteiligten ein Wissen über Sprache her? Wie wird beim Sprechen über Sprachliches der Wechsel auf eine 'Metaebene' angezeigt und interaktiv bewältigt? Solcherlei Fragestellungen sind bislang kaum thematisiert worden; ihre Bearbeitung bildet ein Desiderat für die zukünftige gesprächsanalytische Unterrichtsforschung.

5 Schluss

Der vorliegende Beitrag hat grundlegende gesprächsanalytische Vorgehensweisen in Bezug auf Fragestellungen der sprachwissenschaftlichen und sprachdidaktischen Unterrichtsforschung illustriert. Dabei zeigt sich, dass die Gesprächsforschung nicht nur einen Beitrag zu bereits etablierten Gegenstandsbereichen leistet, sondern selbst auch neue Forschungsgegenstände erschließt. Insbesondere die Fokussierung von Interaktion als einer externen Erwerbsressource, die Rekonstruktion interaktiver Verfahren der Wissenskonstruktion sowie die Reformulierung der zentralen Konstrukte ‚Kompetenz' und ‚Wissen' vermögen die sprach- und fachdidaktische Unterrichtsforschung zu bereichern.

Literatur

Becker-Mrotzek, M. (2009). Unterrichtskommunikation als Mittel der Kompetenzentwicklung. In: Becker-Mrotzek, M. (Hrsg.): Mündliche Kommunikation und Gesprächsdidaktik. Baltmannsweiler: Schneider Verlag, 103-115.

Becker-Mrotzek, M. (2011). Der Erzählkreis als Exempel für die Besonderheiten der Unterrichtskommunikation. In: Bräuer, C. & Ossner, J. (Hrsg.): OBST. Kommunikation und Interaktion im Unterricht. Duisburg: Universitätsverlag Rhein-Ruhr, 31-45.

Becker-Mrotzek, M. & Vogt, R. (2009). Unterrichtskommunikation. Linguistische Analysemethoden und Forschungsergebnisse (2. Aufl.). Tübingen: Niemeyer.

Bergmann, J. R. (2008). Konversationsanalyse. In: Flick, U.; von Kardorff E. & Steinke, I. (Hrsg.): Qualitative Forschung. Ein Handbuch. (6. Aufl.). Reinbek bei Hamburg: Rowohlt, 524-537.

Bergmann, J. R. & Quasthoff, U. (2010). Interaktive Verfahren in der Wissensgenerierung: Methodische Problemfelder. In: Dausendschön-Gay, U. et al. (Hrsg.): Wissen in (Inter-)Aktion. Verfahren der Wissensgenerierung in unterschiedlichen Praxisfeldern. Berlin: de Gruyter, 21-34.

Blum-Kulka, S. (2008). Language socialization and family dinnertime discourse. In: Hornberger, N. H. (Hrsg.): Encyclopedia of Language and Education. Volume 8: Language Socialization. (2. Aufl.) New York: Springer Science, 87-99.

Bräuer, C. & Ossner, J. (Hrsg.) (2011). OBST. Kommunikation und Interaktion im Unterricht. Duisburg: Universitätsverlag Rhein-Ruhr.

Cazden, C. B. (2001). Classroom discourse. The language of teaching and learning. Portsmouth: Heinemann.

Dausendschön-Gay, U.; Domke, C. & Ohlhus, S. (2010). Einleitung „Wissen in (Inter)Aktion". In: Dausendschön-Gay, U. et al. (Hrsg.): Wissen in (Inter-)Aktion. Verfahren der Wissensgenerierung in unterschiedlichen Praxisfeldern. Berlin: de Gruyter, 2-19.

Deppermann, A. (2000). Ethnographische Gesprächsanalyse: Zu Nutzen und Notwendigkeit von Ethnographie für die Konversationsanalyse. In: Gesprächsforschung - Online-Zeitschrift zur verbalen Interaktion (1), 96-124.

Deppermann, A. (2008). Gespräche analysieren. Eine Einführung (4. Aufl.). Wiesbaden: VS Verlag für Sozialwissenschaften.

Duff, Patricia A. (2010). Language Socialization into Academic Discourse Communities. In: Annual Review of Applied Linguistics, 30, 169-192.

Eckert, P. (2000). Linguistic variation as social practice. Oxford: Blackwell Publishers.

Ehlich, K. (Hrsg.) (2007). Anforderungen an Verfahren der regelmäßigen Sprachstandsfeststellung als Grundlage für die frühe und individuelle Förderung von Kindern mit und ohne Migrationshintergrund. Berlin: Bundesministerium für Bildung und Forschung.

Ehlich, K. & Rehbein, J. (1986). Muster und Institution. Untersuchungen zur schulischen Kommunikation. Tübingen: Narr.

Garfinkel, H. (1967/2008). Studies in Ethnomethodology. Reprinted. Cambridge: Polity Press.

Goffman, E. (1974). Rahmen-Analyse. Ein Versuch über die Organisation von Alltagserfahrungen. Frankfurt a. M.: Suhrkamp.

Goffman, E. (1981). „Footing". In: Goffman, E. (Hrsg.): Forms of talk. Philadelphia: University of Pennsylvania Press, 124-159.

Goodwin, C. (1980). Restarts, Pauses, and the Achievement of Mutual Gaze at Turn-Beginning. In: Sociological Inquiry 50 (3–4), 272-302.

Goodwin, M. H. & Kyratzis, A. (2007). Children Socializing Children: Practices for Negotiating the Social Order Among Peers. In: Research on Language and Social Interaction 40 (4), 279-289.

Grundler, E. (2011). Kompetent argumentieren. Ein gesprächsanalytisch fundiertes Modell. Tübingen: Stauffenburg.

Grundler, E. & Vogt, R. (2009). Diskutieren und Debattieren: Argumentieren in der Schule. In: Becker-Mrotzek, M. (Hrsg.): Mündliche Kommunikation und Gesprächsdidaktik. Baltmannsweiler: Schneider Verlag, 487-511.

Gülich, E. & Mondada, L. (2008). Konversationsanalyse. Eine Einführung am Beispiel des Französischen. Tübingen: Niemeyer.

Gumperz, J. J. (1982). Discourse strategies. Cambridge: Cambridge University Press.

Günthner, S. (2009). Intercultural communication and the relevance of cultural specific repertoires of communicative genres. In: Kotthoff, H. & Spencer-Oatey, H. (Hrsg.): Handbook of intercultural communication. Berlin: Mouton de Gruyter, 127-152.

Hall, J. K. & Pekarek Doehler, S. (2011). L2 Interactional Competence and Development. In: Hall, J. K. et al., L2 Interactional Competence and Development. Buffalo: Multilingual Matters, 1-15.

Hausendorf, H. (2008). Interaktion im Klassenzimmer. Zur Soziolinguistik einer riskanten Kommunikationspraxis. In: Willems, H. (Hrsg.): Lehr(er)buch Soziologie. Band 1. Wiesbaden: VS Verlag für Sozialwissenschaften, 931-957.

Hausendorf, H. & Quasthoff, U. (2005a). Sprachentwicklung und Interaktion. Eine linguistische Studie zum Erwerb von Diskursfähigkeiten. Radolfzell: Verlag für Gesprächsforschung.

Hausendorf, H. & Quasthoff, U. (2005b). Konversations-/ Diskursanalyse: (Sprach-) Entwicklung durch Interaktion. In: Mey, G. (Hrsg.): Handbuch Qualitative Entwicklungspsychologie. Köln: Kölner Studien Verlag, 585-618.

Heath, S. B. (1983). Ways with words. Language, life, and work in communities and classrooms. Cambridge: Cambridge Univ. Press.

Heller, V. (2011). Die Herstellung kommunikativer Kontexte in familialen Tischgesprächen. In: Birkner, K. & Meer, D. (Hrsg.): Institutionalisierter Alltag: Mündlichkeit und Schriftlichkeit in unterschiedlichen Praxisfeldern. Mannheim: Verlag für Gesprächsforschung, 92-116.

Heller, V. (2012). Kommunikative Erfahrungen von Kindern in Familie und Unterricht. Passungen und Divergenzen. Tübingen: Stauffenburg.

Heritage, J. & Clayman, S. (2010). Talk in action. Interactions, identities, and institutions. Malden: Wiley-Blackwell.

Hutchby, I. & Wooffitt, R. (2008). Conversation analysis. Cambridge: Polity Press.

Katz-Bernstein, N. & Quasthoff, U. (2007). Diskursfähigkeiten. In: Grohnfeldt, M. (Hrsg.): Lexikon der Sprachtherapie. Stuttgart: Kohlhammer, 72-75.

Keim, I. (2004). Kommunikative Praktiken in türkischstämmigen Kinder- und Jugendgruppen in Mannheim. In: Deutsche Sprache 32 (3), 198-226.

Kern, F. (2011). Der Erwerb kommunikativer Praktiken und Formen – Am Beispiel des Erzählens und Erklärens. In: Habscheid, S. (Hrsg.): Textsorten, Handlungsmuster, Oberflächen. Linguistische Typologien der Kommunikation. Berlin: de Gruyter, 231-253.

Kobarg, M.; Prenzel, M. & Schwindt, K. (2009). Stand der empirischen Unterrichtsforschung zum Unterrichtsgespräch im naturwissenschaftlichen Unterricht. In: Becker-Mrotzek, M. (Hrsg.): Mündliche Kommunikation und Gesprächsdidaktik. Baltmannsweiler: Schneider Verlag, 408-426.

Koshik, I. (2002). Designedly Incomplete Utterances: A Pedagogical Device for Eliciting Knowledge Displays in Error Correction Sequences. In: Research on Language and Social Interaction 35 (3), 277-309.

Kotthoff, H. (2010a). Grundlagen der Gesprächsanalyse und ihre schulische Relevanz. In: Huneke, H.-W. (Hrsg.): Sprach- und Mediendidaktik. Baltmannsweiler: Schneider Verlag, 105-122.

Kotthoff, H. (2010b). Gesprächsfähigkeit: Erzählen, Argumentieren, Erklären. In: Huneke, H.-W. (Hrsg.): Sprach- und Mediendidaktik. Baltmannsweiler: Schneider Verlag, 177-201.

Kramsch, C. J. (Hrsg.) (2002). Language acquisition and language socialization. Ecological perspectives. London: Continuum.

Lave, J. & Wenger, E. (1991). Situated learning. Legitimate peripheral participation. Cambridge: Cambridge University Press.

Lee, N. et al. (2009). The interactional instinct. The evolution and acquisition of language. Oxford: Oxford University Press.

Lee, Y. A. (2007). Third turn position in teacher talk: Contingency and the work of teaching. In: Journal of Pragmatics 39, 180-206.

Lerner, J. (1995). Turn Design and the Organization of Participation in Instructional Activities. In: Discourse Processes 19, 111-131.

Luckmann, T. (2002). Der kommunikative Aufbau der sozialen Welt und die Sozialwissenschaften. In: Luckmann, T. & Knoblauch, H. (Hrsg.): Wissen und Gesellschaft. Konstanz: UVK, 157-182.

Margutti, P. (2010). On Designedly Incomplete Utterances: What Counts as Learning for Teachers and Students in Primary Classroom Interaction. In: Research on Language & Social Interaction 43 (4), 315-345.

Macbeth, D. (2007). The relevance of repair for classroom correction. In: Language in Society 33, 703-736.

Mehan, H. (1979). Learning lessons. Social organization in the classroom. Cambridge: Harvard University Press.

Michaels, S.; Sohmer, R. & O'Connor, M. C. (2006). Discourse in the Classroom. In: Ammon, U. (Hrsg.): Sociolinguistics. An international handbook of the science of language and society. (2. Aufl. Berlin: de Gruyter, 2351-2366.

Morek, M. (2012). Kinder erklären. Interaktionen in Familie und Unterricht im Vergleich. Tübingen: Stauffenburg.

Morek, M. & Heller, V. (2012). Bildungssprache – kommunikative, epistemische, soziale und interaktive Aspekte ihres Gebrauchs. In: Zeitschrift für angewandte Linguistik 57 (2), 67-101.

Neumeister, N. (2011). (Wie) Wird im Deutschunterricht erklärt? – Wissensvermittelnde Handlungen im Sprachunterricht der Sekundarstufe 1. Dissertation. Ludwigsburg. http://opus.bszbw.de/phlb/volltexte/2011/3027/pdf/1_Dissertation.pdf

Ochs, E. (2000). Linguistic Resources for Socializing Humanity. In: Gumperz, J. J. und Levinson, St. C. (Hrsg.), Rethinking linguistic relativit). Cambridge: Cambridge University Press, 407-437.

Ochs, E. & Schieffelin, B. B. (2008). Language Socialization: An Historical Overview. In: Hornberger, N. H. (Hrsg.): Encyclopedia of Language and Education, Vol. 8: Language Socialization (2. Aufl. New York: Springer, 3-15.

Pekarek Doehler, S. & Pochon-Berger, E. (2011). Developing ‚Methods' for Interaction: A Cross-Sectional Study of Disagreement Sequences in French L2. In: Hall, J. K. et al., L2 Interactional Competence and Development. Buffalo: Multilingual Matters, 206-243.

Quasthoff, U. (2009). Entwicklung der mündlichen Kommunikationskompetenz. In: Becker-Mrotzek, M. (Hrsg.), Mündliche Kommunikation und Gesprächsdidaktik. Baltmannsweiler: Schneider Verlag, 84-101.

Quasthoff, U.; Ohlhus, S. & Stude, J. (2009). Der Erwerb von Textproduktionskompetenz im Grundschulalter: Ressourcen aus der Mündlichkeit und ihre unterschiedliche Nutzung. In: Zeitschrift für Grundschulforschung 2 (2), 56-68.

Quasthoff, U. & Kern, F. (2007). Familiale Interaktionsmuster und kindliche Diskursfähigkeit. Mögliche Auswirkungen interaktiver Stile auf diskursive Praktiken und Kompetenzen bei Schulkindern. In: Hausendorf, H. (Hrsg.): Gespräch als Prozess. Tübingen: Narr, 277-305.

Quasthoff, U. et al. (2011). (Vor)Schulkinder erzählen im Gespräch. Kompetenzunterschiede systematisch erkennen und fördern. Baltmannsweiler: Schneider Verlag.

Rost-Roth, M. (2009). Korrekturen und Ausdruckshilfen im Deutsch-als-Zweitsprache-Unterricht. Fallstudien und Vergleiche mit anderen Kontexten der Sprachförderung. In: Hunstiger, A. (Hrsg.): Chance Deutsch. Göttingen: Universitäts-Verlag Göttingen, 427-442.

Sacks, H. & Jefferson, G. (1995). Lectures on conversation. Oxford: Blackwell Publishers.

Sacks, H.; Schegloff, E. A. & Jefferson, G. (1974). A Simplest Systematics for the Organization of Turn-Taking for Conversation. In: Language 50 (4), 696-735.

Schegloff, E. (2007). Sequence organization in interaction. Cambridge: Cambridge University Press.

Schegloff, E. A. & Sacks, H. (1973). Opening Up Closings. In: Semiotica 8, 289-327.

Schmitt, R. (Hrsg.) (2011). Unterricht ist Interaktion! Analysen zur De-facto-Didaktik. Mannheim: Institut für Deutsche Sprache.

Selting, M. et al. (2009). Gesprächsanalytisches Transkriptionssystem 2 (GAT 2). In: Gesprächsforschung - Online-Zeitschrift zur verbalen Interaktion (10), 353-402.

Snow, C. E. & Blum-Kulka, S. (2002). From Home to School: School-Age Children Talking with Adults. In: Blum-Kulka, S. & Snow, C. E. (Hrsg.): Talking to adults. The contribution of multiparty discourse to language acquisition. Mahwah: Erlbaum, 327-341.

Spiegel, C. (2006). Unterricht als Interaktion. Gesprächsanalytische Studien zum kommunikativen Spannungsfeld zwischen Lehrern, Schülern und Institution. Radolfzell: Verlag für Gesprächsforschung.

Spreckels, J. (2008). „Ham die dir's schon erklärt?" Worterklärungen im schulischen und außerschulischen Kontext. In: Muttersprache (2), 121-145.

Spreckels, J. (2009). Mündliches Erklären im Deutschunterricht. In: Krelle, M. & Spiegel, C. (Hrsg.): Sprechen und Kommunizieren. Entwicklungsperspektiven, Diagnosemöglichkeiten und Lernszenarien in Deutschunterricht und Deutschdidaktik. Baltmannsweiler: Schneider Verlag, 117-138.

Spreckels, J. (2011). „was ihr jetzt machen sollt" – Aufgabenerklärungen im Deutschunterricht. In: Bräuer, C. & Ossner, J. (Hrsg.): OBST. Kommunikation und Interaktion im Unterricht. Duisburg: Universitätsverlag Rhein-Ruhr, 101-123.

Stude, J. (2013). Kinder sprechen über Sprache – Eine Untersuchung zu interaktiven Ressourcen des frühen Erwerbs metasprachlicher Kompetenz. Freiburg i. Br.: Fillibach.

Ten Have, P. (2007). Doing conversation analysis. (2. Aufl.) Los Angeles, California: SAGE Publications.

Wald, B. (1978). Zur Einheitlichkeit und Einleitung von Diskurseinheiten. In: Quasthoff, U. (Hrsg.): Sprachstruktur – Sozialstruktur. Zur linguistischen Theorienbildung. Königstein: Scriptor, 128-149.

Watson, D. R. (1992). Ethnomethodology, Conversation Analysis and Education: An Overview. In: International Review of Education 38 (3), 257-274.

Diana Maak & Julia Ricart Brede

Empirische Erfassung von Invasivität in videografierten Lehr-Lernsituationen: Entwicklung und Erprobung eines Beobachtungssystems

1 Einleitung

Der Einsatz von Videografie in der Lehr-Lernforschung ist in den letzten Dekaden, nicht zuletzt aufgrund der verbesserten technischen Möglichkeiten, stark angestiegen, was sich in ebenso zahlreichen wie vielseitigen Publikationen widerspiegelt (vgl. von Aufschnaiter & Welzel 2001; Corsten, Krug & Moritz 2010; Dinkelaker & Herrle 2009; Janík & Seidel 2009; Knapp & Ricart Brede 2012, Reichertz & Englert 2011; Schramm & Aguado 2010). Als Vorteile videografischer Lehr-Lernforschung werden insbesondere die Iteration der Analyse sowie die Abbildung nonverbaler Aspekte hervorgehoben; weiterhin betont wird die Anschaulichkeit von Videodaten, die möglicherweise die ‚Kluft zwischen Theorie und Praxis‘ zu überbrücken hilft und damit die Verständigung zwischen Wissenschaft und Praxis befördert (vgl. Petko et al. 2003; Knapp & Ricart Brede 2012). Fraglich ist allerdings, inwiefern das auf den Videos Gezeigte dabei der tatsächlichen Unterrichtswirklichkeit entspricht bzw. in welchem Maße die Anwesenheit der Kameras plus ggf. der Kameraperson(en) Einfluss auf die beobachtete Situation nimmt und diese verändert (vgl. Petko et al. 2003; Helmke 2004; Ricart Brede 2011). So wies Labov unter dem Stichwort „Beobachterparadoxon“ für offline-Beobachtungen (d. h. nicht audio- oder videobasierte Beobachtungen) bereits 1971 auf die Tatsache hin, dass der Prozess des Beobachtens grundsätzlich auf die beobachtete Situation Einfluss nimmt, sodass niemals eindeutig sichergestellt werden kann, ob sich die Situation ohne Beobachtung in derselben Form ereignet hätte (vgl. Labov 1971). Dieser durch das Beobachten verursachte Einfluss auf die Situation wird auch als Invasivität (von lateinisch invadere = eindringen) bezeichnet.

Im vorliegenden Beitrag wird unter Invasivität der durch die Filmsituation und die Kamera(personen)präsenz verursachte Einfluss auf die videografierte Lehr-Lernsituation und damit auf die in diesem Setting Agierenden verstanden. Möglich ist dabei eine Beeinflussung sowohl der Lehrenden als auch der Lernenden, die sich darin äußern kann, dass diese verbal, paraverbal und/oder nonverbal sowie bezogen auf fachliche, didaktische und/ oder soziale Inhalte auf eine für sie ungewöhnliche Art und Weise handeln bzw. Handlungen bewusst unterlassen. Diese Veränderungen müssen nicht per se beobachtbar sein und können sich auch allein im Denken der Lehrenden und Lernenden manifestieren.

Ein denkbares Beispiel: Wer als Lehrperson gefilmt wird, strengt sich besonders an und bereitet das Unterrichtsgeschehen aufwändiger vor als üblich. Entsprechend geht Stigler (1998) davon aus, dass videografierte Unterrichtsaufnahmen eine gewissermaßen idealisierte Version des tatsächlichen Unterrichtsgeschehens und Lehrerhandelns zeigen. Doch bleibt der Einfluss der Kamera(personen)präsenz nicht allein auf die Lehrperson beschränkt. Zu erwarten sind ebenso Auswirkungen auf das Verhalten der Lernenden, beispielsweise indem diese schüchterner sind als sonst und sich daher seltener melden oder indem sie sich vor der Kamera profilieren möchten und infolgedessen ‚den Kasper spielen‘. Demnach ist Stiglers Hypothese einer „somewhat IDEALIZED version of what THE TEACHER normally DOES in the classroom" (Stigler 1998: 141, Hervorhebung durch die Autorinnen) zu einer *somewhat CHANGED version of what HAPPENS normally IN THE CLASSROOM* zu generalisieren.

Um die Typikalität videografierter Lehr-Lernsituationen einschätzen zu können, stellt sich die Frage, wie groß der Einfluss von Filmsituation und Kamera(personen)präsenz tatsächlich ist, d. h. wie das *somewhat* im oben angeführten Zitat zu quantifizieren ist. Obwohl in der Diskussion oft angeführt, stellt eine derartige empirische Erfassung der Invasivität bislang ein Desiderat dar (vgl. Petko et al. 2003; Helmke 2004; Ricart Brede 2011).

Bislang wurden zur Beantwortung dieser Frage hauptsächlich Befragungen von Schülern und Lehrern[40] (mittels Fragebogen oder retrospektiven Interviews) zur Typikalität des videografierten Unterrichts genutzt. Beispielsweise ergab eine im Rahmen der TIMSS Videostudie 1999 auf schriftliche Weise vorgenommene Befragung von Lehrkräften, dass 75 % das Verhalten der Schüler als *normal* einschätzten; 86 % waren der Auffassung, dass der Unterricht wie üblich verlief und 88 % hielten das Anspruchsniveau der Inhalte für üblich (Petko et al. 2003). Infolgedessen schlussfolgern Petko et al. (2003: 270), dass „das Problem des ‚Kameraeffekts‘ weniger gewichtig zu sein [scheint], als vermutet werden könnte". Als Erklärung wird angeführt, dass Unterricht durch routinehafte Abläufe und nur schwer zu beein-

---

[40] Die ausschließliche Nennung der männlichen Form dient der einfacheren Lesbarkeit. Diese Form der Darstellung wird im Folgenden auch für andere Begriffe angewendet und schließt die weibliche Form inhaltlich jeweils mit ein.

flussende Wirkungen geprägt sei, sodass auch trotz Anwesenheit von Kamerageräten bzw. trotz des Aufzeichnens keine weitreichenden Veränderungen (z. B. von Unterrichtsstilen) und damit Verzerrungen der videografierten Lehr-Lernsituation zu erwarten seien. Demgemäß sei von einem zu vernachlässigenden Einfluss der Kamerapräsenz auf die videografierte Situation auszugehen, der sich zudem durch entsprechendes (zurückhaltendes) Verhalten der Kamerapersonen weiter verringern und so auf ein Minimum reduzieren ließe (Petko et al. 2003; Ricart Brede 2011).

Befragungen dieser Art geben erste wichtige Hinweise zur Typikalität videografierter Unterrichtsstunden und sprechen für die Annahme eines insgesamt zu vernachlässigenden Invasivitätseffekts. Doch müssen diese Angaben insofern als ungenau gelten, als Selbsteinschätzungen, wie vergleichende Metaanalysen zeigen (Seidel & Shavelson 2007), Verzerrungen unterliegen, beispielsweise indem Befragte im Sinne sozialer Erwünschtheit antworten. Im vorliegenden Beitrag wird daher ein alternativer Vorschlag zur Erfassung von Invasivität mittels Beobachtung vorgestellt. Hierzu wird erstens ein Beobachtungssystem zur Erfassung beobachtbarer Invasivität entwickelt; zweitens sollen durch die Anwendung dieses Beobachtungssystems erste Referenzwerte für weitere Untersuchungen generiert und diskutiert werden.

2 Vorstellung eines Beobachtungssystems zur Erfassung beobachtbarer Invasivität in videografierten Lehr-Lernsituationen

Zwar weisen Beobachtungen nicht die oben genannten Nachteile einer Befragung auf, doch stoßen auch sie empirisch an ihre Grenzen. Beispielsweise kann über eine Beobachtung selbstredend lediglich das erfasst werden, was *beobachtbar* ist, d. h. was sich dem Auge des Beobachters nicht entzieht. Einflüsse auf den videografierten Unterricht müssen sich jedoch, wie bereits angemerkt, nicht per se in beobachtbarem Verhalten manifestieren – denkbar ist indessen auch, dass sich ein Schüler tief über sein Arbeitsblatt gebeugt der Kamerapräsenz wohl bewusst ist und aufgrund dessen lediglich eine verminderte Konzentration für die Bearbeitung der Aufgabe aufwendet. Nicht direkt beobachtbare Aspekte der Invasivität können im Rahmen von Beobachtungen lediglich erfasst werden, indem hoch-inferente Ratingverfahren angewandt werden. Hierbei wird der Anteil an nicht sichtbarer Invasivität über Schätzungen ermittelt, was jedoch eine überaus hohe Interpretationsleistung darstellt und damit stark subjektiv ist (vgl. Hugener 2006). Aus diesem Grund soll im Rahmen der vorliegenden Untersuchung für eine erste Annäherung an das Thema ausschließlich die beobachtbare

Invasivität berücksichtigt werden. Über die Erfassung von Sichtstrukturen[41] erfolgt demnach eine erste Annäherung an den durch die Videografie verursachten Anteil an (beobachtbarer) Invasivität – wohlwissend, dass dieser um den Anteil nicht direkt beobachtbarer Invasivität zu ergänzen ist.[42]

Damit die im vorliegenden Beitrag präsentierten Ergebnisse zur Invasivität für weitere Forschungen nutzbar sind und eine vergleichbare Analyse auch für weitere Lehr-Lernsituationen durchgeführt werden kann, war die Entwicklung eines geeigneten Beobachtungssystems Condicio sine qua non. Ein zentrales Gütekriterium für Beobachtungssysteme ist die Validität und damit die Frage, ob mit ihnen tatsächlich das erfasst wird, was erfasst werden soll. Beispielsweise wurde mit der vorliegenden Beobachtung nicht ausschließlich die quantitative Bestimmung der beobachtbaren Invasivität intendiert; vielmehr sollte ein Beobachtungssystem entwickelt werden, das eine möglichst präzise und differenzierte Beschreibung der beobachtbaren Invasivität in videografierten Lehr-Lernsituationen erlaubt, dabei jedoch zugleich handhabbar und praktikabel ist. Insgesamt sollte das Beobachtungssystem zur Beantwortung folgender Fragen beitragen (wobei insbesondere für die Fragen 4-6 nicht allein das Beobachtungssystem, sondern weiterhin die gewählte Stichprobe bzw. das Untersuchungssetting zentral sind):

1) Wie häufig ist Invasivität beobachtbar und von welcher Dauer sind die Ereignisse jeweils?
2) Welche Arten von Invasivität sind beobachtbar?
3) Wer verhält sich invasiv?
4) Gibt es Klassenunterschiede?
5) Sind mit der Zeit weniger bzw. kürzere Invasivitätsereignisse beobachtbar?
6) Verändert sich der Anteil beobachtbarerer Invasivität, wenn zwei Kameraperspektiven kodiert werden?

Zur Beantwortung der angeführten Fragen wurde ein insgesamt sechs Kategorien umfassendes Beobachtungssystem entwickelt (vgl. auch Abb. 1), wobei die Kategorie *Invasivität* (kurz Inv) zunächst als eine Art Basiskodierung fungiert. Sofern Invasivität beobachtbar ist, wird diese –

---

[41] Bei Sichtstrukturen handelt es sich um sichtbare, d. h. direkt beobachtbare Merkmale einer (Lehr-Lern-)Situation, die über niedrig-inferente Kategorien erfasst werden können (vgl. auch Ricart Brede 2011: 92 f.).
[42] Allerdings wäre auch denkbar, dass es sich bei einem Teil der beobachtbaren Invasivität nicht um Invasivität im eigentlichen Sinne handelt, sondern Invasivitätskodierungen darauf zurückzuführen sind, dass Schüler Arbeitspausen einlegen oder konzentriert nachdenken und dabei den Blick schweifen lassen, was sie auch ohne Kamerapräsenz tun würden, oder dass sie zu einem gewissen Grad unkonzentriert sind und sich auch durch anderes ablenken (lassen) würden (Blick aus dem Fenster).

unabhängig davon, ob es sich dabei um verbale oder nonverbale Interaktion handelt erfasst. Diese Basiskodierung erlaubt es, erste Aussagen über den zeitlichen Anteil der beobachtbaren Momente invasiver Ereignisse in den videografierten Unterrichtseinheiten zu treffen. Um jedes Invasivitätsereignis in seiner Quantität möglichst genau zu erfassen, wurde diese Kodierung im Event-Sampling[43] vorgenommen.

Inv	9	nicht beobachtbar
	1	invasiv
	0	nicht invasiv
B_S	9	nicht beobachtbar
	4	mehr als drei Schüler haben Blickkontakt
	3	drei Schüler haben Blickkontakt
	2	zwei Schüler haben Blickkontakt
	1	ein Schüler hat Blickkontakt
	0	kein Schüler hat Blickkontakt
B_L	9	nicht beobachtbar
	1	Lehrer hat Blickkontakt
	0	Lehrer hat keinen Blickkontakt
IM_S	9	nicht beobachtbar
	4	mehr als drei Schüler kommunizieren/interagieren
	3	drei Schüler kommunizieren/interagieren
	2	zwei Schüler kommunizieren/interagieren
	1	ein Schüler kommuniziert/interagiert
	0	kein Schüler kommuniziert/interagiert
IM_L	9	nicht beobachtbar
	1	Lehrer kommuniziert/interagiert
	0	Lehrer kommuniziert/interagiert nicht
IM_K	9	nicht beobachtbar
	2	zwei oder mehr Kamerapersonen kommunizieren/interagieren
	1	eine Kameraperson kommuniziert/interagiert
	0	Kameraperson kommuniziert/interagiert nicht

Abb. 1: Das Beobachtungssystem im Überblick

Erst in einem zweiten Schritt wird jedes identifizierte Invasivitätsereignis mithilfe der übrigen fünf Kategorien differenzierter beschrieben und a) im Hinblick auf die Art (Blickkontakt, kurz B, oder Interaktion/Metakommu-

---

[43] Beim Event-Sampling liegt eine inhaltsbezogene Segmentierung vor. Hierbei erfolgt die Kodierung für jedes Invasivitätsereignis einzeln. Im Gegensatz dazu werden Beobachtungen beim Time-Sampling in einem vorab festgesetzten Zeitintervall, z. B. 10-sekündig, vorgenommen und kodiert (zur Explikation des Begriffs Event-Sampling vgl. auch Petko 2003: 273 f.).

nikation, kurz IM) sowie b) hinsichtlich der beteiligten Akteure Schüler (kurz S), Lehrer (kurz L) und/oder Kameraperson(en) (kurz K) kodiert.

In Bezug auf die Art der Invasivität wird immer dann die Kategorie *Blickkontakt* kodiert, wenn ausschließlich Blickkontakt auftritt, d. h. wenn eine Person ohne weitere Kommunikation (z. B. sprachlicher Art) in die Kamera schaut. Differenziert wird dabei weiterhin, ob der Blickkontakt schüler- oder lehrerseitig vorliegt (Kategorie B_S respektive B_L). Des Weiteren wird angegeben, ob lediglich ein Schüler, ob zwei, drei oder mehr Schüler gleichzeitig Blickkontakt mit der Kamera halten, hingegen wird (um das Beobachtungssystem in seiner Komplexität beschränkt zu halten und damit anwendbar zu machen) nicht erfasst, von welchen Schülern der Blickkontakt ausgeht. Eo ipso erlauben die nachstehend präsentierten Analysen keine Rückschlüsse auf individuelle Unterschiede in Bezug auf das Invasivitätsverhalten. Alle weiteren, nicht als *Blickkontakt* klassifizierten Invasivitätsereignisse werden als *Interaktion/Metakommunikation* kodiert. Insofern umfasst diese Kategorie sowohl nonverbale Invasivitätsereignisse (z. B. wenn ein Schüler in die Kamera winkt oder Grimassen schneidet) als auch verbale Kommunikation mit der Kameraperson bzw. über die Kamera (z. B. indem der Lehrer darauf hinweist, dass die Schüler sich bitte benehmen sollen, da heute alles aufgezeichnet werden würde).[44]

Zur Überprüfung der Güte des entwickelten Beobachtungssystems wurde unter Nutzung des Beobachtungssystems (s. Fußnote 44 bzw. Anhang) eine Unterrichtsstunde von zwei unabhängigen Kodiererinnen ausgewertet.[45] Die ersten überprüfbaren Ergebnisse ergaben insgesamt eine relativ geringe Interraterreliablilität, sodass eine Überarbeitung des Beobachtungssystems vorgenommen wurde. Die erneute Überprüfung der Interraterreliabilität über die Ermittlung von Cohens Kappa (vgl. Bortz & Döring 2006; Ricart Brede et al. 2010; Wirtz & Kutschmann 2007) ergab zufriedenstellende Werte (vgl. Werte in Tab. 1). Allerdings zeigt sich, dass Blickkontakte weniger treffsicher kodiert werden als übrige Invasivitätsereignisse. Dies kann in der Flüchtigkeit dieser Ereignisse begründet liegen, da die von uns erfassten

---

[44] Detaillierter ist das Beobachtungssystem im Kodiermanual im Anhang beschrieben, indem zu jeder Kategorie auch Ankerbeispiele angegeben und Zweifelsfälle erläutert werden. Bei dem hier abgedruckten Kodiermanual handelt es sich bereits um eine auf Basis der Untersuchungsdurchführung optimierte Variante.
[45] Wie die Kodierung der eigentlichen Untersuchung wurde auch die Probekodierung technisch über die Software Videograph® umgesetzt.

Blickkontakte mit der Kamera häufig von sehr kurzer Dauer waren, aber auch an Grenzen der qualitativen Bildauflösung.[46]

Tab. 1: Ergebnisse für die Interraterreliabilität nach Überarbeitung des Beobachtungssystems

Kategorie	Cohens Kappa
Invasivität	.923
Blickkontakt-S	.697
Blickkontakt-L	.674
Interaktion-Metakommunikation-S	.739
Interaktion-Metakommunikation-L	.942
Interaktion-Metakommunikation-K	-[47]

3 Beschreibung von Stichprobe und Untersuchungsdurchführung

Für die Erprobung und erste Anwendung des Beobachtungssystems wurden Videodaten aus dem Projektkontext „Fachunterricht und Deutsch als Zweitsprache" verwendet.[48] Aus dem Gesamtkorpus des Projektes erfolgte zu diesem Zweck die Auswahl von sechs videografierten Lehr-Lernsituationen aus dem Biologie- bzw. NWA-Unterricht[49] der Sekundarstufe I (7. und 8. Jahrgangsstufe).

Um Aussagen über die Entwicklung der beobachtbaren Invasivität über die Zeit treffen zu können (vgl. Forschungsfrage 5), enthält diese Auswahl eine Serie von vier aufeinanderfolgenden Lehr-Lernsituationen (vgl. Spalte 1 in Tab. 2). Die übrigen zwei Lehr-Lernsituationen wurden über eine Zufallsstichprobe gezogen. Insgesamt handelt es sich bei den sechs Lehr-Lernsituationen um Videomaterial im Umfang von acht Zeitstunden (dies entspricht zehn Unterrichtseinheiten à 45 Minuten) aus drei verschiedenen Klassen. Tab. 2 zeigt weitere Angaben zu den ausgewählten Daten.

---

[46] In Bezug auf lehrerseitige Blickkontakte ist zudem auf die vergleichsweise geringe Anzahl an Kodierungen hinzuweisen: Da im Gegensatz zu den etwa 20-30 anwesenden Schülern i. d. R. lediglich ein Lehrer am Unterrichtsgeschehen teilnimmt, wurden für diese Person wesentlich weniger Blickkontakte kodiert, sodass Kappa, das relativ sensibel auf eine geringe Anzahl an Ereignissen reagiert, hierfür nochmals geringer ausfällt.

[47] Zwar wurde diese Kategorie grundsätzlich übereinstimmend kodiert, allerdings konstant mit „0" (d. h. das Ereignis trat nicht ein), sodass sich kein Kappa-Wert berechnen lässt.

[48] Das Projekt wird seit 2010 unter der Leitung von Prof. Dr. Bernt Ahrenholz an der Friedrich-Schiller-Universität Jena durchgeführt. Für nähere Informationen bzw. erste Projektergebnisse vgl. Ahrenholz 2012, Ahrenholz & Maak 2012, Ricart Brede 2012a sowie Ricart Brede 2012b.

[49] In einigen Bundesländern wird Biologie im Rahmen des Fächerverbundes NWA (Naturwissenschaftliches Arbeiten) unterrichtet.

Tab. 2: Angaben zur Stichprobe

Lehr-Lernsituation	Stunde(n)	Analysierte Zeit	Analysierte Kameraperspektive(n)[50]	Kodierverhältnis (je Perspektive)[51]
01-01	1	43:40	2 (L + G)	1:10
02-01	2	1:06:20	1 (L)	1:12
03-01	2	1:37:30	1 (G)	1:10
03-02	2	1:39:30	1 (L)	1:10
03-03	2	1:41:30	1 (G)	1:7
03-04	1	47:00	1 (G)	1:6
Gesamt	10	8:35:30		Ca. 1:9

In der Regel wurde pro Lehr-Lernsituation eine von zwei aufgenommenen Kameraperspektiven für die Kodierung berücksichtigt. Um zu eruieren, inwiefern mehrere Kamerageräte den Grad der Invasivität beeinflussen (vgl. Forschungsfrage 6), wurden für eine Lehr-Lernsituation (01-01) zwei Kameraperspektiven berücksichtigt, indem die auf beiden Perspektiven (Lehrer- und Gruppenkamera) beobachtbaren Invasivitätsereignisse nacheinander in einer Videograph-Datei erfasst wurden. [52] Es ergab sich ein durchschnittliches Kodierverhältnis von 1:9 (vgl. auch Fußnote 51), wobei die Kodierung der zweiten Perspektive (für 01-01) ebenso zeitaufwändig war, wie die der ersten.

4 Quantitative Ergebnisdarstellung

Die Gliederung der nachstehend präsentierten Ergebnisse ergibt sich aus den oben formulierten Forschungsfragen, auf die nacheinander Antworten in den Daten gesucht werden.

Wie häufig ist Invasivität beobachtbar und von welcher Dauer sind diese Ereignisse jeweils?

---

[50] L= auf die Lehrperson gerichtete Kameraaufnahme wurde zur Kodierung herangezogen, G= Gruppenkamera wurde zur Kodierung verwendet.

[51] 1:9 bedeutet in diesem Fall, dass für eine Minute Aufzeichnung neun Minuten Zeit zur Kodierung aufgewendet wurden.

[52] Technisch umgesetzt wurde dies, indem die Kodierungen beider Perspektiven im Videograph® in derselben Timeline vorgenommen wurden.

Insgesamt wurden 10 % der analysierten Zeit als invasiv kodiert. Dies entspricht 52 Minuten der analysierten Aufnahmezeit (d. h. mehr als einer Unterrichtsstunde an Zeit). Dabei dauert ein Invasivitätsereignis durchschnittlich fünf Sekunden. Am häufigsten wurden jedoch Invasivitätsereignisse von lediglich einer Sekunde Dauer kodiert. Ebenso wie der Modus liegt auch der Median bei einer Sekunde. Der im Vergleich dazu vergleichsweise hohe Durchschnittswert erklärt sich durch einige verhältnismäßig lange Invasivitätsereignisse, die im Rahmen einer qualitativen Analyse differenzierter in den Blick zu nehmen sind (vgl. Kap. 5).

Welche Arten von Invasivität sind beobachtbar und wer verhält sich wann invasiv?

Eine detailliertere Analyse (vgl. Tab. 3) zeigt, dass 388 und damit gut 75 % der insgesamt 513 Invasivitätsereignisse auf Blickkontakte zurückzuführen sind. Augenfällig ist dabei, dass es sich bei den Blickkontakten um deutlich kürzere Invasivitätsereignisse handelt (durchschnittlich 1 Sekunde Dauer) als bei Invasivitätsereignissen der Kategorie Metakommunikation (durchschnittlich über 20 Sekunden Dauer).

Tab. 3: Art und Beschaffenheit der invasiven Ereignisse

Art der Invasivität	Fälle gesamt	Dauer gesamt (in min.)	durchschnittliche Dauer (in sek.)	Median	Modus
B_S	367	12:59	2	1	1
B_L	21	0:29	1	1	1
IM_S	75	16:37	13	7	3
IM_L	30	14:41	30	17	19
IM_K	20	7:26	24	12	2
Gesamt	**513**	**52:02**	**5**	**1**	**1**

Erfolgt die Analyse differenziert nach den beteiligten Akteuren zeigt sich weiterhin, dass es sich bei 83 % der Invasivitätsereignisse, an denen Schüler beteiligt sind, jedoch lediglich bei 41 % der Invasivitätsereignisse, an denen Lehrer beteiligt sind, um Blickkontakte handelt.[53] Dass Lehrer eher mit der

---

[53] Ein weiteres wichtiges Datum wäre die Errechnung eines durchschnittlichen Pro-Kopf-Vorkommens an Blickkontakt. Berücksichtigt man, dass im vorliegenden Fall drei Lehrer und etwa 50 Schüler videografiert wurden, sowie dass unter Blickkontakt-Schüler jeweils ein, zwei, drei oder drei und mehr Schüler kodiert werden konnten, ergibt sich erneut ein (heuristisch) höherer Pro-Kopf-Durchschnitt für die Blick-

Kamera(person) interagieren und stattdessen weniger in Blickkontakt mit ihr treten, kann zum einen daran liegen, dass sie das Unterrichtsgeschehen organisieren und entsprechend häufiger organisatorische Bemerkungen und Metakommentare (beispielsweise Anweisungen zu videografiebedingten Veränderungen der regulären Sitzordnung oder Fragen in Bezug auf die Einverständniserklärungen zur Aufzeichnung) anbringen. Denkbar ist jedoch ebenso, dass Lehrer ihr Verhalten stärker kontrollieren als Schüler und Blicke in Richtung Kamera daher bewusst vermeiden. Anstelle von subjektbezogenen Erklärungen ist es prinzipiell jedoch auch möglich, dass Unterschiede darauf zurückzuführen sind, wo die Kamera im Klassenzimmer positioniert war bzw. welche Kameraperspektive für die Analyse berücksichtigt wurde: Die in der Regel hinten im Klassenzimmer aufgestellte Lehrer-Kamera ist zwar direkt auf die Lehrperson gerichtet, jedoch so weit von ihr entfernt, dass Blickkontakte möglichwesie weniger genau kodiert werden können als für die mithilfe der Gruppen-Kamera fokussierten Schüler in den ersten Sitzreihen (vgl. auch Methodendiskussion).

Gibt es Klassenunterschiede?

Tabelle 4 gibt erste Hinweise darauf, dass tatsächlich Klassenunterschiede existieren. So wurde in Klasse 01 beinahe 30 % der kodierten Zeit als invasiv gewertet. Dies ist ein beträchtlicher Anteil, der vor allem ins Gewicht fällt, wenn man die Ergebnisse mit denen der beiden anderen Klassen vergleicht, in denen weniger als 10 % der kodierten Zeit als *beobachtbar* invasiv eingestuft wurde.

Tab. 4: Klassenunterschiede

Klasse	Fälle gesamt	Dauer der Invasivität insgesamt (in min.)	Invasive Unterrichtszeit in % (bezogen auf die insgesamt in der jeweiligen Klasse videografierte Zeit)
01	107	12:56	29,6
02	43	03:23	5,1
03	363	31:12	7,7

Was in der vorliegenden Pilotstudie nicht umgesetzt werden konnte, ist eine personenbezogene Erfassung der insgesamt kodierten Invasivitätsereignisse. Demnach lassen die Daten in dieser Form keine Aussage darüber zu, ob die

---

kontakte der Schüler. Für genauere Ergebnisse bedürfte es jedoch einer individuenbezogenen Auswertung sowie einer Differenzierung der Kategorieausprägung „drei und mehr Schüler haben Blickkontakt mit der Kamera" (Kategorie Blickkontakt_S).

konstatierten Unterschiede auf unterschiedliche Invasivitätsverhalten einzelner Schüler zurückzuführen sind.

Sind mit der Zeit weniger bzw. kürzere Invasivitätsereignisse beobachtbar?

In Tabelle 5 zeigt sich, dass zumindest für die eine untersuchte Serie von vier Unterrichtseinheiten keine Abnahme beobachtbarer Invasivität über die Zeit zu verzeichnen ist. So ist der Anteil an beobachtbarer Invasivität in der zweiten Doppelstunde mit 15 % deutlich höher als in der ersten Lehr-Lernsituation. Allerdings unterscheidet sich diese Lehr-Lernsituation in mehrfacher Hinsicht von den übrigen Aufzeichnungen in dieser Serie. So wurden die Kodierungen hier, wie auch Tabelle 5 zu entnehmen ist, über die Analyse der Lehrer-Kamera vorgenommen. Des Weiteren muss angemerkt werden, dass diese Aufzeichnung von einem anderen Kamerateam vorgenommen worden ist, das durch ein anderes Verhalten stärker invasiv gewesen sein könnte. Bei einem genaueren Blick auf die einzelnen Invasivitätsereignisse fällt auf, dass die Unterschiede tatsächlich im Verhalten der Kamerapersonen begründet liegen: Während in den Lehrsituationen 03-01, 03-03 und 03-04 beobachtbare Invasivität, die auf die Kameraperson zurückzuführen ist (IM_K), entweder gar nicht vorhanden ist oder einen sehr geringen Anteil einnimmt, liegt dieser Anteil in Lehr-Lernsituation 03-02 bei fünf Ereignissen mit insgesamt 4 Minuten und 9 Sekunden Dauer.

Für Einheit 03-04 ist mit insgesamt „lediglich" 53 Invasvitätsereignissen insofern keine Abnahme an beobachtbarer Invasivität zu verzeichnen, als in diesem Fall ausschließlich eine Unterrichtsstunde videografiert wurde. Der prozentuale Anteil invasiver Unterrichtzeit hingegen entspricht mit gut 7 % dem der vorausgehenden Unterrichtseinheit. Insgesamt sind für die Lehr-Lernsituationen 03-01, 03-03 und 03-04 (auch mit Blick auf die Art der einzelnen Invasivitätsereignisse[54]) relativ ähnliche Ergebnisse zu konstatieren, was ein Hinweis darauf sein könnte, dass eine *Gewöhnung an die Kamera* nicht stattfinden muss. Aufgrund dessen geben die Ergebnisse Anlass zu der Annahme, dass weniger die Anzahl der videografierten Unterrichtsstunden/-einheiten pro Klasse als vielmehr das Verhalten der Kameraperson(en) sowie die Positionierung der Kameragräte im Raum für den Grad an (beobachtbarer) Invasivität von Bedeutung zu sein scheinen.

---

[54] Zugunsten der Übersichtlichkeit sind die Ergebnisse zu den einzelnen Arten von Invasivität hier bzw. in Tab. 5 nicht abgebildet.

Tab. 5: Veränderungen über die Zeit (bezogen auf Klasse 03)

Lehr-Lern-situation	Analysierte Kamera-perspektive	Fälle gesamt	Dauer der Invasivität insgesamt (in min.)	Invasive Unterrichts-zeit in %[55]
03-01	1 (G)	78	05:26	5,6 %
03-02	1 (L)	139	14:55	15 %
03-03	1 (G)	93	07:32	7,4 %
03-04	1 (G)	53	03:19	7,2 %

Verändert sich der Anteil beobachtbarerer Invasivität, wenn zwei Kameraperspektiven kodiert werden?

Die nachstehende Tabelle zeigt, dass unter Berücksichtigung beider Kameraperspektiven für die Lehr-Lernsituation 02-01 eine deutlich höhere Anzahl beobachtbarer Invasvitätsereignisse ermittelt wird, wobei sich diese Unterschiede im Wesentlichen auf Blickkontakte beschränken. Ob dieser Anteil durch die zweite Kamera ausgelöst oder erst durch diese sichtbar wird, kann mit der Analyse nicht geklärt werden.

Tab. 6: Anzahl der beobachtbaren Invasivitätsereignisse bei der Analyse von ein und zwei Kameraperspektiven

Art des Invasivität / Analysierte Kameraperspektiven	B_S	B_L	IM_S	IM_L	IM_K	Invasi-vitäts-ereignisse insgesamt
1 (02-01-L)	13	0	14	8	8	43
2 (02-01-L+G)	82	5	16	8	14	125

5 Qualitative Detailanalyse

Um auch einen qualitativen Einblick in die Daten zu ermöglichen, werden im Folgenden vier längere Invasivitätsereignisse exemplarisch beschrieben und diskutiert. Die Auswahl der Ereignisse folgte dabei der Intention, ein möglichst großes Spektrum an Invasivitätsereignissen aufzuzeigen, d. h. es

---

[55] bezogen auf die pro Lehr-Lernsituation videografierte Zeit

wurden solche Invasivitätsereignisse ausgewählt, die sich deutlich voneinander unterscheiden. Im Vordergrund der Darstellung steht dabei die Frage, ob und wenn ja inwiefern diese Ereignisse vermeidbar wären.

In der Einheit 03-01 wurde ein Invasivitätsereignis von ca. einer Minute Dauer kodiert. Beteiligt sind an der Situation mehr als drei Schüler; kodiert wurde *Interaktion/Metakommunikation Schüler* (kurz IM_S, kodiert an der Gruppenperspektive). In dieser Sequenz, die während einer Arbeitsphase stattfindet, versuchen zwei Schüler die vor ihnen sitzenden Mädchen dazu zu animieren, vor der Kamera ihr T-Shirt hochzuziehen. Sie fragen nacheinander mehrere Schülerinnen, bieten ihnen Geld, ziehen selbst jeweils ihren Pullover hoch und interagieren zusätzlich mehrmals nonverbal mit der Kamera. Für diese Sequenz kann argumentiert werden, dass sie nicht vermeidbar ist. In gewissem Ausmaß wird die Kamera immer von Schülern wahrgenommen werden. Besonders in (Gruppen-)Arbeitsphasen, in welchen Lehrer sich auch einzelnen Schülern zuwenden und bei einigen Schülern aufgrund unterschiedlicher Arbeitstempi ggf. „Freizeit" bzw. „Leerzeit" entstehen kann, ist dies zumindest nicht ganz überraschend. Unterschiede könnten jedoch in Bezug auf das jeweilige Alter der Lernenden bestehen. Beispielsweise könnte vermutet werden, dass Pubertierende häufiger bzw. anders mit der Kamera agieren als Grundschüler. Ebenso wäre denkbar, dass zumindest derartige Invasivitätsereignisse abnehmen, wenn mehrmalig in der Klasse videografiert wird, da die Kamera an Neuheitswert verliert.

In der Einheit 03-03 wurde ein Invasivitätsereignis von ca. 40 Sekunden Dauer festgehalten, das mit *Interaktion/Metakommunikation* (kurz IM) kodiert wurde und an dem sowohl die Kameraperson, die Lehrerin sowie Schüler beteiligt sind (kodiert wurde an der Gruppenperspektive). Was geschieht in der Situation? Kurz nach Stundenbeginn unterbricht die Kameraperson die Lehrerin, da die Steckdosen im hinteren Bereich des Raumes nicht funktionieren und somit das Aufnahmegerät nicht mit Strom versorgt werden kann. Nach kurzem Ausprobieren (der Hauptschalter war deaktiviert) kann das Problem behoben werden. An der Sequenz beteiligen sich auch einzelne Schüler, indem sie versuchen, hilfreiche Hinweise zu geben bzw. sich zur Kameraperson umdrehen und deren Handeln beobachten. Bezogen auf die Invasivität von Videografie ist diese Sequenz als problematisch anzusehen. So wird der Stundenverlauf unterbrochen und die Schüler wie auch die Lehrerin werden noch einmal an die Gegenwart der Kamera auch im hinteren Bereich des Unterrichtsraumes erinnert; zudem wurde die Sequenz von der Kameraperson initiiert. Dennoch handelt es sich unseres Erachtens lediglich um eine bedingt vermeidbare Situation: Technische Probleme können aufgrund ausreichender Vorbereitung zwar vermieden, jedoch nie ganz ausgeschlossen werden. Ein Nichteingreifen würde in diesen Fällen einen großen Datenverlust bedeuten, sodass die Invasivität aus forschungspraktischer Sicht in Kauf zu nehmen ist.

In Einheit 03-02 wurde folgendes Invasivitätsereignis von ca. einer Minute Dauer mit *Interaktion/Metakommunikation Lehrer* (kurz IM_L) kodiert (die Kodierung wurde an der Lehrerperspektiven-Kamera vorgenommen): Zu Beginn der Stunde weist die Lehrerin auf die Filmsituation hin, mit der die Klasse zwar bereits vertraut ist, doch handelt es sich bei der Kameraperson um eine andere und damit den Schülern bislang noch nicht bekannte Person. Während dieser Sequenz nehmen auch mehrere Schüler Blickkontakt mit der Kamera auf. Die Beurteilung dieser Sequenz ist nicht einfach: Einerseits ist eine Information der Schüler wichtig und sinnvoll, gleichzeitig bedeutet diese Einführung eine erneute Erinnerung an die Kamera und wäre bei gleichen Kamerapersonen bzw. ggf. nach Vorbesprechung mit der Lehrerin vermeidbar gewesen. Eine Handhabe, die die Invasivität in diesem Fall möglicherweise reduzieren könnte, wäre die Vorgabe (die vorab mit den Lehrern zu besprechen wäre), lediglich bei der ersten Filmsituation explizit auf die Kamerapräsenz hinzuweisen, hingegen die Kamerapersonen nicht einzeln vorzustellen. Denn ohnehin haben die Schüler bzw. Erziehungsberechtigten zur Filmsituation ihr Einverständnis gegeben und sind insofern über das Vorhaben informiert. Weiterhin können sie die Kamera im Klassenzimmer sehen, d. h. das Videografieren läuft nicht verdeckt ab. Anzunehmen ist, dass die Schüler umso stärker mit der Kameraperson interagieren, je besser ihnen diese bekannt ist (namentlich, in Bezug auf den Arbeits- bzw. Wohnort u. a.).[56] Allgemein gilt: Organisatorische Aspekte wie etwa eine ggf. aufgrund der Filmsituation veränderte Sitzordnung u. ä. sind unbedingt soweit möglich zu vermeiden bzw. in Vorbesprechungen zu klären, damit möglichst wenig Unterrichtszeit dafür aufgewendet werden muss.

Ein weiteres, dreißig Sekunden dauerndes Invasivitätsereignis wurde in Einheit 03-02 mit *Interaktion/Metakommunikation Kameraperson* (kurz IM_K) kodiert (die Kodierung wurde an der Lehrerperspektiven-Kamera vorgenommen). Die Kameraperson unterhält sich hier mit dem in dieser Stunde hospitierenden Praktikanten und erläutert ihm die Funktionsweise der Kamera, wobei sie auch das Ein- und Auszoomen vorführt. Während dieser Zeit drehen sich mehrere Schüler um und schauen zur Kamera bzw. Kameraperson. Abgesehen davon, dass das Zoomen einen Datenverlust bedeutet, kann aufgrund der Aufnahme angenommen werden, dass das Gespräch zwischen Kameraperson und Praktikant von den Schülern wahrgenommen

---

[56] Diese Annahme ist zwar nicht empirisch gesichert, liegt aber in unseren Erfahrungen im Rahmen des Fach-DaZ-Projektes begründet.

wird und sich damit äußerst invasiv auswirkt. Aus dieser Sequenz kann ein klares Plädoyer für ein zurückhaltendes Verhalten der Kameraperson abgeleitet werden. Dabei hat die Kameraperson die Kommunikation nicht nur mit Schülern, sondern auch mit Lehrern und anderen Erwachsenen zu vermeiden. Invasivitätsereignisse dieser Art sind unseres Erachtens durch entsprechende Schulungen vermeidbar.

Neben diesen Sequenzanalysen ergibt sich bei einem qualitativen Blick auf die Daten insgesamt der Eindruck, dass die jeweilige Unterrichtsphase Einfluss auf Art und Umfang der beobachtbaren Invasivität hat. Zudem scheinen einzelne Schüler wesentlich stärker auf die Anwesenheit der Kamera(personen) zu reagieren, was sich auch in unterschiedlich konsistentem invasiven Verhalten zeigt. Allerdings handelt es sich hierbei lediglich um Vermutungen auf der Grundlage der durchgeführten Analysen, d. h. diese Aspekte müssten noch in systematischer Weise untersucht werden, um weitreichendere Aussagen machen zu können und stellen somit Forschungsdesiderate bezogen auf die Untersuchung der Invasivität dar.

Zusammenfassend zeigt die exemplarische qualitative Analyse demnach, dass Invasivitätsereignisse sehr vielgestaltig sind. Die Beschreibung der Sequenzen macht zudem deutlich, dass einige Ereignisse vermeidbar wären. Dies betrifft vornehmlich organisatorische Aspekte sowie von der Kameraperson und teilweise auch von Lehrern initiiertes invasives Verhalten.

6 Methodische Diskussion der Ergebnisse

Zweifelsohne gilt es die präsentierten Ergebnisse – nicht zuletzt aufgrund der geringen Datengrundlage – als vorläufig zu betrachten und unter Vorbehalt zu interpretieren. Neben einer allgemeinen Erweiterung der Datengrundlage wären Replikationen unter kontrollierter Veränderung insbesondere folgender Variablen wünschenswert: Konstellation der videografierten Gruppe (in Bezug auf Größe und Alter), Anzahl und Position der verwendeten Video- und Audiogeräte sowie Anzahl und Verhalten der anwesenden Kamerapersonen. Denkbar ist weiterhin, dass sich die jeweilige Unterrichtsaktivität und/oder die gewählte Sozialform auf den Grad der beobachtbaren Invasivität auswirken, beispielsweise indem sich Schüler während Phasen, in denen sie einzeln über Arbeitsblättern sitzen, anders verhalten (und auch anders durch die Kamerapräsenz ablenken lassen) als in lehrerzentrierten Unterrichtsgesprächen. Wünschenswert wäre demnach auch eine Kreuztabellierung der vorliegenden Daten mit den Variablen Unterrichtsaktivität und Sozialform.

Unabhängig davon unterliegt das entwickelte Beobachtungssystem auch im Hinblick auf die bereits kodierten Variablen aufgrund begrenzter Ressourcen gewissen Grenzen in Bezug auf seine Aussagegenauigkeit. Beispielsweise ist die Kategorie *Interaktion/Metakommunikation* in der bisherigen Form verhältnismäßig grob und bleibt dahingehend unspezifiziert, ob es sich bei der über diese Kategorie erfassten Invasivität um solche verbaler oder non-verbaler Art handelt. Interessant wäre weiterhin eine Analyse, die Rückschlüsse auf einzelne Schüler zulässt, da Anlass zu der Annahme besteht, dass einzelne Schüler sich durch die Filmsituation stärker beeinflussen bzw. ablenken lassen als andere. Dabei wäre auch zu prüfen, ob dies von der jeweiligen Sitzposition (nahe an der Kamera bzw. mit direktem Blick auf die Kamera) abhängt.

Doch auch technische bzw. methodische Herausforderungen führen zu Beschränkungen, die Auswirkungen auf die Güte der Daten haben. Einen zentralen Einfluss auf die Möglichkeit Invasivität überhaupt beobachten zu können, hat die technische Qualität der Aufnahme. Je schlechter beispielsweise die optische Auflösung der Videokamera ist bzw. je weiter entfernt die Kamera von einzelnen Personen positioniert wurde, desto geringer ist die Chance, obliquen Blickkontakt mit der Kamera auch tatsächlich als solchen wahrzunehmen und damit als invasives Moment kodieren zu können. Weiterhin führt der Einsatz des Videographs zwar zu einer immensen Vereinfachung der Untersuchungsdurchführung, doch gehen mit der Wahl dieses Tools zugleich Verluste in Bezug auf die Kodiergenauigkeit einher: Erstens ist die Kodierung von äußerst kurzen Blickkontakten, deren Dauer unter einer Sekunde liegt, nicht möglich; zweitens können Invasivitätsereignisse, die sich zeitlich überschneiden, bei der angewandten Kodierweise im Videograph nicht in jedem Fall als zwei separate Events dargestellt werden. Folglich unterliegen die oben präsentierten Zahlen zur beobachtbaren Invasivität möglicherweise gewissen Verzerrungen und sind daher als Näherungswerte an einen *wahren Wert* anzusehen.

Rückblickend erscheint das methodische Vorgehen (inklusive des entwickelten Beobachtungssystems) durchaus praktikabel. Auch wenn die Ergebnisse der vorliegenden Untersuchung aufgrund der geringen Stichprobe lediglich hypothesengenerierend sind und zudem weiterhin ungeklärt ist, wie nicht direkt beobachtbare Invasivitätsereignisse erfasst und quantifiziert werden können, stellt die vorgestellte Pilotstudie doch wichtige Hinweise für die videografiegestützte Forschung bereit.

7 Fazit

Ziel des vorliegenden Beitrags war die Entwicklung und Erprobung eines Beobachtungssystems zur Erfassung beobachtbarer Invasivität in videografierten Lehr-Lernsituationen. Die Analyse beobachtbarer Invasivität bei videografischer Beobachtung ergibt für die sechs untersuchten Lehr-Lernsituationen einen Gesamtwert von 10 %. Das heißt, dass etwa 50 Minuten der acht analysierten Zeitstunden als invasiv kodiert wurden. An dieser Stelle kann keine Aussage darüber erfolgen, ob dies ein hoher oder geringer Wert ist. Es kann lediglich konstatiert werden, dass Invasivität zu beobachten ist. Vergleichsstudien könnten diesbezüglich weitere wichtige Hinweise liefern. Weiterhin können keine Aussagen darüber gemacht werden, ob die Akteure dem Unterrichtsgeschehen (noch) aufmerksamer folgen würden, wenn die Kamera nicht da wäre, oder ob Schüler stattdessen zuweilen aus dem Fenster schauen oder sich anderweitig „Pausen gönnen" bzw. den Blick schweifen lassen würden. Die *somewhat CHANGED version of what HAPPENS normally IN THE CLASSROOM* scheint sich in der Tendenz vornehmlich auf eine Ablenkung vom Unterricht zu beziehen, sodass möglicherweise etwas weniger vom Unterrichtsgeschehen zu sehen ist, nicht aber notwendigerweise etwas Anderes oder gar Idealisiertes.

Eine detailliertere Analyse der Daten hat weiterhin gezeigt, dass zunächst keine Abnahme der beobachtbaren Invasivität über die Zeit erfolgt. Entscheidender scheint vielmehr die Anzahl der anwesenden Kamerageräte und -personen sowie insbesondere das Verhalten ebendieser zu sein, weshalb eine eingehende Schulung und Instruktion der Kamerapersonen unbedingt zu empfehlen ist. Auch aus der exemplarischen qualitativen Analyse ergibt sich, dass zurückhaltendes Kamerapersonenverhalten zur Vermeidung von Invasivität anzuraten ist. Doch zeigen die Daten, dass technische Probleme wie eine fehlende Stromquelle auch bei bewusst zurückhaltendem Verhalten zu umfangreicher Invasivität führen können. Empfehlenswert ist es daher, die Unterrichtsräume bereits vorher in Augenschein zu nehmen und auch das Kameraequipment vor Unterrichtsbeginn aufzubauen. Idealerweise laufen die Kameras beim Betreten des Raumes durch die Schüler bereits, ohne dass noch weiteres Justieren oder Ähnliches notwendig wäre. Weiterhin sollten organisatorische Aspekte soweit möglich ausgelagert werden.

Abschießend sei erneut darauf hingewiesen, dass mit der beobachtbaren Invasivität sicherlich nicht jegliche Invasivität erfasst ist und das Videografieren immer Einfluss auf die gefilmte Situation nimmt (sofern das Videografieren nicht verdeckt, d. h. für die Anwesenden nicht sichtbar erfolgt). Diesen unvermeidbaren Einfluss auf die gefilmte Situation gilt es sich immer wieder bewusst zu machen und die videografierte Lehr-Lernsituation vor diesem Hintergrund zu reflektieren. Da auch eine nicht-videografische Beobachtung das Problem der Invasivität aufwirft, ist unseres Erachtens aufgrund der Vorteile videografischer Beobachtung deshalb nicht (grundsätzlich) von Videografie abzuraten. Gleichwohl sollte ihr Einsatz mit Blick auf die aufwändige Datenerhebung und ggf. -aufbereitung sowie zur Gewährleistung einer möglichst großen Lernzeit ohne Ablenkung der am Unterrichtsgeschehen beteiligten Akteure zielgerichtet erfolgen.

Literatur

Ahrenholz, B. (2013). Fachunterricht und Deutsch als Zweitsprache. In: Röhner, C. & Hövelbrinks, B.: Fachbezogene Sprachförderung. Theoretische Konzepte und empirische Befunde zum Erwerb bildungssprachlicher Kompetenzen. Weinheim und Basel: Beltz, 87-98.

Ahrenholz, B. & Maak, D. (2012). Sprachliche Anforderungen im Fachunterricht. Eine Skizze mit Beispielanalysen zum Passivgebrauch in Biologie. In: Roll, H. & Schilling, A.: Mehrsprachiges Handeln im Fokus von Linguistik und Didaktik - Wilhelm Grießhaber zum 65. Geburtstag. Duisburg: Universitätsverlag Rhein-Ruhr, 135-152.

Bortz, J. & Döring, N. (2006/4). Beobachten. In: ebd., Forschungsmethoden und Evaluation für Human- und Sozialwissenschaftler. Heidelberg: Springer, 262-277.

Corsten, M.; Krug, M. & Moritz, C. (2010). Videographie praktizieren. Herangehensweisen, Möglichkeiten und Grenzen. Wiesbaden: VS Verlag.

Dinkelaker, J. & Herrle, M. (2009). Erziehungswissenschaftliche Videographie. Eine Einführung. Wiesbaden: VS Verlag.

Helmke, A. (2004/2). Unterrichtsqualität erfassen, bewerten, verbessern. Seelze: Kallmeyer.

Hugener, I. R. (2006). Videobasierte Unterrichtsforschung: Integration verschiedener Methoden der Videoanalyse für eine differenzierte Sicht auf Lehr-Lernprozesse. In: Rahm, S. M.: Schulpädagogische Forschung. Unterrichtsforschung. Perspektiven innovativer Ansätze. Innsbruck: Studienverlag, 47-53.

Huhn, N. E. (2000). Videografieren als Beobachtungsmethode in der Sozialforschung - am Beispiel eines Feldforschungsprojekts zum Konfliktverhalten von Kindern. In: Heinzel, F.: Methoden der Kindheitsforschung. Weinheim und München: Juventa, 185-202.

Janík, T. & Seidel, T. (2009). The Power of Video Studies in Investigating Teaching and Learning in the Classroom. Münster: Waxmann.

Knapp, W. & Ricart Brede, J. (2012). Videographie als Methode zur Aufzeichnung und Analyse sprachlicher Lehr- und Lernsituationen. Vorschläge zur Systematisierung am Beispiel (vor-)schulischer Sprachförderung. In: Ahrenholz, B.: Einblicke in die Zweitspracherwerbsforschung und ihre methodischen Verfahren. Reihe: DaZ-Forschung. Berlin: de Gruyter, 219-236.

Labov, W. (1971). Das Studium der Sprache im sozialen Kontext. In: Klein, W. W.: Aspekte der Soziolinguistik. Frankfurt a. M.: Athenäum, 111–194.

Petko, D. E. (Vol. 35, Nr. 6 2003). Methodologische Überlegungen zur videogestützten Forschung in der Mathematikdidaktik. Ansätze der TIMSS 1999 Video Studie und ihrer schweizerischen Erweiterung. ZDM (Zentralblatt für Didaktik der Mathematik), 265-280.

Reichertz, J. & Englert, C. J. (2011). Einführung in die qualitative Videoanalyse. Eine hermeneutisch-wissenssoziologische Fallanalyse. Wiesbaden: VS Verlag.

Ricart Brede, J. (2011). Videobasierte Qualitätsanalyse vorschulischer Sprachfördersituationen. Freiburg i. Br.: Fillibach.

Ricart Brede, J. (2012a). "Wen man luft reinpustet geht es schneller aus. Warum???" Ein empirisches Forschungsprojekt zu schriftlichen Produktionen von DaZ- und DaM-SchülerInnen im Fachunterricht Biologie. In: Ahrenholz, B. & Knapp, W.: Sprachstand erheben - Spracherwerb erforschen. Beiträge aus dem 6. Workshop "Kinder mit Migrationshintergrund", 2010. Stuttgart: Fillibach bei Klett, 225-240.

Ricart Brede, J. (2012b). Passivkonstruktionen in Versuchsprotokollen aus dem Fachunterricht Biologie der Sekundarstufe I. In: Jeuk, S. & Schäfer, J.: Deutsch als Zweitsprache in Kindertageseinrichtungen und Schulen. Stuttgart: Fillibach bei Klett, 265-284.

Ricart Brede, J. (demn.). Beobachtung. In: Settinieri, J. D.-K.: Einführung in empirische Forschungsmethoden für Deutsch als Fremd- und Zweitsprache. Stuttgart: UTB.

Ricart Brede, J. et al. (2010). Die Entwicklung von Beobachtungssystemen in der videobasierten Forschung am Beispiel von Qualitätsanalysen vorschulischer Sprachfördereinheiten. In: Aguado, K.; Schramm, K. & Vollmer, J. H.: Fremdsprachliches Handeln beobachten, messen, evaluieren. Reihe KFU, Band 39. Frankfurt a. M.: Peter Lang, 257-276.

Schramm, K. & Aguado, K. (2010). Videographie in den Fremdsprachendidaktiken. Ein Überblick. In: Aguado, K.; Schramm, K. & Vollmer, J. H.: Fremdsprachliches Handeln beobachten, messen, evaluieren. Reihe: KFU, Band 37. Frankfurt a. M.: Peter Lang, 185-214.

Seidel, T. & Shavelson, R. J. (2007). Teaching Effectiveness Research in the Past Decade: The Role of Theory and Research Design in Disentangling Meta-Analysis Results. Review of Educational Research, 454-499.

Stigler, J. (1998). New Data for die Improvement of Classroom Instruction. In: Paris, S. & Wellman, H.: Global Prospects for Education. Development, Culture and Schooling. Washington: APA, 129-168.

von Aufschnaiter, S. & Welzel, M. (2001). Nutzung von Videodaten zur Untersu-chung von Lehr-Lern-Prozessen. Münster: Waxmann.

Wirtz, M., & Kutschmann, M. (2007). Analyse der Beurteilerübereinstimmung für kategoriale Daten mittels Cohens Kappa und alternativer Maße. Rehabilitation, 46/3, 1-8.

Anhang: Kodiermanual

Allgemeines

Kodiert wird sobald der erste Schüler beobachtbar ist und solange bis kein Schüler mehr zu sehen ist. Folglich werden auch Pausen etc. mitkodiert.

Die Kodierung wird im Event-Sampling vorgenommen. Das heißt, jedes Invasivitätsereignis wird zeitgenau erfasst. Mit der Kodierung wird begonnen, sobald die Schüler (ein Schüer/eine Schülerin) den Klassenraum betreten. Sie wird während der Stunde (Pause) auch fortgeführt, wenn die Lehrperson den Raum verlässt, und endet somit erst, wenn die Schüler (der letzte Schüler/die letzte Schülerin) den Raum verlassen haben bzw. wenn die Aufnahme endet. Betreten nicht der Klasse zugehörige Schüler während des Unterrichtsgeschehens oder der Pause den Raum, so werden diese in die Invasivitätskodierung nicht berücksichtigt (auch wenn sie z. B. in die Kamera winken etc.). Vorzustellen ist aber, dass diese Schüler Invasivitätsereignisse bei Schülern der zu kodierenden Klasse initiieren. Die Kodierung wird zunächst anhand der Lehrerperspektive vorgenommen. Dabei sind nur solche Blickkontakte zu kodieren, die an diese Kamera gerichtet sind (so muss der Blickkontakt von Schülern in die Lehrerkamera erfolgen, um kodiert zu werden bzw. wird nicht kodiert, wenn ein Schüler/eine Schülerin wahrscheinlich in die Gruppenperspektivenkamera blickt). Anschließend ist die Kodierung für das gesamte Video mit der Gruppenkamera vorzunehmen, die Kodierungen sind dabei allerdings weiterhin im Timeline-Clip des Lehrervideos vorzunehmen (aus diesem Grund sind die beiden Videoperspektiven vor der Kodierung bildgenau zu koppeln). Tipp: Bereits beim Kodieren des Videos aus Lehrerperspektive sind im Videograph Marken zu setzen, wenn anzunehmen ist, dass eine bestimmte Stelle später aus der Gruppenperspektive interessant sein könnte (weil sich beispielsweise zur Gruppenkamera umdrehen).

Blickkontakt wird nur dann als invasiv kodiert, wenn die Aufnahmequalität bzw. die Auflösung ausreichend genau ist, um den Fokus der Blickrichtung eindeutig der Kamera zuschreiben zu können.

Allgemeine Erläuterungen zur Kodierung:

- „Interaktion-Metakommunikation" ist grundsätzlich höherwertig als „Blickkontakt" und schließt diesen mit ein, d. h. wenn jemand beispielsweise zur Kamera spricht und diese dabei anschaut, wird der Blickkontakt nicht gesondert kodiert.
- Für die Kategorien „Interaktion-Metakommunikation" ist weiterhin nicht entscheidend, wer diese initiiert, sondern wer daran beteiligt ist (Lehrer/Schüler/Kameraperson) → für alle ist die Interaktion (muss mehr sein als Blickkontakt, z. B. verbale oder nonverbale Interaktion mit der/über die Kamera) zu kodieren.

Beobachtungssystem

Kategorie	Kategorien	Ankerbeispiele/Erläuterungen
Invasivität	1= invasiv 0= nicht invasiv 9= nicht beobachtbar	„nicht beobachtbar" wird hier nur dann angegeben, wenn die Kamera z. B. komplett ausfällt.
Blickkontakt-S	1= ein Schüler hat Blickkontakt mit der Kamera 2= zwei Schüler haben Blickkontakt mit der Kamera 3= drei Schüler haben Blickkontakt mit der Kamera 4= drei und mehr Schüler haben Blickkontakt mit der Kamera 9= nicht beobachtbar 0= kein Schüler hat Blickkontakt mit der Kamera	„n. b." wird angegeben, wenn die Kamera z. B. auf den OHP oder die Tafel gerichtet ist (sobald eine Person sichtbar ist, gilt die Videoperspektive bzgl. des Blickkontakts wieder als kodierbar).
Blickkontakt-L	1= Lehrer hat Blickkontakt mit der Kamera 9= nicht beobachtbar 0= Lehrer hat keinen Blickkontakt mit der Kamera	„nicht beobachtbar" wird angegeben, wenn die Kamera z. B. auf den OHP oder die Tafel gerichtet ist bzw. wenn der Lehrer nicht sichtbar ist, weil er z. B. den Raum verlässt oder für die Kamera nicht sichtbar ist. Achtung: Wenn L. in Interaktion mit/wegen Kamera involviert ist, wird Blickkontakt mit „0" kodiert, auch wenn Augen nicht sichtbar sind, da Interaktion höhergewichtig ist als Blickkontakt
Interaktion-Meta-komm-S	1= ein Schüler kommuniziert über/interagiert mit der Kamera 2= zwei Schüler kommunizieren über/interagieren mit der Kamera 3= drei Schüler kommunizieren über/interagieren mit der Kamera 4= mehr als drei Schüler kommunizieren über/interagieren mit der Kamera 9= nicht beobachtbar 0= kein Schüler kommuniziert/ interagiert mit der Kamera	„nicht beobachtbar" wird hier nur dann angegeben, wenn die Kamera z. B. komplett ausfällt. Beispiele: „Die Kamera nimmt mich auf." „Ich will nicht aufgenommen werden." „Das ist bestimmt langweilig, so hinter der Kamera zu stehen." „Darf ich mal durchgucken?" „Ey du, is das nich langweilig so rumzustehen." „Wozu braucht n ihr das?" „Woher kommt ihr?" Schüler tanzen vor der Kamera, winken in die Kamera, schauen durch die Kamera etc.

Kategorie	Kategorien	Ankerbeispiele/Erläuterungen
Interaktion-Meta-komm-L	1= Lehrer kommuniziert über/ interagiert mit der Kamera 9= nicht beobachtbar 0= kein Lehrer kommuniziert/ interagiert mit der Kamera	„nicht beobachtbar" wird hier nur dann angegeben, wenn die Kamera z. B. komplett ausfällt oder der Lehrer den Raum verlässt (es wird weiter 0 kodiert, wenn der Lehrer lediglich nicht sichtbar aber noch im Raum ist. Beispiele: „Das wird heute alles aufgenommen." „Ihr sitzt heute wegen der Kamera woanders." (Achtung: Nur, wenn die Kamera/die Aufnahmesituation auch explizit als Grund angeführt wird).
Interaktion-Meta-komm-K	1= eine Kameraperson kommuniziert/interagiert mit Schülern/ Lehrern 2= zwei Kamerapersonen kommunizieren/interagieren mit SchülerInnen/LehrerInnen 9= nicht beobachtbar 0= die Kameraperson kommuniziert/interagiert nicht mit der Kamera	„nicht beobachtbar" wird hier nur dann angegeben, wenn die Kamera z. B. komplett ausfällt oder wenn keine Kameraperson anwesend ist. Beispiele: „Ich habe keinen Strom."

Anne Brandenburg & Inga Buhrfeind

Studentische Analyse von Unterrichtskommunikation mit EXMARaLDA[57]

1 Einleitung

Gegenwärtig wird das Transkribieren von Audio- und Videodateien in der Gesprächsforschung bzw. der Diskursanalyse vermehrt mit spezifisch dafür entwickelten Programmen durchgeführt. Durch die elektronische Unterstützung wird zum einen die Arbeit des Transkribierens sowie andererseits die identische Einhaltung von Konventionen zu Schreibungen vereinfacht (vgl. Schmidt 2007). Ein mögliches Programm zur Bearbeitung von Audioaufnahmen ist EXMARaLDA, in das an der Leuphana Universität in Lüneburg bereits im zweiten Semester des Bachelorstudiums eingeführt wird. Studierende des Lehramtes mit dem Fach Deutsch thematisieren im Modul „Orientierung auf Sprache" erste gesprächsanalytische Inhalte und Methoden. Ziel der Analysen ist dabei das Verstehen von Unterrichtskommunikation.

Die Studierenden erhalten in Gruppen die Aufgaben Kontakt mit einer Schule herzustellen und eine Unterrichtssequenz auf Tonband oder Video aufzunehmen. Dabei werden erste rechtliche Fragen wie z. B. die Form der Aufnahmesituation (offen vs. verdeckt/Audio vs. Video) oder die Anonymisierung der Daten bei der Transkription erörtert (vgl. dazu Brinker & Sager 2001). Anschließend werden Auszüge der Aufzeichnung mit dem Programm EXMARaLDA transkribiert. Begleitet werden die Studierenden dabei von Tutoren, die sowohl in das Programm EXMARaLDA als auch in das wissenschaftliche Arbeiten einführen. Doch was ist EXMARaLDA, wie gestaltet sich die Arbeit mit diesem Programm konkret und wie könnte eine mögliche wissenschaftliche Arbeit im Bereich der Unterrichtsanalyse aussehen?

Im Folgenden werden zunächst das Programm EXMARaLDA sowie mögliche Konventionen über die Schreibweise bei der Transkription erörtert (Kap. 2). Anschließend wird in Kapitel 3 eine wissenschaftliche Analyse exemplarisch vorgestellt. Im Fazit (Kap. 4) wird zusammenfassend der Blick

---

[57] EXMARaLDA ist die Abkürzung von „Extensible Markup Language for Discourse Annotation" (http://www.exmaralda.org/).

auf die Relevanz von EXMARaLDA für mögliche Unterrichtsinhalte in der Schule gerichtet.

2 EXMARaLDA

EXMARaLDA ist ein computerbasiertes Programm zur Transkription von Audio- und Videodateien und besteht aus drei Programmen, die als Werkzeuge bezeichnet werden. Diese sind *COMA*, der *Paritur Editor* und *EXAKT*. Im Folgenden werden die Funktionen und Möglichkeiten der EXMARaLDA-Werkzeuge erörtert sowie mögliche Schreibweisen im Programm vorgestellt.

2.1 Die Werkzeuge von EXMARaLDA

Bei einem großen Korpus, d. h. bei mehreren Audioaufnahmen, ist es empfehlenswert, zunächst die Metadaten in *COMA* anzulegen. Dabei handelt es sich um allgemeine Daten über die Sprecher[58] (Alter, Herkunft, Schulbildung) sowie Daten über die Aufnahme (Ort, Zeit) und das Transkript (Auffälligkeiten im Gespräch) (vgl. Lehmberg 2013).

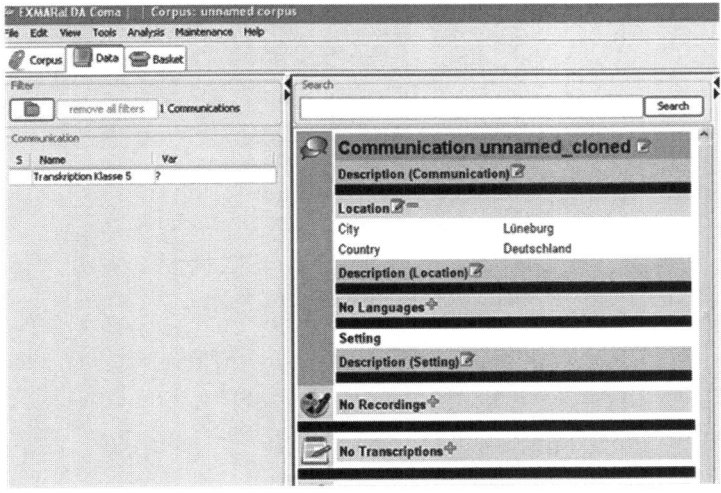

Abbildung 1: Ausschnitt aus COMA

---

[58] Aufgrund der vereinfachten Lesbarkeit wird in der nachfolgenden Arbeit die männliche Form verwendet werden. Es sind aber ausdrücklich beide Geschlechter gemeint.

Bei einer einzelnen oder sehr wenigen Aufnahmen kann auf diesen Vorgang verzichtet werden. Grundlegende Angaben können auch im *Partitur Editor* festgehalten werden. Dort können Audio- und Videodateien verschriftlicht werden. Jeder Sprecher bekommt eine Spur, die als eigene Zeile in der Partitur bildet. Somit lassen sich Überschneidungen beim Sprecherwechsel besonders deutlich darstellen.

Wurde die Audio- oder Videodatei vollständig transkribiert, kann sie zur Weiterverarbeitung in eine *.html Datei umgewandelt und mit Word geöffnet werden. Es ergibt sich folgendes Bild (Ausschnitt):

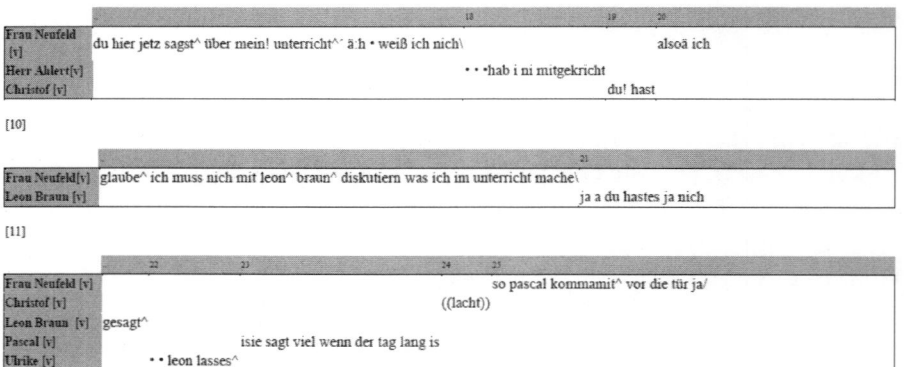

Abbildung 2: Beispiel eines Partiturtranskripts mit EXMARaLDA

Allerdings ist das Partitursystem dabei platzeinnehmender als andere Verschriftlichungsvarianten (vgl. Brinker & Sager 2001). Dies bezieht sich primär auf die eingeschränkte Lesbarkeit der Transkription nach der Übertragung in Word für die weitere Bearbeitung. So erfolgen die inhaltlichen Darstellungen in der Partitur ggf. über mehrere Seiten.

Neben sprachlichen können anhand einer Videoaufnahme auch nonverbale Äußerungen erfasst werden. Paraverbale Merkmale wie Tonhöhe oder Geschwindigkeit eines Sprechers sind in Abhängigkeit von der Forschungsfrage festzuhalten. Für all diese wird ebenfalls eine eigene Spur angelegt. Die Transkription ist somit eine grundlegend selbstständige Beschreibung des verbalen, paraverbalen und nonverbalen Handelns (vgl. Lehmberg 2013).

In *EXAKT* lassen sich die gewonnenen Daten aus dem *Partitur Editor* und *COMA* miteinander in Beziehung setzen. Hierbei kann die Auswahl der zu vergleichenden Daten je nach Fragestellung und Untersuchungsgegenstand variiert werden. Zudem kann explizit nach verwendeten Wörtern gesucht werden. Dabei wird angezeigt, aus welcher Aufnahme die Daten sowie die dazugehörigen Metadaten stammen (vgl. ebd.).

Weitere Transkriptionsprogramme neben EXMARaLDA sind bspw. Praat oder Folker. Im Fokus von Praat steht die phonetische Schreibweise (vgl. Mayer 2012). Bei Folker können nur eine Beschreibungsebene eingetragen und Audiodateien bearbeitet werden.

2.2 Mögliche Schreibweisen in EXMARaLDA

EXMARaLDA ermöglicht die Transkriptionen mit unterschiedlichen Konventionen. Dazu zählt einerseits die halbinterpretative Arbeitstranskription (HIAT) aus der Diskursanalyse nach Ehlich & Rehbein (1976), sowie andererseits die Konvention der gesprächsanalytischen Transkritpion (GAT) nach Selting et al. (1998) aus der Konversationsanalyse und Interaktionalen Linguistik. Zudem ermöglicht EXMARaLDA eine phonetische Schreibweise, wie sie beispielsweise in der Spracherwerbsforschung benötig wird (vgl. Lehmberg 2013).

Die Konventionen nach GAT sind bewusst übersichtlich gestaltet, sodass Transkriptionen auch mit Programmen wie Word realisiert werden können. Ebenfalls lassen sich die Konventionen ohne spezifisches theoretisches Hintergrundwissen je nach Forschungsinteresse umsetzen. Die Darstellungsform nach GAT ist vertikal, sodass sich Überschneidungen während des Gesprächs nicht so deutlich aufzeichnen lassen (vgl. Knöbel & Steiger 2006).

Eine mögliche weitere Notations- und Schreibweise ist jene nach HIAT. Da diese im Transkript der folgenden exemplarischen Analyse Anwendung findet, wird HIAT an dieser Stelle explizit erörtert.

HIAT entstand aus der Notwendigkeit heraus, Unterrichtskommunikation spezifisch zu erfassen, um den komplexen sprachlichen Anforderung innerhalb der Schule gerecht zu werden. Es können Aufnahmen transkribiert und je nach Fragestellung der Forschung spezifiziert werden (vgl. Knöbel & Steiger 2006). Die Schreibweise in HIAT orientiert sich an orthografischen Regeln, ist aber nicht zwingend orthografisch korrekt. Die Konventionen zur Erstellung der Transkription zusätzlicher Informationen nach HIAT orientieren sich im folgenden illustrierenden Beispiel vornehmlich an Becker-Mrotzek & Vogt (2001: 185).

2.3 Vor- und Nachteile von EXMARaLDA

Der Vorteil am *Partitur Editor* von EXMARaLDA ist die Kompatibilität gegenüber anderen Programmen, bspw. mit Praat. Außerdem kann das

Partitursystem auch in die Zeilenschreibweise, übertragen werden (vgl. Lehmberg 2013).

Als weiterer Vorteil einer computerbasierten Transkription ist die automatische Suchfunktion mit *EXAKT* zu nennen. Diese kann nach Schmidt (2002) besonders hilfreich für eine qualitative Auswertung sein. Eine automatische Suche nach Wörtern und sprachlichen Phänomen vereinfacht die Arbeit und gibt ohne manuelle Suche die Metadaten der beteiligten Sprecher bekannt (vgl. Lehmberg 2013).

Das Programm EXMARaLDA hat gegenüber anderen Programmen auch technische Vorteile. So wird es durch das Hamburger Zentrum für Sprachkorpora stets an neue Betriebssysteme (Mac OS X, Linux etc.) angepasst und verbessert. Zur weiteren Bearbeitung können somit Übertragungen der Transkriptionen in andere Textverarbeitungsprogramme gewährleistet werden (vgl. ebd.). Die genannten Vorteile von EXMARaLDA, besonders die der Partiturschreibweise, in denen Sprecherwechsel deutlich werden, begründen generell dessen Einsatz in der Datenauswertung. Zudem lässt sich das Programm auch in einer vereinfachten Arbeit mit dem *Partitur Editor* verwenden. Dies erweist sich vor allem in einer „Einzelfallanalyse" mit wenig Datenmaterial gegenüber einer „Korpusanalyse", in der mehrere Transkripte miteinander ausgewertet werden können, als sinnvoll (Brünner & Weber 2009).

Ausgehend von einer Einzelfallanalyse und der Arbeit mit dem *Partitur Editor* transkribieren die Studierenden der Leuphana Universität Lüneburg eigenständig Audio- oder Videoaufnahmen und schließen eine fragegeleitete Analyse an. Das wissenschaftliche Arbeiten auf Grundlage des Datenmaterials sowie die Arbeit mit dem Programm EXMARaLDA stehen dabei im Mittelpunkt.

3 Illustrierendes Beispiel

Anhand einer Transkription können vielfältige Fragen, die ein aufgezeichnetes Gespräch betreffen, analysiert werden. Beispielsweise können anhand von Unterrichtsaufzeichnungen Themen wie die Bedeutung von sprachlichen Mitteln für die Motivierung der Schüler oder eine Frage zum sprachbasierten geschlechtsspezifischen Umgang im Mathematikunterricht ansatzweise aufgegriffen werden. Weitere Analyseschwerpunkte könnten der Umgang mit sprachlichen Varietäten und Wirkungen von Fragen oder Aufgabenstellungen durch den Lehrenden sein.

Im Folgenden wird dieser Gedanke in Hinblick auf Konfliktgespräche im Unterricht konkretisiert. Dazu werden Audioaufnahmen genutzt, die gesprächsanalytisch betrachtet die Verbindung zwischen Sprache und pädagogischen Fragestellungen im Fachunterricht aufgreifen und daher die Komplexität pädagogischen Handelns in den Blick nehmen. Diese für die Professionalisierung wichtigen Beziehungen können so für zukünftige Lehrer sichtbar gemacht werden, sodass die Verbindungen zwischen Theorie und Praxis greifbar(er) werden. Dieses integrierende Grundkonzept kann und sollte bereits zu Studienbeginn bewusst eingesetzt und auch für die Entwicklung wissenschaftlichen Denkens und Schreibens nutzbar gemacht werden.

Wie eine wissenschaftliche studentische Hausarbeit zu Studienbeginn zu diesem Thema aussehen könnte, wird nachfolgend exemplarisch und in Auszügen angeführt. Ziel dieses Exempels ist es zu zeigen, wie gesprächsanalytisches Instrumentarium bewusst gemacht, praktisch angewendet und für das zukünftige Praxisfeld nutzbar gemacht werden kann.

3.1 Illustrierendes Beispiel: Einleitung

Sprache ist das Medium und Handwerkszeug von Lehrenden. Sowohl kognitive Lernprozesse (u. a. Wissensvermittlung oder das Sichtbarmachen von Informationen) als auch emotionale Aspekte (u. a. Lob, Kritik, Ermahnungen) sind an sprachliche Äußerungen geknüpft. Somit ist es sinnvoll, sich der Unterrichtskommunikation näher anzunehmen (vgl. Becker-Mrotzek & Vogt 2001).

Konflikte gehören zum Schulalltag. Sie verlangen den Konfliktparteien viel ab und stellen eine zentrale Herausforderung im Schulalltag dar. Lehrende gehen sehr unterschiedlich mit ihnen um, was auf verschiedene Bedingungen zurückzuführen ist (Temperament, Bewertung von Konflikten, etc.).

In der vorliegenden Analyse soll die Fragestellung: **„Wie kann man Konflikte im Unterricht kommunikativ lösen?"** untersucht werden. Als Grundlage dient eine Tonbandaufnahme aus einer Unterrichtsstunde einer 5. Klasse.

Die oben beschriebene Fragestellung soll unter verschiedenen Aspekten - einerseits auf sprachliche Form/Art und Weise, andererseits auf das Thema ‚Konflikt' bezugnehmend - untersucht werden. Zunächst werden dazu die zu Grunde liegenden Begriffe geklärt, um in das Vokabular der Gesprächsanalyse einzuführen und einen kommunikationswissenschaftlichen Einstieg zu schaffen (Kap. 3.2). Der thematische Schwerpunkt der schulischen Konfliktforschung sowie die Kommunikationsmodelle von Watzlawick und Schulz von Thun werden in Kap. 3.3 vorgestellt. Anschließend folgt die

Analyse der Unterrichtshospitation (Kap. 3.4) hinsichtlich unterschiedlicher Perspektiven des Sprecherwechsels, der Gesprächsrollen und der Besonderheiten im schulischen institutionellen Rahmen (Kap. 3.4.2) und der zuvor theoretisch aufgearbeiteten Aspekte im Bereich ‚Konflikt' (Kap. 3.4.3).

Aus Datenschutzgründen wurden das Transkript und die Beispiele vollständig anonymisiert.

3.2 Illustrierendes Beispiel: Gesprächsanalytische Begriffsarbeit

Gespräche sind umfassende, interaktive, dialogische Einheiten und stehen damit gewissermaßen der monologischen Redeform gegenüber (vgl. Brünner 2009). Im Weiteren sind **Unterrichtsgespräche** Gegenstand des Interesses.

Die **Gesprächsanalyse** ist ein wichtiger Baustein innerhalb der Linguistik und ebenfalls ein bedeutendes Element für den Deutschunterricht an Schulen. Die Analyse von Gesprächen ist eine relativ neuartige linguistische Teildisziplin, die als eigenständiger Forschungsansatz konstituiert ist (vgl. Quasthoff & Heller i. d. Bd.). Im Vordergrund der Gesprächsanalyse stehen inhaltliche Sachverhalte und unbewusste Kommunikationsregeln, Sprecheraktivitäten, Sprecher- und Hörerrollen, einzelne Gesprächssequenzen oder para- und nonverbale Parameter (vgl. Linke, Nussbaumer & Portmann 2004).

Im vorgestellten Beispiel handelt es sich um eine **fragegeleitete Transkriptionsanalyse**.

> *„Es werden für die Leitfrage relevante Belegstellen gesucht, detailliert analysiert und in Beziehung zueinander gesetzt, oder es werden unterschiedliche Beispiele für ein Phänomen gesammelt, verglichen und nach verschiedenen Fällen typisiert" (Brünner & Weber 2009: 307).*

Das Analyseziel ist sowohl sprachwissenschaftlich als auch - hier durch die Fragestellung und das Themengebiet ‚Konflikt' - anwendungsbezogen.

Hierbei dient die **Transkription** als Grundlage der Gesprächsanalyse. Sie erleichtert die detaillierte Untersuchung von Gesprächen, da sie die Gesprächsanteile in Schriftform darstellt. Paraverbale Merkmale, wie bspw. Lautstärke, Intonation oder Geschwindigkeit können gekennzeichnet werden, wenn sie auffällig sind und das Gesagte in seiner Bedeutung beeinflussen (vgl. Brünner 2009).

„Transkribieren heißt verbale (und ergänzend u. U. auch intonatorische und nonverbale) Phänomene aufgenommener Gespräche so originalgetreu wie möglich – d. h. objektiv registrierend, nicht interpretierend – zu notieren" (Brünner & Weber 2009: 301).

Die Ausarbeitung eines Transkriptes hat gegenüber der reinen Audioaufnahme den Vorteil, dass das Gespräch auch für Dritte und zeitverzögert nachvollziehbar dargelegt und anonymisiert werden kann. Sie ermöglicht sprachliche Handlungen oder Formulierungen detailliert zu untersuchen und Kommunikationsprobleme zu beobachten (vgl. u. a. Brünner 2009; Brünner & Weber 2009).

3.3 Illustrierendes Beispiel: Konflikte in Schulen

In Schulen kommen Konflikte vielfältiger Art vor. Immer wieder kommt es zu Auseinandersetzungen zwischen Lehrern untereinander, zwischen Schülern untereinander oder zwischen Lehrern und Schülern. Konflikte können einzelne Personen oder größere Gruppen betreffen. Im Folgenden sind nur die Konflikte zwischen Lehrern und Schülern von Interesse.

Zwischen Lehrern und Schülern besteht grundsätzlich ein asymmetrisches Verhältnis.

„Die Schüler haben [...] die Anweisungen des Lehrers zu befolgen; ihre Mitsprachemöglichkeiten sind beschränkt und vielfach in die Entscheidungskompetenz des Lehrers gestellt [...], d. h. die Handlungsmöglichkeiten der Beteiligten sind ungleich verteilt" (Becker-Mrotzek 2001: 8).

Schule nimmt neben der kognitiven Wissensvermittlung auch Einfluss auf kulturelle oder soziale Verhaltensweisen der Schüler. Zu den Aufgaben von Schule gehört also auch die Persönlichkeitsentwicklung, das Einüben von gesellschaftlich geltenden Normen und Ordnungen und dementsprechend auch das Einüben von Gesprächskulturen (nur einer spricht zurzeit, man hört einander zu, etc.) sowie der Umgang mit Kritik und Konflikten (vgl. Becker-Mrotzek 2001).

Meistens werden diese als störend oder hinderlich empfunden (Ärger, Spannung, Stress). Aber Konflikte müssen nicht negativ sein. Sie können durchaus positive Auswirkungen haben, wie etwa Weiterentwicklung, Meinungsvielfalt und Veränderung (vgl. Sander & Sander 1997). Um es mit Alexander Redlich zu verdeutlichen: *„Konflikte sind das Salz in der Suppe des zwischenmenschlichen Lebens. Sie nerven, aber ohne sie gibt es keinen Fortschritt"* (2011: o. S.).

3.3.1 Illustrierendes Beispiel: Was sind Konflikte?

Unterschiedliche Wissenschaften nehmen auf das Thema Konfliktmanagement mit unterschiedlichen Schwerpunkten Bezug und nutzen dabei ein verschiedenes Verständnis von Konflikt. Neubauer beschreibt Charakteristika, die weitgehend bei jedem interpersonalen Konflikt übereinstimmen wie (1) das Vorhandensein mindestens zweier Konfliktparteien, die auf (2) inhaltlicher oder (3) agierender Ebene unvereinbar sind (vgl. Neubauer 1988). Zwischen Lehrern und Schülern sind Disziplinverstöße typische Konflikte.

3.3.2 Illustrierendes Beispiel: Was verursacht Konflikte?

Konflikte können durch Störungen in der Kommunikation entstehen. Mühlhausen formuliert fünf Gründe, warum Unterricht nie reibungslos ablaufen kann und nennt hierzu u. a. die „sprachliche Kommunikation als vorrangiges Vermittlungsmedium" von „Wissen, Fähigkeiten und Haltungen" (Mühlhausen 2007: 41). Unterricht sei mit der Bindung an Kommunikation anfällig für Missverständnisse und die Erwartungen an die Kommunikationsfähigkeiten von Kindern, teils auch Lehrern, zu hoch. Insgesamt seien Sprech- und Sprachmuster heterogen (vgl. Mühlhausen 2007).

Grundsätzlich gilt: Durch Kommunikation treten Menschen miteinander in Beziehung und „man kann nicht nicht kommunizieren", d. h. Verhalten jeglicher Art hat Mitteilungscharakter (Watzlawick 1990: 50f.). Die menschliche Sprache besteht aus Zeichen. Die Zweiseitigkeit von Inhalts- und Ausdrucksseite aller sprachlichen, und damit kommunikativen Zeichen greifen bspw. Watzlawick (1990) und Schulz von Thun (2010) in ihren Kommunikationsmodellen auf.

Nach **Paul Watzlawick** et al. kommt es in einem Gespräch nicht nur darauf an, **was** man sagt, sondern auch **wie** man es sagt, „wie ihr Sender [das Was] verstanden haben möchte" (Watzlawick 1990: 53). Auf der Sachebene werden Inhalte transportiert. Auf der Beziehungsebene werden aber auch Aussagen darüber getroffen, wie die Kommunikationspartner zueinander stehen. Jede Information enthält demzufolge eine Aussage über die Kommunikationspartner. „Konflikte entstehen [dabei] durchweg auf der Beziehungsebene" (Kliebisch et al. 2000: 74).

Friedemann Schulz von Thuns Erkenntnisse basieren ebenfalls darauf, dass eine Nachricht mehrere Botschaften gleichzeitig enthält, wobei er zwischen vier Seiten einer Nachricht unterscheidet: Sachinhalt (Sachinformation), Selbstoffenbarung (Selbstdarstellung), Beziehung (Aufschluss über das Verhältnis zwischen Sender und Empfänger) und Appell (Einflussnahme des Senders auf den Empfänger).

> *„Der Sender kommuniziert – ob er will oder nicht – immer auch auf zwei Ebenen gleichzeitig: Auf der Mitteilungsebene und auf der Meta-Ebene. Die Botschaften dieser beiden Ebenen ‚qualifizieren' einander, d. h. geben wechselseitig Interpretationshilfen darüber, wie die Botschaft der anderen Ebene gemeint ist" (Schulz von Thun 2010: 36).*

Schulz von Thun unterscheidet zwischen expliziten, also ausdrücklich formulierten, und impliziten, nicht direkt gesagten, Botschaften. Explizite und implizite Botschaften seien auf allen vier Seiten der Nachricht möglich und haben Mitteilungscharakter, wobei er herausstellt:

> *„Man könnte geneigt sein anzunehmen, dass die expliziten Botschaften die eigentlichen Hauptbotschaften sind, während die impliziten Botschaften etwas weniger wichtig am Rande mitlaufen. Dies ist keineswegs der Fall. Im Gegenteil – die ‚eigentliche' Hauptbotschaft wird oft implizit gesendet" (Schulz von Thun 2010: 33).*

Implizite Botschaften werden dabei oft nonverbal gegeben, was am Transkript analysiert werden soll.

Entsprechend den vier Mitteilungsseiten klassifiziert Schulz von Thun vier Ohren, auf denen empfangen werden kann. So deklariert er die ankommenden Nachrichten als ein „Machwerk" des Empfängers (Schulz von Thun 2010: 61), was ebenfalls analysiert werden soll.

3.3.3 Illustrierendes Beispiel: Wie löst man einen Konflikt?

Konfliktmanagement heißt einerseits aktuelle Konflikte erfolgreich zu diagnostizieren und zu lösen, bedeutet andererseits aber auch gezielte Konfliktprävention. Beides kann in der Schule realisiert werden (vgl. Keller 2010). Genauer betrachtet werden an dieser Stelle die Rolle der Gefühle bei Konflikten sowie die Disziplinierung.

Emotionen

Emotionen sind menschlich und nahezu immer präsent. „Konflikte haben immer zwei Seiten, den sachlichen und den emotionalen Aspekt" (Besemer 2003: 5). Man brauche insgesamt ein gutes Maß an Gelassenheit, die durch Distanz und Selbstreflexion anzueignen sei, denn bei Konflikten sind Emotionen eigentlich zunächst Störfaktoren, weil sie die Sachklärung erschweren. Da Gefühle wie Gekränktsein oder Ärger in Konfliktsituationen nicht einfach auszuschalten sind, gibt es emotionsregulierende Interventionsmöglichkeiten, wie bspw. (1) das Erlernen vom aktiven Zuhören, (2) das

Verwenden von Ich-Botschaften, (3) das Vorwurf-Wunsch-Prinzip und (4) Beruhigungspausen etc. (vgl. Keller 2010) Die emotionsregulierenden Interventionen sind sicher auch bei dem Senden und Empfangen des Kommunikationsmodells von Schulz von Thun anzuwenden und sinnvoll – vor allem auf der Beziehungsseite bzw. dem „Beziehungsohr".

Mühlhausen (2007) schlägt einen weiteren Bogen. Er beschreibt den psychischen Druck, der auf Lehrern liegt, da ihnen suggeriert würde, es könnte ihnen „mit dem richtigen Konzept und guter Vorbereitung gelingen, ihren Unterricht planerisch in den Griff zu bekommen" (ebd.: 189). Kritisch hierbei anzumerken ist, dass planvolles, zielgerichtetes Handeln eine Voraussetzung für erfolgreichen Unterricht darstellt und auch innerhalb der Lehrerbildung gefordert wird. Er resümiert, dass berufserfahrenere Lehrer im Gegensatz zu Berufsanfängern offener planen würden, da sie wüssten, dass im Unterricht Unerwartetes nie ausbleibt. Bspw. verzichten sie darauf, „in ihrer Vorschau auf die Stunde bereits viele Details auszumalen" (ebd.). Insgesamt sei allerdings eine große Bandbreite an Reaktionsweisen zu beobachten. Zwei der von ihm beschriebenen Verhaltensweisen und –muster sind von besonderer Wichtigkeit: Es kommt vor, dass Lehrer (1) ihr professionelles Wissen und Können ‚vergessen' und sie ‚vorprofessionell' mit biografisch erworbenen Mustern reagieren, sie „unter Zeit- und Entscheidungsdruck kurzschlüssig zu nicht professionellen, ungünstigen Reaktionen […] tendieren" (ebd.: 207). Diese ‚Strategie' kann von Vorteil sein, wenn der Lehrer über angemessene Bewältigungsstrategien verfügt. Und (2) kommt es vor, dass erfahrene Lehrer bei unerwarteten Anforderungen „entschleunigen, um Zeit zum Bedenken des weiteren Vorgehens zu gewinnen" (Mühlhausen 2007: 190).

Disziplinierung

Störungen von Schülern kommen im Unterricht häufig vor. Der Lehrer kann sie entweder ignorieren oder die Schüler auf unterschiedliche Weise disziplinieren. Disziplinierungen „haben den Zweck, die Ordnung der sozialen Interaktion aus Sicht des Lehrers wieder herzustellen" (Becker-Mrotzek 2001: 173), indem er die Schüler „auf die Verletzung der verbindlichen Regeln hinweist und auf deren Einhaltung besteht" (ebd.: 174). Füssenich (1981) unterscheidet zwischen einfachen Ermahnungen (Bsp.: Schrei nicht so laut!), komplexen Ermahnungen (Bsp.: Lehrerschweigen oder Anna, pass auf! Das geht euch alle was an!) und Mischformen, bei denen Paraverbalia Disziplinierungsfunktion haben (vgl. Becker-Mrotzek 2001).

3.4 Illustrierendes Beispiel: Analyse

Um die oben genannten Punkte in der Analyse zu untersuchen, soll zunächst die Datenerhebung und die Datenaufbereitung erläutert werden. Anschließend kann das Transkript anhand der o. g. theoretischen Überlegungen analysiert werden.

3.4.1 Illustrierendes Beispiel: Datenerhebung und Datenaufbereitung

Die Datenerhebung erfolgte in einer zweiten Unterrichtsstunde in einer 5. Klasse. Am Tag der Aufzeichnung waren 25 Schüler anwesend, 10 Jungen und 15 Mädchen. Das Thema der Stunde war Pflanzenkunde. Es unterrichtete eine Referendarin, Frau N., und ihr Anleiter, der Klassenlehrer Herr A. Die Klasse kannte die Referendarin bereits seit etwa einem Jahr.

Die Sequenz ist ganz bewusst nicht zu Beginn der Unterrichtsstunde gewählt, da gemäß dem von W. Labov beschriebenen Beobachtungsparadoxon das Verhalten der Gesprächsteilnehmer durch Aufnahmegeräte beeinflusst werden könne und somit nur vermeintlich authentisch sei. Man könne aber diese Beobachtungseffekte durch Gewöhnung an die Aufnahmesituation/die studentische Hospitation begrenzen (vgl. u. a. Brünner 2009; Brinker & Sager 2001; Maak & Ricart Brede i. d. Bd.).

Es war den gesamten Unterricht auffallend unruhig und Frau N. sichtlich gereizt. Immer wieder kam es zu Ermahnungen, besonders einiger Jungen. Auf die besondere Situation, dass zwei Lehrkräfte anwesend waren, soll Bezug genommen werden.

Unmittelbar vor der Gesprächssequenz, die Gegenstand der Analyse werden soll, wurde Frau N. von Herrn A. vor der Klasse wegen eines kleinen unterrichtsinhaltlichen Fehlers korrigiert, was sie merklich verunsicherte. Zusätzlich wurde es langsam hektischer, als einige Schüler es nicht schafften, fertig von der Tafel abzuschreiben. Allerdings wussten auch die beiden Lehrkräfte zunächst nicht, was sie in der letzten Viertelstunde noch anfangen wollten. Sie schienen schlecht abgestimmt.

Aufbereitet wurden die Daten mit dem Programm EXMARaLDA. Weiterhin wurde die Schreibweise HIAT nach Ehlich und Rehbein sowie die Tabelle von von Becker-Mrotzek & Vogt (2001) verwendet (siehe Kap. 2.2).

3.4.2 Illustrierendes Beispiel: Grundlegende gesprächsanalytische Betrachtung

Unterrichtsgespräche haben nur als Ganzes sinntragende Bedeutung, bei der Untersuchung eines Gesprächs müssen allerdings Aspekte isoliert betrachtet werden. Im Folgenden sollen zentrale Aspekte der Gesprächsanalyse vorgestellt und am Transkript konkretisiert werden.

Gesprächsrollen

Kommunikation in Gesprächen vollzieht sich häufig in der Form der Wechselrede, in dem dieselbe Person die Rolle des Sprechers, aber auch die Rolle des Hörers einnimmt (vgl. Linke, Nussbaumer & Portmann 2004).

Gesprächsanalysen müssen zunächst aus zwei Untersuchungsperspektiven betrachtet werden. Einerseits aus der **Perspektive der Organisationsform** von Gesprächen, welche vordergründig erfasst, wer, wann, wie lange und wie oft spricht. Andererseits aus der **Perspektive von thematischen und inhaltlichen Prozessen**, welche die Bearbeitung der inhaltlichen Beiträge von den Gesprächspartnern beschreibt. Hierbei geht es auch um die Entwicklung eines Gesprächsfadens und um die Formen und Möglichkeiten des Themenwechsels (vgl. ebd.).

Sprecherwechsel durch Selbst- und Fremdwahl

Ein Gespräch ist durch mehr als nur eine Sprecherperspektive gekennzeichnet, da sie mindestens einen **Sprecherwechsel** *(„turn-taking")* beinhaltet. Sprecherwechsel können zum einen durch Aufforderung (**Fremdzuweisung***)*, zum anderen durch Selbstwahl (**Selbstzuweisung***)* zustande kommen (vgl. Brinker & Sager 2001).

Innerhalb der **Fremdwahl** kann eine Unterscheidung zwischen ‚explizit' oder ‚implizit' getroffen werden. Darunter wird verstanden, dass jemandem das Wort durch den namentlichen Aufruf, durch direkte Anrede oder aber auch nonverbal, z. B. durch Blickkontakt zugeteilt wird (vgl. Linke, Nussbaumer & Portmann 2004). Fremdwahl ist in der Regel im Kontext Schule der Fall, da die Lehrkraft den Schülern das Wort erteilt. Schüler, die etwas mitteilen wollen, können und sollen sich melden (vgl. T: PF[59]. 20), werden sogar ausdrücklich darauf hingewiesen (vgl. T: PF. 15).

---

[59] PF = Partiturfläche im Transkript.

Bei der **Selbstwahl** muss zwischen zwei Formen unterschieden werden, da es den Sprecherwechsel mit und ohne Unterbrechung des Sprechers gibt (vgl. Brinker & Sager 2001).

Formen des Sprecherwechsels

In einem Gespräch gibt es verschiedene Formen des Sprecherwechsels, welche auf unterschiedliche Weise charakterisiert werden können. Zum einen gibt es den **Sprecherwechsel mit oder ohne ‚gap'**, bei denen zwischen dem Ende des letzten Gesprächsbeitrages und der Neuaufnahme des Aspekts keine oder nur eine sehr kurze Pause entsteht. Diese Art des Sprecherwechsels ist üblich und zeugt von einer guten Gesprächsaktivität (vgl. Linke, Nussbaumer & Portmann 2004). Bei dem **Sprecherwechsel mit ‚overlap'**, also einer Überlappung, handelt es sich um eine Überschneidung der Wortbeiträge von Sprecher und Hörer. Der **Sprecherwechsel mit längeren Pausen**, beziehungsweise mit Schweigen, wird normalerweise als unangenehmer oder peinlicher Zustand empfunden (vgl. ebd.).

Als letzte Form des Sprecherwechsels wird der **Sprecherwechsel durch Unterbrechung** beschrieben. Es handelt sich dabei um eine latent aggressive und vom betroffenen Sprecher als unangenehm empfundene Form der Selbstwahl. Sie unterscheidet sich von der Überlappung dadurch, dass der Sprecher sich gestört fühlt und der Gesprächsbeitrag noch nicht in der Endphase ist. Häufig wird der Unterbrochene versuchen sich zur Wehr zu setzen, indem er lauter spricht, sich vorbeugt oder die Unterbrechung explizit thematisiert (vgl. ebd.). Dies findet sich in der Gesprächssequenz wieder: „ + *ebba hör auf damit ich rede! grade* " (T: PF. 18).

Sprecherrolle und -aktivität

Wenn durch Selbst- oder Fremdwahl ein Sprecher das Wort zugeteilt bekommen hat, so wird diesem für einen gewissen Zeitraum die Sprecherrolle zugeschrieben. Der Zeitraum, in welchem der Sprecher in der Sprecherrolle aktiv ist, hängt von verschiedenen Faktoren, wie dem Zeitpunkt, dem Ort, dem Öffentlichkeitscharakter und der Beziehung zu den anderen Gesprächsteilnehmern ab. Innerhalb eines Gesprächsbeitrags lassen sich Signale festmachen, die zeigen, ob, beziehungsweise, dass der Sprecher noch weitersprechen möchte. So bleibt die Intonationskurve gleich oder steigt an, wenn ein Gesprächsbeitrag noch nicht beendet ist. Dadurch werden kurze Denkpausen durch Partikel wie „äh, hmm oder öh" gefüllt. Mit Partikeln sind in diesem Zusammenhang Füllwörter, aber auch Zustimmungen oder Zweifel gemeint. Herr A. nutzt Partikel häufig, vor allem zum Füllen von Denkpausen:

„also liebe freunde ä:::hm . ich find das ja ganz süß! das ihr hier jetzt hier
große kritik! übt an der frau neufeld. aber . ä:::hm . . . mir scheint es nich
berechticht zu sein [...]" (T: PF. 12f).

Anders ist es, wenn der Sprecher die Sprecheraktivität weitergibt. Dieses
wird durch leiser werdende Stimme, durch langsameren Redefluss oder
durch Sprecherwechsel animierende Formulierungen wie ‚oder? ... wie
siehst du das?' signalisiert (vgl. Linke, Nussbaumer & Portmann 2004:
303f.).

Hörerrolle und -aktivität

Nicht nur die Sprecherrolle hat eine wichtige Bedeutung in einem Gespräch.
Auch die passive Höreraktivität ist von besonderem Nutzen. Würde ein
Hörer über einen längeren Zeitraum nur zuhören, so würde dieses von Des-
interesse zeugen, der bis zu einem Abbruch eines Gespräches führen kann.
Die Höreraktivität beschreibt also einen Prozess der gesprächs- und spre-
cherorientierte Handlungen aufweist. Dementsprechend erfordert die Höreraktivität ihre eigenen Gesprächs-Aktivitäten. Diese lassen sich in zwei
Haupttypen unterscheiden. Die **aufmerksamkeitsbezeugende Hörerrolle**
bestätigt durch Signale, dass der Hörer noch anwesend ist und sich für das
Thema interessiert. Mit **kommentierenden Hörersignalen** sind Zustimmungen, Zweifel oder Spannungen gemeint, die die Einstellung des Hörers
zum Gesagten signalisieren. Für beide Funktionen stehen verbale Äußerungen, wie ‚hmmm, ja, genau' etc., und nonverbale (Blickkontakt, Mimik,
Gestik) Mittel zur Verfügung. Diese beiden Funktionen sind im mensch-
lichen Verhalten der Höreraktivität automatisiert, so dass ein Hörer diese
Signale meistens unbewusst sendet (vgl. ebd.).

Feste institutionelle Rollen

Ein bestimmtes Thema über ein längeres Gespräch hinweg zu führen ist
häufig so schwierig, dass oft ein Gesprächsführer eingesetzt wird, der das
Recht hat ins Gespräch einzugreifen. In bestimmten, so auch in Lehrer-
Schüler-Konstellationen gibt es feste Rollen.

Ehlich (2009) spricht in diesem Zusammenhang von der institutionellen
Gruppenteilung in Agenten-Klienten-Konstellationen. Die Agenten seien
professionalisierte Handlungsträger (→ Lehrer) und die Klienten träten in
diesen institutionellen Handlungsraum ein (→ Schüler). Die Institution ist
die Schule, in der es um Wissensweitergabe durch Sprache geht, aber auch
um das Erlernen von gesellschaftlichen Werten sowie um die Entwicklung
individueller und sozialer Kompetenz.

„Schule ist also auch und nicht zuletzt Sprachschule. Die Zeit der Adoleszenz hat das Hineinwachsen in die sprachlichen Möglichkeiten der Gesellschaft, zu der die einzelnen gehören, zum Ziel" (Ehlich 2009: 345).

Herr A. betont in der Sequenz bspw., dass die Schüler sich in Kritik kundtun üben und ihre Anliegen äußern sollen (vgl. T: PF. 14).

Lehrer als Gesprächsführer haben dabei bestimmte **Rechte**, wie Gespräche zu eröffnen und zu beenden, Zwischenfragen zu stellen, Gesprächspartner an geeigneter Stelle zu unterbrechen, etc. Die Sequenz ist zwar kein echtes Unterrichtsgespräch, dennoch sollen die Regeln des Meldens eingehalten werden und jeder sich äußern dürfen (vgl. T: PF. 14ff.).

Allerdings tragen Lehrer auch bestimmte **Pflichten**, so z. B. ihr bevorzugtes Selbstwahlrecht nicht überzustrapazieren oder Gesprächspartner an unge-rechtfertigten Stellen zu unterbrechen (vgl. Linke, Nussbaumer & Portmann 2004). Insgesamt reden die Lehrer in dem Transkript mehr als die Schüler. Und Herr A. appelliert zwar an das Melden, redet dann aber so lange, dass sich die Schülerin U. doch nicht mehr äußern möchte: *„ne is egal"* (T: PF. 20). Möglicherweise hat er in diesem Moment sein bevorzugtes Rederecht überstrapaziert.

Merkmale von Mündlichkeit

Es gibt einige Merkmale, die typisch sind für mündliche Sprache und im Transkript abgebildet werden sollten, wie z. B. umgangssprachliche Abwei-chungen von der Standardlautung (nich, sagn, hausaufgabm, etc.), Auffällig-keiten im Satzbau (T: PF. 25: *„als ich hab das für die leute die so langsam schreiben [...]"*), Abbrüche, Wiederholungen (T: PF. 20f.): *„sie hat am anfang gesagt gesagt das wir keine hausaufgabn aufbekomm [...]"*) oder Korrekturen, oder auch Kurzkommentare und Interjektionen (T: PF. 5: *„lalala"* oder auch PF. 33: *„tüdelüt"*). Auch werden häufig und vielfältig Partikel genutzt, bspw. zum Zwecke der Verzögerung.

Paraverbale Merkmale

Verbale Zeichen dienen der Verständigung. Kommunikation findet aber auch auf anderen Ebenen statt, der paraverbalen und der nonverbalen. Der paraverbale Anteil des Gesprochenen hat, neben den nonverbalen Anteilen, den am meisten zugesprochenen Beeinflussungsgrad des Sprechers auf den Hörer und dessen Verständnis des Gesagten. Dies bedeutet für das Unter-richtsgespräch, dass gerade durch paralinguistische Merkmale der Unterricht getragen wird und hier Potential steckt, die Schüler zur Annahme von Inhalten zu bewegen bzw. ebenso hohe Suggestivkraft ins Negative besteht. Ein para- und nonverbales Phänomen ist eine tätige Aktion auf eine Reaktion und enthält somit auch Mitteilungscharakter (vgl. Linke, Nussbaumer & Portmann 2004). Paralinguistische Merkmale beziehen sich auf das gesamte Spektrum der Stimme, mit der wir eine Nachricht auf eine bestimmte Art und Weise aussprechen. Hiermit sind sowohl die Stimmeigenschaften als auch das Sprechverhalten gemeint.

Analysebedürftige paraverbale Merkmale wie die Stimmlage, der Tonfall, Sprechtempo und Sprechmelodie wurden im Transkript bestmöglich verzeichnet. Außerdem werden entsprechende Pausen und Schweigemomente aufgeführt.

3.4.3 Illustrierendes Beispiel: Datenanalyse hinsichtlich der Konflikt-kommunikation

Das Transkript wurde zunächst unter gesprächsanalytischen Grundlagen betrachtet (Kap. 3.4.2) und soll nun unter den in Kap. 3 theoretisch aufgearbeiteten Aspekten im thematischen Bereich ‚Konflikte' und hinsichtlich der Fragestellung der Arbeit analysiert werden.

Wo zeigt sich der Konflikt in der Kommunikationssituation?

Es liegen mehrere Konflikte vor, die sich im Transkript zeigen:

<u>Zeitkultur der Schüler:</u> Zunächst geht es darum, dass einige Schüler, darunter auch Schüler C., zu langsam sind die Sachen von der Tafel abzuschreiben, worauf Frau N. unwirsch reagiert:

> *„was hast du denn gemacht/ die ganze zeit • ne das is total falsch! das du das! erst! machst!\ • • • Christof >das hast du doch als kopie! du bist doch jetzt!. hier. Im unterricht. und das is gleich weg^ • • • ((stöhnt))" (T: PF. 2ff.).*

<u>Planung der Lehrerin:</u> Dann ist recht unklar, was mit den letzten Minuten gemacht werden soll, sowohl von Seiten der Schüler, als auch von Seiten der Lehrer. Die Schülerin S. fragt, ob sie noch Weiteres schreiben würden, was Frau N. verneint. Dies hat allerdings zur Konsequenz, dass das letzte Thema ‚Bäume' die Woche darauf behandelt würde. Schüler L. stellt daraufhin fest: *„nein sie hat doch gesagt am mittwoch machen wir nix mehr\"* (T: PF. 7f.). Die Referendarin Frau N. hat offensichtlich mit den Schülern über die Unterrichtseinheit gesprochen, was dem von Mühlhausen beschriebenen Phänomen entspricht, unerfahrene Lehrer würden zu viel von ihren Planungen preisgeben. Frau N. antwortet auf den Einwand des Schülers:

„so: Leon ich hat auch geplant heute! gernz noch viel mit euch zu machen das wird sich jetz auf mitt!woch verschieben\ • • • und ä/was du hier jetz sagst^ über mein! unterricht^' ä:h • weiß ich nich\" und ergänzt recht abwertend: *„alsoä ich glaube^ ich muss nich mit leon^ braun^ diskutiern was ich im unterricht mache\"* (T: PF. 7ff.),

womit sie die Asymmetrie, die zwischen Lehrern und Schülern besteht, betont und zu erhalten versucht. Es wirkt fast beleidigend. Auch Herr A. stellt die Asymmetrie zwischen Lehrern und Schülern heraus:

„und den spruch von Pascal • ä:h den erlaubt ihr euch der lehrerin gegenüber nich\ mir! nich gegenüba [...]und auch nicht/ ä::h ((2s)) frau n. gegnüba ((3s)) also für mich is das ganze klar strukturiert • • u:nd >ich möchte das so nich habm" (T: PF. 17ff.).

Dieser Konflikt zieht sich über den gesamten Gesprächsausschnitt.

<u>Konflikte zwischen einzelnen Schülern und in erster Linie Frau N.:</u> Schüler P. schaltet sich ein, die Lehrerin würde viel sagen, wenn der Tag lang ist, woraufhin er von der Frau N. vor die Tür gebeten wird (vgl. T: PF. 12). Schüler T. bringt es auf den Punkt: *„bo:ajungä jetz/ hagels"* (T: PF. 13).

Disziplinierungen

Nicht nur diese Disziplinierung findet sich im Transkript, sondern auch z. B. Disziplinierungen zur Erhaltung der Rederegeln. Herr A. macht nach dem Konflikt deutlich, dass die Schüler sich zwar in Kritik üben dürfen (vgl. T: PF 15), sie sich aber melden sollen und stellt damit die klassische schulische Redeordnung hervor. Als ein Schüler dazwischenredet, ermahnt der Lehrer diesen laut: *„ + ebba hör auf damit ich rede! grade\"* (T: PF. 18), was nach Füssenich (1981) eine einfache Ermahnung darstellt. Außerdem nutzt Herr A. paraverbal die Lautstärke, um die Disziplinierung zu unterstreichen.

Implizite Botschaften

Frau N. lässt sich im Verlauf der Sequenz auf eine Diskussion mit den Schülern ein und rechtfertigt sich, sie habe selten Hausaufgaben aufgegeben. Wenn doch, handelte es sich um Aufgaben, die im Unterricht nicht fertiggestellt wurden und zu Hause beendet werden sollten. Sie fährt fort: *„für die dies • so langßam machen • • also > (zum beispiel ulrike) <(hats schon fertig gehabt) komisch!^"* (T: PF. 24). Das „Komisch" impliziert an dieser Stelle ihre ironische Interpretation. Diese Botschaft wird zusätzlich paraverbal verstärkt.

Hören auf dem Beziehungs-Ohr

Schulz von Thun betont:

> *„Bei manchen Empfängern ist das auf die Beziehungsseite gerichtete Ohr so groß und überempfindlich, dass sie in viele beziehungsneutrale Nachrichten und Handlungen eine Stellungnahme zu ihrer Person hineinlegen oder übergewichten. Sie beziehen alles auf sich, nehmen alles persönlich, fühlen sich leicht angegriffen und beleidigt. Wenn jemand wütend ist, fühlen sie sich beschuldigt, wenn jemand guckt, fühlen sie sich kritisch gemustert, wenn jemand wegguckt, fühlen sie sich gemieden und abgelehnt. Sie liegen ständig auf ‚Beziehungslauer‘ (Schulz von Thun 2010: 51).*

Auch Lehrerin N. liegt auf ‚Beziehungslauer‘, was mit einer paraverbalen Betrachtung und im Vergleich zu Herrn A. gezeigt werden soll.

Frau N. wirkt latent genervt. Sie hat eine ausgeprägte Sprachmelodie, arbeitet auffällig mit ihrer Stimme. Es wirkt, als fühle sie sich von den Schülern vorschnell angegriffen. So reagiert sie auf Schüler Leons Einwurf, am Mittwoch würden sie keinen neuen Unterrichtsstoff mehr machen, unfreundlicher als nötig (vgl. T: PF 8ff.). Sie verteidigt und rechtfertigt sich im weiteren Verlauf immer wieder:

> *„i/ihr habt ein!mal! eine hausaufgabe bekomm/ [...] und die pilze habt ihr doch/ dann die nächste stunde malen dürfen oder nich\ ((9s)) so und heute! wollte ich mit euch eigentlich über die bäume! sprechen/ und da ichs nich schaffe! heute noch mit den bäumen anzufangen/ • machen wirs am mittwoch! wa wara was das problem warum darf ich jetz am mitt!woch nich die bäume! machen^ leon weil ich gesagt!! hatte wir mach am mittwoch^ gar! nichts mehr oder wie\" (T: PF. 38ff.).*

Daraufhin erwidert der Schüler: *„ich hab ich hab nich gesagt das dus nich dafst^ • ich hab gesagt das du gesagt hast das wir dann nichts mehr machen".* Es wirkt, als versuche er sie zu beruhigen und das Gespräch auf der Sachebene zu bringen, woraufhin sie allerdings übersensibel antwortet: *„ +ja ich hats auch anders geplant^"* (T: PF. 47). An dieser Stelle könnte sie z. B. durch eine monotonere Stimme die Wirkung sachlicher halten („das hatte ich auch, wie bereits erklärt, anders geplant"), stattdessen wirkt sie durch die Emotionen hilfloser und enttäuscht.

Herr A. bleibt in dieser Situation ruhiger, seine Sprachmelodie monotoner. Es ist zwar nicht sicher, ob er auch ruhig bleibt, wenn er selbst Gegenstand der Kritik ist, dennoch ist er in dieser Sequenz bedachter und klarer, was sich auch auf sprachlicher Ebene und daran zeigt, dass auch die Klasse bei ihm insgesamt ruhiger ist.

Emotionsregulierung

Lehrer A. nutzt im Gegensatz zu Lehrerin N. emotionsregulierende sprachliche Mittel. Exemplarisch sind hier zwei aufgeführt.

Ich Botschaften: Du-Botschaften können vom Empfänger als wertend, anklagend, nörgelnd verstanden werden, was man versucht mit Ich-Botschaften zu umgehen (vgl. Schulz von Thun 2010). So wählt er z. B. die Formulierung: *„ich/ich leide darunta das ihr die sachen nicht/ macht wenns angesagt ist\"* (T: PF. 37).

Beruhigungspausen: Sinn dieser sprachlichen Pausen ist es, Zeit zu schaffen, z. B. durch den Gebrauch von Partikeln. Herr A. nutzt Partikel häufig, auch und vor allem zum Füllen von Denkpausen:

> *„also liebe freunde ä:::hm . ich find das ja ganz süß! das ihr hier jetzt hier große kritik! übt an der frau neufeld aber . ä:::hm . . . mir scheint es nich berechticht zu sein [...]"* (T: PF. 12f.).

Durch die ‚Äähs' hat er ein langsameres, bedächtigeres Gesprächstempo. Die Diskussion schafft sich anschließend wieder inhaltlichen Dingen zuzuwenden.

3.4.4 Illustrierendes Beispiel: Analyseergebnis

Zunächst konnte gezeigt werden, dass auch dieser Ausschnitt viele (schul-)gesprächstypische Punkte aufweist. Anschließend wurde der sprachliche Umgang der beiden Lehrer hinsichtlich der Konfliktsituation näher betrachtet, was zu dem Ergebnis führte, dass Herr A. eine bewusst eingesetzte Stimmmelodie, eine angemessene Lautstärke, ein entschleunigtes Tempo und sachlichere Argumentationen vertrat. Trotz der angespannten Situation vergisst er weder sich selbst noch seine Rolle als Lehrer und wirkt entspannt. Bei Frau N. hingegen wurden unangemessenere Reaktionen herausgearbeitet, die sich in Sprachmelodie, Betonung und Wortwahl zeigen. Ihre Beiträge sind unüberlegter gewählt. Aufgrund der Heftigkeit ihrer Reaktionen wirkt es so, als würde sie auf vorprofessionelle Konfliktbewältigungsmuster zurückgreifen und gegen ihre beruflichen pädagogischen Prinzipien agieren – wie von Mühlhausen (2007) beschrieben. Dieses Zwischenfazit stellt allerdings lediglich eine Vermutung der Autorin dar und soll unter Vorbehalt und mit größtem Respekt gegenüber den Lehrkräften passieren. Auf sprachlicher Ebene kann aber sicher festgehalten werden, dass Herr A. und Frau N. sehr unterschiedlich reagiert und gesprochen haben, was wiederum zu unterschiedlichen Reaktionen der Schüler führt.

Insgesamt lässt sich das Reagieren der Klasse in ruhiger bei ihm und unruhiger bei ihr beschreiben.

3.5 Illustrierendes Beispiel: Ausblick

Konflikte gehören zum schulischen Alltag. Es ist wichtig mit ihnen leben zu lernen und mit ihnen kompetent umzugehen. Dazu bietet sich, sowohl im Privaten als auch im Schulischen, ein Konfliktmanagement an, dass auf der Erkenntnis beruht, dass Konflikte durchaus sinnvoll und nicht grundsätzlich negativ sind. Hieraus kann ein kompromissförderndes Verständnis im Umgang mit Konflikten, mit Kritik und im Miteinander entstehen.

Trotz der positiven Impulse von Konflikten verlangen sie viel von den Konfliktparteien. Kommunikationskompetenz ist hierbei ausgesprochen wichtig: Schule ist nicht nur reine Wissensvermittlung. Lehrer dienen hierbei als Vorbilder. Umso wichtiger ist eine achtsame Kommunikationskultur, auch weil zwischen Lehrern und Schülern ein asymmetrisches Verhältnis herrscht und sie nicht unhöflich oder kränkend werden sollten.

Um auf die Ausgangsfrage **„Wie kann man Konflikte im Unterricht kommunikativ lösen?"** zurückzukommen, zeigt sich, dass es sinnvoll ist, auf der sachlichen, inhaltlichen Seite, ruhig und zurückhaltend zu bleiben. Dennoch sollten sich alle Beteiligten dessen bewusst sein, dass die Gesprächspartner vor allem bei Konflikten persönlich involviert sind und emotionale Reaktionen zu vermeiden sind.

Sicherlich könnten weitere Analysepunkte bearbeitet werden. Dazu können z. B. nonverbale Kommunikation und Annotationen zählen. Durch die Tonbandaufnahme konnten leider keine nonverbalen Signale festgehalten werden. Die Tonbandaufnahme erschwerte die Analyse in einigen Bereichen, so konnten beispielsweise Höreraktivitäten, durch Blickkontakt oder Körperzuwendung, nicht erkannt werden. Ebenso wurde nicht deutlich, ob die Gesprächsteilnehmer durchgehend aktiv am Gesprächsgeschehen teilgenommen haben. Um fundiertere Aussagen über die Verhaltensmuster der Lehrkräfte treffen zu können, müssten diese häufiger und in verschiedenen Situationen beobachtet werden.

4 Fazit

All diejenigen, die sich auf die oben illustrierte Art und Weise mit Unterrichtskommunikation auseinandersetzen, bekommen einen ersten Einblick in die sprachlichen Grundlagen kommunikativen unterrichtlichen Handelns. Sie lernen auch den prozesshaften Charakter wissenschaftlichen Arbeitens durch

Themenfindung und Recherche sowie die Aufnahme (Datenerhebung) und Analyse der aufbereiteten mündlichen Sprachhandlungen, kennen. Die Auswirkungen und Bedeutungen von Sprache als Medium im Unterricht werden in den Transkripten besonders deutlich. Die Aufnahmen ermöglichen dabei, je nach Fragestellung, eine Mehrfachnutzung der konservierten Sprachdaten, die zu verschiedenen Transkripten (z. B. unterschiedliche Lupenstellen, Transkriptionsarten) führen. Sprachliche Ausdrucksmittel können so neben der subjektiven Wahrnehmung von einer Kommunikation nachvollzogen werden. Bewusster wird den Studierenden zudem, welchen Einfluss neben verbalen auch nonverbale und paraverbale Äußerungen nehmen. Die für Lehrer fachprofessionelle Sprachreflexivität wird durch die Sensibilisierung auf Sprache im Unterricht besonders unterstützt und geübt.

Die Reflexivität gegenüber Sprache benötigen Studierende des Faches Deutsch für ihre zukünftige berufliche Tätigkeit als Lehrer. In den Rahmenrichtlinien des Faches Deutsch wird explizit auf die Sprachreflexion verwiesen (vgl. Niedersächsiches Kultusministerium 2008). Da die Komplexität des Mediums Sprache besonders in einem diskursiven Unterrichtsgespräch deutlich wird, sehen Brünner & Weber (2009) dieses für den Erwerb der Sprachreflexion als geeigneten Analysegegenstand an.

Ein mögliches Programm zum Transkribieren ist EXMARaLDA, dessen Vor- und Nachteile in Kapitel 2.3 erörtert wurden. Die einfache Handhabung des Programms unterstützt das prozesshafte Vorgehen durch das mögliche Festlegen von Zeitintervallen: Für die Verschriftlichung einer Audio- oder Videoaufnahme bietet das Programm auch Möglichkeiten für den Einsatz in der Schule, womöglich auch von Schülern. Die entstehenden Transkripte in EXMARaLDA geben durch die Partiturschreibweise die diskursiven Gesprächsverläufe wieder und können daher ebenso die Gesprächskompetenz zum Gegenstand machen.

Literatur

Becker-Mrotzek, M. & Vogt, R. (2001). Unterrichtskommunikation. Linguistische Analysemethoden und Forschungsergebnisse. Tübingen: Max-Niemeyer Verlag.

Besemer, C. (2003). Mediation – Vermittlung in Konflikten. 10. Aufl.. Königsfeld: Gewaltfreies Leben.

Brinker, K. & Sager, S. F. (2001). Linguistische Gesprächsanalyse. Eine Einführung. 3. Aufl.. Berlin: Erich Schmidt Verlag.

Brünner, G. (2009). Analyse mündlicher Kommunikation. In: Becker-Mrotzek, M. (Hrsg.): Mündliche Kommunikation und Gesprächsdidaktik. Baltmannsweiler: Schneider Verlag, 52-56.

Brünner, G. & Weber, P. (2009). Gesprächsdidaktik: Gespräche im Unterricht transkribieren und analysieren. In: Becker-Mrotzek, M. (Hrsg.): Mündliche Kommunikation und Gesprächsdidaktik. Baltmannsweiler: Schneider Verlag, 297-323.

Ehlich, K. (2009). Unterrichtskommunikation. In: Becker-Mrotzek, M. (Hrsg.): Mündliche Kommunikation und Gesprächsdidaktik. Baltmannsweiler: Schneider Verlag, 327-348.

HIAT (2011): Exmaralda Download. In: http://www.exmaralda.org/downloads.html; [2013-05-30].

Keller, G. (2010): Vulkangebiet Schule. Konfliktdiagnose, Konfliktlösung, Konfliktprävention. Bern: Verlag Hans Huber.

Kliebisch, U. W.; Basten, K. H. & Schmitz, P. A. (2000): Effektiv miteinander sprechen. Tipps und Tricks für erfolgreiches Kommunizieren. Baltmannsweiler: Schneider Verlag.

Knöbel, R. & Steiger, K. (2006). Transkription: Transkriptionssysteme. URL: https://www.ph-freiburg.de/fileadmin/dateien/fakultaet3/sozialwissenschaft/Quasus/Volltexte/transkriptionsregeln.pdf; [2013-05-13].

Lehmberg, T. (2013/3). Vorstellung der Werkzeuge, Grundlagen des Transkribierens mit EXMARaLDA. In: Hamburger Zentrum für Sprachkorpora (HZSK). EXMARALDA-Schulung. Hamburg: Regionales Rechenzentrum der Universität Hamburg (RRZ).

Linke, A.; Nussbaumer, M. & Portmann, P. R. (2004). Studienbuch Linguistik. 5. Aufl.. Tübingen: Max Niemeyer Verlag.

Mayer, J. (2012). Phonetische Analyse mit Praat. Ein Handbuch für Ein- und Umsteiger. URL: http://praatpfanne.lingphon.net/das-praat-handbuch [Stand: 15.04.2013].

Mühlhausen, U. (2007). Abenteuer Unterricht: wie Lehrer/innen mit überraschenden Unterrichtssituationen umgehen. Baltmannsweiler: Schneider Verlag.

Niedersächsiches Kultusministerium (2008) : Rahmenrichtlinien für das Unterrichtsfach Deutsch/Kommunikation in der Berufsschule und in den Berufsfachschulen. Hannover: Niedersächsisches Kultusministerium.

Neubauer, W. (1988). Konflikte in der Schule. Möglichkeiten und Grenzen kooperativer Entscheidungsfindung. 3. Aufl.. Neuwied: Hermann Luchterhand Verlag.

Redlich, A. (2011). Konfliktlösung und Gewaltprävention. In: http://www.kurzzeithelden.net/klassenfahrten/thematische_angebote/70037.html; [2012-07-11].

Sander, B. & Sander, U. (1997). Schwierige Schüler – Schwierige Lehrer? Neue Wege des Konfliktmanagements im Schulalltag. Darmstadt: Winklers Verlag.

Schmidt, T. (2002). Gesprächstranskription auf dem Computer- das System EXMARaLDA. In: Gesprächsforschung- Online Zeitschrift zur Verbalen Interaktion. 3/2002, 1-23. URL: http://www.gespraechsforschung-ozs.de/heft2002/heft2002.html; [2013-04-18].

Schmidt, T. (2007). Tranksriptionskonventionen für die computergestützte gesprächsanalytische Transkription. In: Gesprächsforschung-Online Zeitschrift zu verbalen Interaktion 8/2007, 229-241. URL: http://www.gespraechsforschung-ozs.de/heft2007/px-schmidt.pdf.

Schulz von Thun, F. (2010). Miteinander reden. Störungen und Klärungen. 48. Aufl.. Hamburg: Rowohlt.

Selting, M. et al. (1998). Gesprächsanalytisches Transkriptionssystem (GAT). In: Linguistische Berichte (173), 91-122.

Watzlawick, P.; Beavin, J. H. & Jackson, D. D. (1990). Menschliche Kommunikation. 8. unveränderte Aufl.. Bern, Stuttgart, Toronto: Hans Huber Verlag.

Anhang Transkript

[1]

Frau Neufeld [v]	der großteil is jetzt fertig/((3s)) wo bist! du denn gleich\	da^' ja/ • dann! wartn wir jetz noch ne
Klasse [v]	((starkes murmeln))	
Christof [v]		((unverständlich))

[2]

Frau Neufeld [v]	minute\	• • • was hast du denn gemacht/ die ganze zeit • ne das is total
Christof v]	((4s)) ich fang grade mit farn an^	

[3]

Frau Neufeld [v]	falsch! das du das! erst! machst!\ • • • Christof >das hast du doch als kopie! du bist doch jetz!. hier. im
Christof [v]	

[4]

Frau Neufeld[v]	unterricht. und das is gleich weg^ • • • ((stöhnt))((2s)) also ihr müsst schonmal ein bisschen! für euch
Klasse [v]	((murmeln))

Christof [v]	-so:^

[5]

Frau Neufeld[v]	sorgen^ und nicht nur irgndwie • lalala^' ich mach jetz mal das! und <(ö:h joa\) • • die tafel das • das steht
Klasse [v]	

[6]

Frau Neufeld [v]	da bestimmt noch hundert jahre dran\ Simone /	ne für
Klasse [v]	((murmeln))	>-------------------------
Simone [v]	schreiben sie danach nochn text oder wars das dann\	

[7]

Frau Neufeld [v]	heu!te wars das	so: Leon ich hat auch geplant
Herr Ahlert [v]	-(so ja)	
Klasse [v]	((rascheln))	((ruhiger))
Leon Braun [v]	nein sie hat doch gesagt am mittwoch machen wir nix mehr\	

[8]

Frau Neufeld [v]	heute! gern noch viel mit euch zu machen das wird sich jetz auf mitt!woch verschieben\ • • • und ä/was
Klasse [v]	

[9]

[10]

	18	19	20
Frau Neufeld [v]	du hier jetz sagst^ über mein! unterricht^' ä:h • weiß ich nich\		alsoä ich
Herr Ahlert [v]	• • •hab i ni mitgekricht		
Christof [v]		du! hast	

[11]

	21
Frau Neufeld [v]	glaube^ ich muss nich mit leon^ braun^ diskutiern was ich im unterricht mache\
Leon Braun [v]	ja a du hastes ja nich

[12]

	22	23	24	25
Frau Neufeld [v]			so pascal kommarnit^ vor die tür ja/	
Christof [v]			((lacht))	
Leon Braun [v]	gesagt^			
Pascal [v]	isie sagt viel wenn der tag lang is			
Ulrike [v]	• • leon lasses^			

[13]

	26	27	28 [00:02.0]	29
Herr Ahlert [v]	((2,5s)) also liebe freunde ä:::hm • ich find das ja ganz süß! das ihr hier jetz			
Christof [v]	((lacht))			
Timo [v]	bo:ajungä jetz/ hagels			

[14]

Herr Ahlert [v]	hier große kritik! übt an der frau neufeld aber • ä:hm • • • mir scheint es nich berechticht zu sein
Timo [v]	• • • (

[15]

	30
Herr Ahlert [v]	• ne >ihr sollt euch schon üben <auch • und wennihr n anliegen habt dann dürft ihr euch sicha so wie
Klasse [v]	((einräumgeräusche))
Timo [v]	)

[16]

Herr Ahlert [v]	Ulrike das jetzt macht • • finich total gut melden! und sagen • aber! wir haben >das und das
Klasse [v]	

[17]

Herr Ahlert [v]	>(ausgemacht) dann kamman das sa:gen aber dieses einblubban von • • ä:h wirklich blödn sachn täin/ • •
Klasse [v]	t

[18]

Herr Ahlert [v]	waszu teilweise ganzen unterricht machst • ä:h das kannzu nich bring\ • • • und den spruch von pascal •
Klasse [v]	

Herr Ahlert [v]	ä:h den erlaubt ihr euch der lehrerin gegenüber nich\ mir! nich gegenüba + ebba hör auf damit ich rede!
Klasse [v]	

[19]

Herr Ahlert[v]	grade\ • • • und auch nicht/ ä::h ((2s)) frau neufeld gegnüba ((3s)) also für mich is das ganze klar
Klasse [v]	

[20]

Herr Ahlert [v]	strukturiert • • u:nd >ich möchte das so nich habm ulrike was wollst du sagn • • eva
Ulrike [v]	ne is egal\
Eva [v]	sie hat am

[21]

Eva [v]	anfang gesagt gesagt das wir keine hausaufgabn aufbekomm un gestern hattn wir ja schon hausaufgabm

[22]

Frau Neufeld [v]	was hattet ihr denn gestern^ auf das
Klasse [v]	((durcheinander redend)) den test schreibm
Eva [v]	auf und vorgestern auch

[23]

Frau Neufeld [v]	solltet ihr zu ende schreibm im unterricht^ das ham auch die meisten gemacht\
Timo [v]	• • wir hattn das aber auch (

[24]

Frau Neufeld [v]	für die dies • so langßam machen • • also > (zum beispiel ulrike) <(hats schon fertig
Klasse [v]	ja\
Timo [v]	) hausaufgabe auf

[25]

Frau Neufeld[v]	gehabt) komisch!^ als ichs kopiert hab • • als ich hab das für die! leute die so langsam^ schreiben/ kopiert

[26]

Frau Neufeld[v]	und für alle damit ihrs habt! • • es ist aber sache hier in der stunde gewesen\
Herr Ahlert[v]	((2,5s)) leon h
Leon Braun [v]	ja sie sagt dann

[27]

Herr Ahlert [v]	
Leon Braun [v]	manchma so • erngwie wir solln dann den stift weglegn undan äm redet sie fünf minudn lang • und wenn

200

[28]

Herr Ahlert [v]		• • dafich
Leon Braun [v]	sie sagt äm d/jetzt ham wir noch zehn minutn zeit/ undann fünf minuten davon redet/ • • ( )	

[29]

Herr Ahlert [v]	ma fragn was ist denn jetz das anliegen dahinter ihr meint ihr habt zu wenig zeit ((2s)) so\ • die meistn

[30]

Herr Ahlert[v]	sind seh ich hier fertig es sind einige noch am schreibm ((3s)) wir hatten nämich heute noch einlich was

[31]

Herr Ahlert [v]	ganz anres gepla:nt unich glaube • davon habt ihr auch gu:t^' • • deswegn • • • äso und das findich

[32]

Herr Ahlert[v]	wirklich ä:h da ne/ das w/was • auch auch das! was du jetz hier machst • • das sind sachen für zu hause\

[33]

Herr Ahlert [v]	echt • • ne/ du brauchst den text • du kannst jetz hier nich tüdelüt machen die ganze zeit obwohl es gut ist/

[34]

Herr Ahlert [v]	aba ä: • verstehstu das? • • +kinner ihr müsst ein bisschen drauf ä konsentriern was das wesenliche is\

[35]

Herr Ahlert[v]	((4s)) -undas mit den hausaufgaben muss ich sagen da teil ich die meinung von frau neufeld^' nich weil

[36]

Herr Ahlert [v]	ich jetz grundsätzlich ihre meinung vertrete sondern einfach ä:hm • ich/ich leide darunta das ihr die sachen

[37]

Herr Ahlert [v]	nicht/ macht wenns angesagt ist\ • • • und dann bekommt man hausaufgabn das mein ich ganz ernst^ •

[38]

Frau Neufeld [v]		((5s)) i/ihr habt ein!mal! eine
Herr Ahlert [v]	wemann hier im unterricht nichts tut <(gehts dann nach hintn)\ • h	
Simone [v]		

[39]

Frau Neufeld [v]	hausaufgabe bekomm/• • die solltet ihr fer!tich machn/ weil wirs im unterricht nich geschafft! hatten/
Simone [v]	die

[40]

Frau Neufeld [v]	undes war als herr luther^ da war/ • am: dienstag/ ((2s)) die versuchsbeschreibung war das/ • • oda/ und
Simone [v]	versuchsbeschreibung hatten wir auf\

[41]

Frau Neufeld [v]	die pilze habt ihr doch/ dann die nächste stunde malen dürfen oder nich\	((9s)) so und heute!
Klasse [v]		((recht ruhig))
Simone [v]	• • • ja^\	

[42]

Frau Neufeld[v]	wollte ich mit euch eigentlich über die bäume! sprechen/ und da ichs nich schaffe! heute noch mit den
Klasse [v]	

[43]

Frau Neufeld[v]	bäumen anzufangen/ • machen wirs am mittwoch! wa wara was das problem warum darf ich jetz am
Klasse [v]	

[44]

Frau Neufeld[v]	mitt!woch nich die bäume! machen^ leon weil ich gesagt!! hatte wir mach am mittwoch^ gar! nichts mehr
Klasse [v]	

[45]

Frau Neufeld [v]	oder wie\
Klasse [v]	
Leon Braun [v]	ich hab ich hab nich gesagt das dus nich dafst^ • ich hab gesagt das du gesagt hast das wir dann

[46]

Frau Neufeld [v]	+ja ich hats auch anders geplant^	• ja/kind
Leon Horus [v]	nichts mehr machen ( )	• ja alo ich hab ja gar nich mehr gehört^

[47]

Frau Neufeld[v]	((5s)) du hast noch gar nichts gemalt! hiervon\	• ja mach! doch jetzt mal\ • • pascal
Klasse [v]		((murmeln))
Pascal [v]	• • ja\	

[48]

Frau Neufeld [v]		ja(...)wolln gar(...)
Herr Ahlert [v]	((33s)) h ((7s)) grummel grummel • • l.ja.l sag mal • äm: • was! is jetz mit üben\	ja aber
Klasse [v]	((werden lauter))	
Chrisof [v]		

[49]

202

Frau Neufeld [v]	((2s)) die meisten schreiben noch\
Herr Ahlert [v]	vielleicht könn wir da nich doch! n bisschen (...) für die bäume machn/ ne\ ä nich!

[50]

Frau Neufeld [v]	bist du jetzt fertig gleich\
Herr Ahlert [v]	die meisten\ • das sind! nich die meisten\ • ich würd da/ • • ich würd das jetzt mal •
Klasse [v]	

[51]

Frau Neufeld [v]	okãi stopp
Herr Ahlert [v]	ähm pass auf\ >(wir machen das jetz mal so) wir machen jetz mal <die die tafel zu/ • • +so liebe
Klasse [v]	

[52]

Frau Neufeld[v]	
Herr Ahlert [v]	kinder bitte packt jetz mal weg/ ((3s)) ich geb euch die schongs am mittwoch ein teil/ne den letzten! teil
Klasse [v]	((gerede wird leiser, packgeräusche))

[53]

Frau Neufeld[v]	
Herr Ahlert [v]	des textes noch ab!zuschreiben/ ((3s)) gegebenenfalls könnt ihr das gleich aunoch mal in der ü:b!
Klasse [v]	

[54]

Frau Neufeld [v]	
Herr Ahlert [v]	denjenigen die bei mir üb haben das noma machn • • ä::hm • ich möchte aber jetz gerne/ noch in einfach
Klasse [v]	

[55]

Herr Ahlert [v]	mal n andres thema\ • • • mit euch beleuchten deswegn möcht ich jetz gerne s ihr ganz! schnell^ ein!packt

[56]

Herr Ahlert [v]	• ganz! schnell einfach weck • und ihr könnt n frein/ tisch habm\

203

Núria Castells, Astrid Neumann, Isabel Solé

Advantages and difficulties of conducting thinking-aloud protocols in the school setting

1 Think-aloud method in the school setting

The professionals working in educational settings usually develop detailed and systematic observational skills to capture students' actions or behaviours as a basis for a fine-tuned teaching and learning process. However, observation might not be sufficient in most situations to understand the reasons of learners' actions or thinking.

How can we obtain information about the students' reasoning or their metacognitive or mental processes that relate to their visible actions? For instance, how can we get access to their thinking when being asked to solve a problem, to write a letter, or to study from several text sources? How can we get to know their thoughts in order to see whether they are supervising, taking decisions and thinking strategically enough to complete an open task? What methods, instruments and procedures can help us achieve this objective?

Many educational researchers have focused their attention on the linguistic nature of the educational process (e. g. Cazden 2001; Mercer 1995). From a socio-cultural perspective (Vygotsky 1986), students' learning happens thanks to the communicative interactions that take place in the school context. Communication is a key concept when trying to understand how teachers may promote pupils' learning and development. One important question is how teachers can provide more adjusted feedback. A possible answer would be to carefully inquire the students in order to gain access to their thinking or reasoning. This way, teachers may understand the reasons or the underlining mental processes which are underneath students' mistakes or errors, which would allow them to push students' thinking further. Therefore, in order to provide clear and helpful feedback, teachers must know what students think or understand, as well as how they plan, supervise, evaluate or feel when they are trying to solve a school task, exercise, problem, question. Following this line of thought, this aim may be achieved through a specific method, the thinking-aloud procedure, which consist of asking the students to orally explain or verbalize what they are thinking while solving a task.

1.1 Uses and concerns of the think-aloud method

Educational sciences have struggled to find valid methods for study-ing thoughts and subjective experiences that take place in learning environ-ments. A pioneer manuscript by Ericsson and Simon (1980) proposed that participants could give concurrent verbal expression to their thoughts (through think-aloud) while completing tasks without changing objectively measurable performance (accuracy). Of course, well known methodological problems have to be taken into account, e. g. regarding the different levels of awareness of the underlying processes and the selective verbalization of thoughts while students solve tasks. In addition, the social adaptation and tendency to explain, not to verbalize processes (Stark 2010), influences the results. Still, think aloud procedures, in a very wide understanding (Heine, 2005), can help to provide evidence to support learning processes.

The meta-analysis conducted by Fox, Ericsson and Best (2011), based on Ericsson and Simon's (1980; 1993) theoretical framework, provides evi-dence that other types of concurrent verbalization procedures, such as de-scriptions and explanations, demand additional mental activities and may change both the sequence of thoughts and, by inference, measured performance. They explain that, for example, interrupting a participant in the middle of solving a mathematic problem with a question of how or why he/she is solving the problem in a specific way may alter the solution accuracy. Asking "how or why" questions can disrupt the sequence of thoughts and the solution process will ultimately resume in a different state than the one proceeding the interruption. These disruptions tend to improve participants' performance, helping them find better paths and achieving better results (Fox, Ericsson & Best 2011). Despite the fact that asking for explanations and descriptions can be very useful for teaching purposes and for enhancing students learning, it would not be adequate enough for re-search interests, where the objective is to gain insight into covert mental processes, in order to make inferences about cognitive processing (Ericsson & Simon 1993).

1.1.1 Uses of the think-aloud method

Usually this method is used to study problem-solving performance, either through verbalized solutions or manual responses. The obtained data is used to infer cognitive constructs, such as concepts, goals, thoughts, mental operations and strategies (Fox, Ericsson & Best 2011).

Analyses of think-aloud protocols provide important and interesting information for teachers to enhance instructional strategies and improve students' learning. Think-aloud protocols or verbal protocols typically consist of a series of

- factual comments - e. g., paraphrases, repetitions, metacommentaries, description of actions or thoughts - or
- inferences - e. g., causal, predictive - and also
- affective comments – e. g., emotions, doubts

made by participants that may be analyzed in a number of ways (Laing, Fargo & Robertson 2009). The common gain is to identify the strategies students use when comprehending a text, writing a document, or solving a problem. So educators can find better ways to help them.

The think-aloud method has allowed investigators to generate testable theories of cognitive processes, covering a wide range of different types of phenomena (Ericsson & Simon 1993):

- Problem solving: Some results of relevant studies (Chrysikou & Weisberg 2005; Gilhooly, Fioratou & Henretty 2010) point to the fact that having solved an earlier problem makes it harder to solve a later one, especially when students perceive analogies - because of the similarity of surface attributes among problems - that do not exist.
- Learning (reading, reading-to-write, listening to stories): The studies in this category (Braten & Stromso 2003; Crain-Thoreson, Lippman & McCledon-Magnuson 1997; Kucan & Beck 1997; Mateos, et al. 2008; Leow 2005; Pressley & Afflerbach 1995; Trabasso & Magliano 1996; Wade 1990) show that students have difficulties when planning reading and writing tasks; they do not usually supervise their comprehension or revise their writing, neither during the task nor at the end; students who use their prior knowledge to make predictions and inferences may achieve a better comprehension of a text.
- Thinking and decision making: Research in this area (Bilalíc, McLeod & Gobet 2008) indicates that the more experienced someone is, the more flexible he can act. So being an expert does not imply to be inflexible.
- Use of memory: The studies conducted in this field (Cokely & Kelley 2009; Ericsson et al. 2004) point to the fact that college students may improve their memory through using different encoding strategies based on their prior knowledge.

In conclusion, these studies offer relevant information for teaching and, when they focus on the school setting, they provide valuable examples of what to look at or ask the students. Thinking aloud means asking participants to report their thoughts ("everything that comes to your mind") while performing an activity. The researcher is thought not to intervene unless the participant does not verbalize anything at all. If this happens, the researcher should just remind the participant "to think aloud" and leave him/her continuing the task.

1.1.2 Limitations of the method

Turning to its limitations, the think-aloud method is not feasible for studies that use a large number of subjects or run for a long time. In addition, the preparation of the data to be analyzed and the following analysis tend to consume a lot of time and effort (Hughes & Parkes 2003). The open unexpected words and phrases from thinking aloud have to be analyzed by high-inferential coding procedures or very detailed methods, e.g. conversational analyses. However, similar approaches still seem very useful in order to get information about how students – with or without special needs – control or regulate their own thinking and action when solving a problem or complex task, e. g. reading one or several texts, answer text-based questions, writing a document, commentary, essay, synthesis, paper, scientific report, etc.

2 Think-aloud procedures and instruments

2.1 Procedures to collect oral protocols using thinking-aloud

Two of the three different approaches to examine introspection and oral or verbal reports of thinking identified by Fox, Ericsson and Best (2011) can be related to teaching: Introspective analysis and protocol analysis. These two approaches differ in terms of the procedures to collect and analyse data.

The first approach attempts to gain as much information as possible from introspective analysis (Wilson & Dunn 2004; Wilson, Hodges & LaFleur 1995). Participants are asked to give reasons or explanations which are then compared with subsequent ratings or behaviour. This approach has become the mainstream in social and personality psychology where most constructs are measured by inherently introspecttive methods such as ratings of subjective experiences and questionnaires. In the educational field, it could be used to analyse what students think or feel about their partners or friends.

Knowledge of this kind could, for instance, help organizing working-groups or help individual students get integrated into the group/class. Furthermore, this method could be used to learn more about students' strategies or reasons for solving tasks in school. As this method involves asking for explanations and descriptions of feelings, behaviours, etc., it presents different limitations, such as desirability – if participants respond what they consider the teacher or researcher would like to hear, or the change of the course of thought – if participants start to reflect on their own acting and thinking when being asked how they proceed.

The second approach concerns the use of think-aloud methods to study phenomena associated with objective performance, which we refer to as the protocol analysis approach. This approach requires measuring performance on representative tasks and relating this performance to the participant's verbalizations (Fox, Ericsson & Best 2011). Analyses of corresponding verbal protocols have permitted investigators to hypothesize mechanisms that mediate the general performance of that particular individual. The protocol analysis approach is based on objective performance measurement and procedures for nonreactive verbalization of thoughts. As it is considered not to interfere with mental processes, some authors (Fox, Ericsson & Best 2011; Greatorex & Sütő 2008) claim it to be a better method than the introspective analysis for research purposes.

The process for collecting thinking-aloud protocols in research shares some features with teaching, as well as some differences as it is shown in Table 1. As Leow and Morgan-Short (2004) point out in a brief and concise description, before collecting verbal protocols, the researcher or teacher should consider the characteristics of both the participants and the materials to be used – something that teachers usually do, as can be observed in Table 1. Tasks should be carefully selected on the basis of their compatibility with thinking aloud. While doing research, hypotheses and a coding procedure should ideally be determined prior to obtaining the verbal reports – although the coding scheme can be constructed or redefined after the data is already collected. In the school context, teachers should think about the criteria how to assess students' products.

When collecting protocols, it is vital that teachers/researchers provide participants with clear instructions. Again, in the school context it is also important to explain the tasks carefully and make sure that students understand them correctly.

A warm-up period is recommended to accustom participants to thinking aloud while completing the tasks. This step could have some similarities to

208

the questions teachers formulate to get closer to their students' prior knowledge, which often also includes asking students to make their thinking explicit.

To minimize fatigue, each experimental testing session should be lim-ited to one hour at most, typically consisting of several trials (Fox, Ericsson & Best 2011). Similarly, time is also important to take into account when preparing a classroom session.

Finally, for verbal reports to be complete, reminders to think aloud should be provided when there is a lapse in participants' verbalization.

Table 1: Similarities and differences between teaching and research methods

	Thinking-aloud	Teaching a subject –preparing activities –
Similarities	Characteristics of both the students-participants and the materials that will be used should be considered; Task-activity should be carefully selected (to allow students verbalize –thinking-aloud–; to help them learn better – teaching –); Clear instructions about what has to be done should be offered – need to make sure students understand and are able to paraphrase what they are asked to do; Time has to be taken into account.	
Differences	- What students think during the task has to be collected in a very systematic way. - Need to develop a coding pro-cedure to encode oral data col-lected during the process of solving a task in order to be able to understand students' beha-viour and find regularities. The solution may also be analyzed, but qualitatively.	- Information about what stu-dents think when doing a task may be collected, but less syste-matically. - Interest in students' prior level of knowledge about a theme. - Need to develop criteria to assess the process of solving the task and the obtained solution. The assessment can be qualita-tive as well as quantitative.

After verbal reports are collected, they must be transcribed and en-coded[60], and interrater reliability should be assessed. We will see that the tran-scription is not always necessary if you already have a coding system to work with or some coding scheme that can be compared with the new data you have collected. The coding system may be based on coding grids created

---

[60] See and example of a coding protocol in p. 12f.

by other researchers whenever you share the same or similar theoretical perspective, or may be created *ex novo* departing from a theory that provides the basis for the coding. The codes or categories need to be carefully and clearly described and applied to the data to make sure they are exhaustive and, if possible, exclusive. To have a good coding system is the basis for a quantitative judgment of similar processes. At the same time, the coding system allows to generate new and powerful knowledge for finding responses to problems and building new theories. Furthermore, other teachers could act as raters whenever the coding scheme and the criteria to code are previously shared and discussed. Coding in pairs or in a team could be a wonderful way to share and advance knowledge on students' difficulties and how to surpass them.

With adequate coding, both qualitative and quantitative analyses can be carried out. Qualitative analyses of verbal reports can provide unique insights into learners' processing. Quantitative analyses can offer firm and generable conclusions (Leow & Morgan-Short 2004).

2.2 Instruments and precautions with the thinking-aloud method

Taking into account the procedural explanation on the protocol analysis, it is important to focus on more detailed information about instruments and precautions to consider when using think-aloud.

Assuming the researcher's intention is to understand how the verbalizations relate to specific actions or behaviours, it might be helpful to use different instruments in order to capture both, thoughts and actions.

For informal recordings in the classroom, the use of audio equipment to collect verbal reports together with observation and written registration or description of the most remarkable actions and the moment they take place can be enough to relate students' thinking to their acting. These recordings should be the basis for thinking and reflecting on how to help the students in other occasions.

However, in order to obtain more valid and reliable data, the inclusion of more instruments has proved to be fruitful. For instance, to use one or more video cameras with individual microphones, makes it easier to follow students' reasoning while their most visible actions are also recorded. The only precaution to consider is that the actions should be traceable with the video cameras. For example, if the aim of the study is to register students' writing, the camera might not be the best op-tion. In this case, it would be better to capture students' sequence of actions by other technological means, such as the computer and special software.

There are several programs which keep trace of all the movements or actions performed by the participant on the computer screen, which can also record his/her verbalizations at the same time (see, for instance, Camtasia Studio® version 8 or Morae®[i],[ii]) or the free version Camstudio® 2.6[iii]. Thus, actions, verbalizations, and the time they take place can be digitally saved altogether (Asselin & Moayeri 2010; Ferguson, Bråten & Strømsø 2012; Mateos et al. 2008).

There also are more sophisticated means which allow interaction to take place through the use of an interface or specific application, for instance the web conferencing. This service allows real-time point-to-point communications as well as multicast communications from one sender to many receivers. It includes information of text-based messages, allows voice and video chat to be shared simultaneously across geographically dispersed locations. The use of nonpresential devices such as the internet pushes the student − or the interlocutor − to make explicit what he thinks and does in terms of solving problems. Moreover, the interface also allows the teacher or researcher to watch and register what the student is doing on his/her computer screen (Burgess 2012; Molina 2012).

To encode verbal/behavioural protocols from Camtasia Studio or Camstudio, one can use the program Subtitle Workshop ® version 1.05[iv] (See Fig. 1)[v]. As the name of the program indicates, its main function is to show audio-visual material so that subtitles − or other kind of information − can be inserted in the video. It can be used to code verbalizations and/or actions at the exact time they take place. Using this system, transcriptions are not strictly needed and there is always the option to select fragments or sequences which can be showed afterwards to illustrate your coding system.

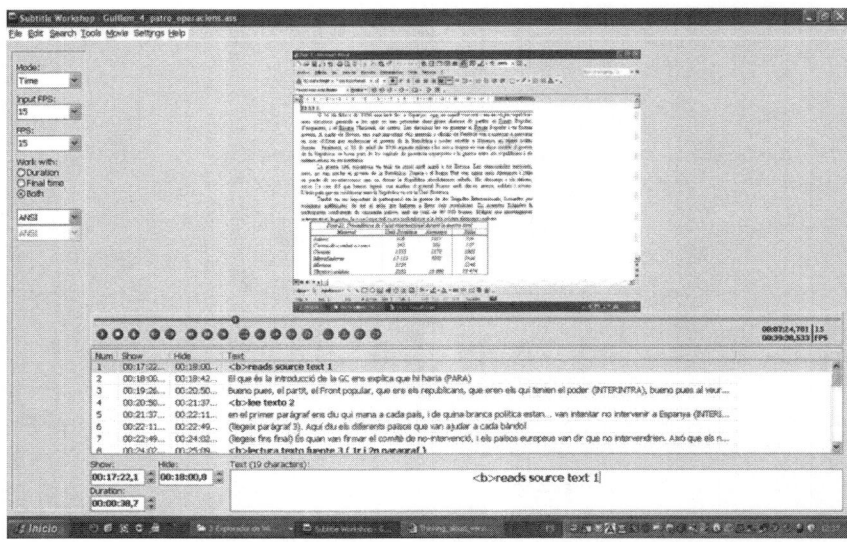

Figure 1: Screenshot of Subtitle Workshop with an example of a student who is reading a text and verbalizing his thoughts. The text being read appears in the small central square, while at the bottom of the page the researcher can code the actions and verbali-zations.

Nevertheless, the written output it offers, which includes time-codes and analytical codes (see Fig. 2), is a rough document. The researcher needs to make sense of the information included based on the conceptual framework he has adopted and decide on statistical analysis.

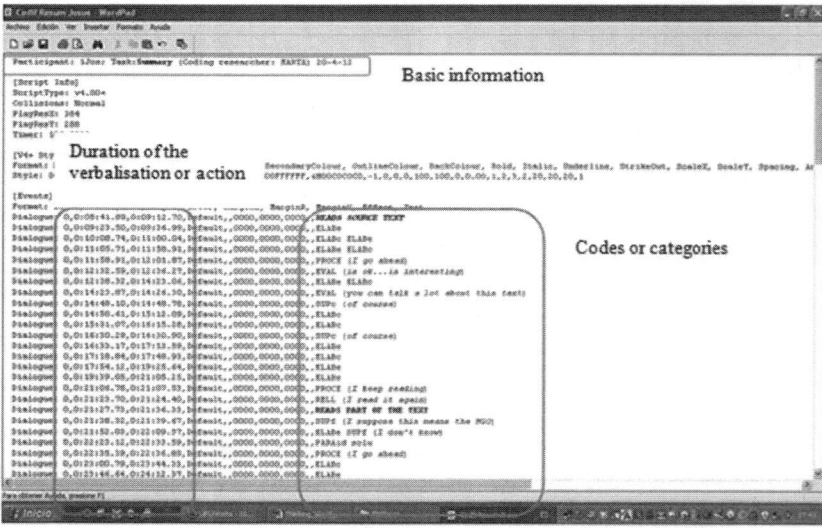

Figure 2: Subtitle Workshop output. On the top of the document appears the basic information to identify the participant (top square). The list offers the initial and final time of the coded action-verbalization (left square) and, at the end of each line the re-searcher finds the code he has introduced (right square).

2.3 How to code a protocol

As suggested by Leow and Morgan-Short (2004) and Chi (1997), before and/or when analyzing thinking aloud protocols, it is important to decide on:
- the units or segments of analysis;
- the categories.

Of course the units or segments of analysis will strongly depend on the researcher's interests and the theories underlining his project.

2.3.1 Units of analysis

To analyse a protocol involves segmenting or breaking the information into small bits or parts called units or segments that have or can have special relevance for the researcher.

Usually, the units of analysis referring to actions tend to be called "episodes" (activities or actions oriented towards an objective). These "episodes" might be indicated by changes in behaviour, e. g. in body parts used to perform the activity, in the spatial orientation of the ac-tion, in the object-instrument-material used or in the rhythm of the behaviour (Fassnacht 1982). The episodes can be one of the levels of analysis when analysing a protocol.

Units relating to verbalizations – another level of analysis –, can be of various complexity, ranging from microunits, i. e. words, to more global units, i. e. sentences, or even whole topics or texts, depending on the aims of the research (Weber 1990). Chi (1997) identifies three issues worthy of consideration for the segmentation process: (i) grain size of the segment (sentence, paragraph, or dialogue interchange); (ii) correspondence of the grain size to the research questions being asked; and (iii) characteristics of the data. Chi (1997) notes that the sensitivity of the data depends on the grain size of the segment, and that separate analyses of a protocol may result in recoding with a coarser or finer grain size. Characteristics of the protocol data may influence the features used for segmentation. Noncontent segmentation can be based upon syntax or grammar, whereas semantic segmentation is based upon features such as ideas or threads of discussion.

2.3.2 Categories of analysis

The categories of analysis can be deductively constructed from the theory in which the study is situated, as well as adopted or taken from other studies, e. g. in order to replicate previous findings or to produce new evidences. Categories may also be derived inductively from the collected data. In both cases the researcher will attempt to apply the coding scheme and revise it until it fits the data. As is strongly recommended in most research-method books, it is important to clearly define the categories, explaining whether they relate to actions, to verbalizations, etc., and providing examples for replication (see Table 3 from Mateos et al. 2008).

2.3.3 Coding procedure and analyses

When analyzing the protocol you may consider testing interrater agreement for the coding system you have created to demonstrate its reliability and consistency. Raters should independently code the same participants/protocols and then compare their results. Statistically, this is done by calculating the percentage agreement or the coefficient of agreement, Cronbach's alfa or Cohens Kappa (the most usually reported statistic when using interrater agreement). Accepted percentage figures are typically above 70-75% (Hughes & Parker 2003).

The number and type of analyses typically performed may include: frequencies and percentages of specific categories (e. g. Ferguson et al. 2012); relative distribution of different activity categories identified, either in terms of protocol segment (e. g. Braaksma et al. 2004); or analysis of the pattern of activities (Castells, et al. 2010; Mateos et al. 2008) and even verbalisation rates (Laing, Fargo & Robertson 2009). Depending on the respective type of analyses one has of course to adapt the statistical methods and measurement models.

3 One example of think-aloud protocols in reading-to-write tasks in academic contexts

As nothing is more useful than an example, we will illustrate the process of using thinking-aloud protocols with findings from a research project[vi] on how secondary education students elaborate a sum-mary of a single text in contrast to writing a synthesis after reading two or more texts.

The theoretical framework for this research was based on reading comprehension and on writing research. Its main aim was to understand (1) the kind of actions and processes students activate when they have to deal with some of the academic tasks that involve reading one or more sources and writing at the same time, and (2) the impact of those processes on the quality of the product. Similar tasks are also called "hybrid tasks", as reading and writing are used in an integrated form and are thought to promote knowledge acquisition and epistemic reflection (Spivey & King 1989).

The main hypothesis were that

- writing a summary from a single text would be a less demanding task than writing a synthesis from multiple texts, in terms of the number and kind of actions and processes activated by the students, and that
- students using more recursive reading and writing activities would write better products (Castells et al. 2010; Gràcia, Castells & Espino 2012; Mateos et al. 2008; Mateos & Solé 2009; Solé et al. 2012).

As it was a case study, only several students performed both activities on a computer. The text or texts were presented to the participants on multiple screens they could close and open as often as they wanted. They also had a blank word document where to write their own text. Source texts could be marked, copied, and underlined.

Before starting the task, participants were trained to think-aloud. The researcher was supposed not to intervene during their performance, unless the students did not say anything for a while. In that case, the researcher prompted "what are you thinking?" Verbalizations and ac-tions on the screen were captured using Camtasia Studio 6. The situa-tion was also registered by audiovisual means, as a precaution.

Two levels of analysis were conducted on the protocols. The actions performed by the participants were coded using a category system – first level of analysis and inductive categories –, which allowed to characterise the performed reading and writing actions ("episodes", see Table 2), their duration and sequence.

Table 2: Action categories (ST: source text)

Read ST1/ST2/ST3	Copy part of ST1/ST2/ST3
Read part of ST1/ST2/ST3	Write notes and/or outlines
Re-read ST1/ST2/ST3	Write the synthesis text
Read/re-read source text (1, 2, 3) and outlines	Modify the text produced
Read own notes and/or outlines	Modify text using the spell checker
Read the text in production	
Read the text produced	
Read the task instructions	

On the second level of analysis we studied the verbalisations uttered by the participants while performing the task. The videotaped comments were directly coded using Subtitle Workshop. For segmenting the think-aloud protocols, we built upon the work of Coté, Goldman and Saul (1998) and defined our unit of analysis as an "event" which was "a comment or set of comments on the same core sentence or group of sentences in the context of the reading or writing procedure associated with those comments'' (p. 14). The utterances were coded using a category scheme based on previous research findings (Coté et al. 1998; Flower et al. 1990; McGinley 1992; Pressley & Afflerbach 1995). The specificity in our study consisted in the production of a single category scheme for both reading and writing in accordance with our view of the hybrid nature of the tasks. Each event was assigned to one of the categories depending on the predominant character of the comment. The major event categories were: task analysis, planning, meaning construction, monitoring and evaluative and affective reactions (see Table 3).

Two independent raters coded each activity category and event as well as the type of each event in the total of the protocols and agreed on 82%. Differences were resolved in discussion.

Table 3: Categories of mental events

CATEGORY	DESCRIPTION	EXAMPLE (ST: source text)
Task analysis		
Reflecting on task demands	Analysing the problem (purpose, audience, contents and structure of the writing or reading)	"I have to read the texts and find out what they have in common"
Evaluating task difficulty	Evaluating the text / contents / task in regard to its diffi-culty or interest	(After reading a fragment of ST): "I don't know, this paragraph is the oddest".
Planning		
Global planning	Planning and choosing the purpose, audience, contents and structure of the writing, or the reading and writing procedures, in regard to units longer than a paragraph	(Before starting to read) "First I'm going to read the whole text to get the ideas"
Local planning	Planning and/or choosing what or how to write the next clause of a sentence, or the reading and/or writing proce-dures, in regard to units no longer than a paragraph	(After rereading a fragment of ST) "I'm going to read the first paragraph"
Meaning construction		
Restating	Repeating literally what has just been read. Copying the source text, copying the rough draft	
Paraphrasing	Repeating/copying in other words what has just been read	
Elaborating	Connecting ideas or concepts in the text to examples from the student's own experience or knowledge	(After writing "streets are formed starting from the center") "Like in Spain; all the roads start in Madrid, or a lot of them"
Drawing conclusions	Constructing a conclusion, explanation or prediction, or a synthesis or generalisation that goes beyond the informa-tion provided by the text	(While writing) "They are sited on the hills because they are high and you can see the enemy"
Inappropriate elaborations	Constructing a wrong conclusion or explanation, or one that is irrelevant since it is unrelated to the text that has been read	(While reading, after a prompt) "The markets always used to be held in places where there were the most people to do the buying and selling and then they always used to be in the town centers"

Intra-integrating	Establishing connections between various ideas in one text	(After rereading a fragment of ST) "People think they are growing a lot and that's bad for the country, but it's not so bad because Spanish workers don't want these jobs"
Inter-integrating	Establishing connections between ideas in two texts	(After rereading a fragment of ST) "They're needed even though people think they're negative and the only country that gains is the one the people originally come from"

Monitoring

Task progress/ Comprehension check	Supervising comprehension/composition: confirming a prediction or expectation, confirming something that was already known. Evaluating the progress of the task or the appropriateness of the text already written	(While writing, after rereading a fragment of ST) "Oh, I know. This is ... Vitoria and Pamplona are examples of radiocentric towns"
Detection of main ideas	Confirming the identification of main ideas or important information	(While writing, after rereading a fragment of ST) "I don't think the bit about hills and steep places is important here; only the bit about the physical appearance of a medieval city being based on the fact it had to defend itself"
Detection of difficulties	Formulating comprehension problems (a word or phrase not understood, conflict with previous knowledge, etc.) or composition problems (not knowing what to write and/or how to write it)	(After reading "Vitoria and Pamplona, in Spain, are outstanding examples") "Outstanding examples of what? I don't know"
Problem-solv-ing strategies	Verbalizing the use of problem-solving strategies	(While writing) "I'm going to read it again, as I can't remember it any more"

Emotional reactions & Value judgements

Emotional reaction	Reacting in a personal and affective way. Judgements re-garding the student's own competence, or references to personal or emotional states	"This is not fair. I disagree with this"
Value judgement	Judgements to do with the contents or the formal features of a text, or with the author's stance or style	"I think this is not well explained"

Additionally, the quality of the written texts (summaries and synthesis) was also assessed using the following criteria: selection of the main ideas; integration (coherence and cohesion mechanisms); elaboration and misinterpretations. Two raters categorized all of the participants' texts, with 85% agreement between them. Disagreements were resolved in discussion.

Taking into account the aims of the study, which were (1) to identify patterns of actions and the events inside the actions, and (2) detect, the frequencies and relationships between activity patterns, events and the quality of the written products, the conducted analyses were mainly qualitative.

The double level of analysis (episodes and content) allowed us to elaborate graphical representations of the actions undertaken by the participants and the events, which had been also partly verbalised. In figure 3, the different phases of the reading writing process and the verbalisations uttered by a student who performed a very well-done summary, can be observed. The participant, called "Berta", performs the following activities, which appear on the top of figure 3 (their length reflects the amount of time expended on each activity): Reads source text; writes rough draft while consulting parts of source text; reads draft and modifies it; writes own text consulting draft and modi-fying it; reads text produced and modifies it (Solé, Miras & Gràcia 2005). Her verbalizations are represented with bars which also reflect the proportion of events for each activity (longer bar = more activity): some planning, some meaning construction; a lot of supervision and lack of inappropriate elaborations.

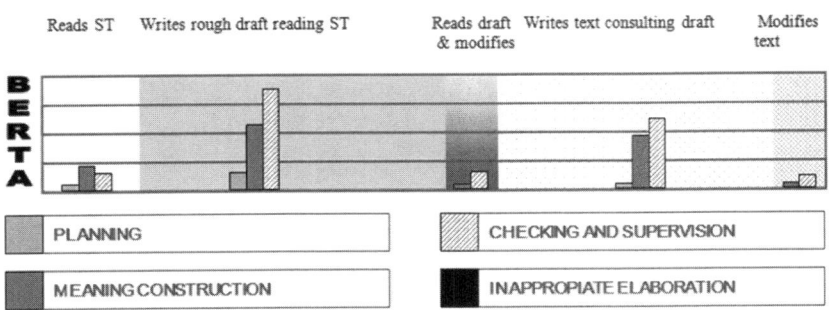

Figure 3: Example of a pattern followed by a student who writes a good quality summary after reading a text (Solé, Miras & Gràcia 2005)

On the other hand (see figure 4), another participant, "Bruguers", while writing a synthesis develops a very complex process of reading and writing with meaning construction events that relate to one or more texts, showing how she is constructing new knowledge (Castells et al. 2010).

BRUGUERS

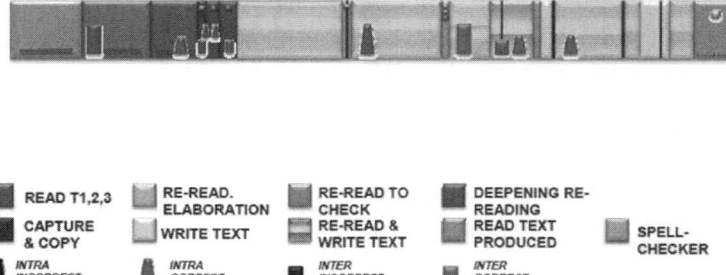

■ READ T1,2,3	■ RE-READ. ELABORATION	■ RE-READ TO CHECK	■ DEEPENING RE-READING	
■ CAPTURE & COPY	■ WRITE TEXT	■ RE-READ & WRITE TEXT	■ READ TEXT PRODUCED	■ SPELL-CHECKER
■ *INTRA INCORRECT*	■ *INTRA CORRECT*	■ *INTER INCORRECT*	■ *INTER CORRECT*	

Figure 4: Example of a pattern followed by a student who writes a good quality synthesis after reading three different texts (Castells, et al. 2010). "Intra", means that the elaborations involve relating parts of a single text; "Inter" refers to create relations between information from more than one text. In both cases the elaborations may be correct or incorrect.

As it can be seen, in both cases the students used a recursive reading-writing process (going back to the source/s text/s, even when writing and revising their own text). However, activities are more complex in the synthesis task – students have to make more decisions on how to read and write the synthesis – and some mental processes just appear in this kind of task, such as inter-elaboration. Of course not all the participants showed similar patterns neither wrote such quality products as the two participants selected as examples. The best quality product was the one which included an overall theme and was organized with evident coherence and cohesion mechanisms, included paraphrases and appropriate inferences, did not contain any incorrect ideas and, in the case of the synthesis, connected the ideas from both texts by means of an integrating idea. In most cases there was a clear relationship between more complex activity patterns – reading and re-readings of the source text/s and of their written product –, or specific events or activities – planning, meaning construction – and the quality of the product. However, for some participants, both relationships were not as clear, showing that, despite the trend shown above, still more research needs to be done in this area.

First experiences with six students with the same, translated research material in Germany showed similarly diverse effects with respect to writing procedures, here handwriting activities recorded by smartpens. Detailed analysis allowed us to detect special effects of teaching procedure, e. g. students who first prepared the layout and aesthetic forms of the text before starting to write. It is very interesting to see how the differences of product and process awareness in teachers behaviour changes when seeing combined reading, writing, and thinking processes of their students. These changes support adaptive effects of scaffolding followed such differential views in schools' writing inter-vention (Neumann, Mahler & Buhrfeind 2014).

4 Conclusions

Think-aloud is a research method which offers access to cognitive processes without affecting participants' performance when solving a task if participants are just asked to verbalize what they think. Thus, the procedure to collect think-aloud protocols must be carefully designed with respect to the specific research questions.

The think-aloud method has been used to study different phenomena: problem solving; learning (reading, listening to stories, reading-to-write); thinking; use of memory; decision making, to mention a few examples. When participants are required to explain or describe what they are doing when solving a task their performance may improve (Chi et al. 1994). This effect may be useful for teaching purposes and training applications.

Analysing the verbal protocols requires careful attention with respect to the categories and the coding procedure, which needs to be reliable. Several technological means might help the researchers to collect data and analyse it. This method, as has been shown, may help teachers to adjust their practices to students' needs. When teachers focus on students' verbalizations on their thinking when performing a task, teachers can identify students' strengths and weaknesses and provide appropriate support.

References

Asselin, M. & Moayeri, M. (2010). New tools for new literacies research: An exploration of usability testing software. International Journal of Research and Method in Education, 33(1), 41-53.

Bilalíc, M.; McLeod, P. & Gobet, F. (2008). Inflexibility of experts- reality or myth? Quantifying the Einstellung effect in chess masters. Cognitive Psychology, 56, 73-102.

Braaksma, M. A. H.; Rijlaarsdam, G.; van den Bergh, H. & van Hout-Wolters, B. H. A. (2004). Observational learning and its effects on the orchestration of writing processes, Cognition and Instruction, 22(1), 1-36.

Bråten, I. & Strømsø, H. I. (2003). A longitudinal think-aloud study of spontaneous strategic processing during the reading of multiple expository texts. Reading and Writing: An Interdisciplinary Journal, 16, 195-218.

Burgess, M. (2012). Case study 1: Royal Roads University: Using Synchronous Web Conferencing to Maintain Community at a Distance. (pp. 255-258). In D. G. Obliger (Ed.). Game Changers: Education and Information Technologies. EDUCASE.

Castells, N.; Solé, I.; Miras, M.; Espino, S. & Luna, C. (2010). What lies behind a good synthesis text? An analysis of the procedures and operations involved in producing one. Presentation at the EARLI Sig Writing Conference. Heidelberg (Germany).

Cazden, C. B. (2001). Classroom discourse: The language of teaching and learning (2nd ed.). Portsmouth, NH: Heinemann.

Chi, M. T. H. (1997). Quantifying qualitative analyses of verbal data: a practical guide. The Journal of the Learning Sciences, 6(3), 271-315.

Chi, M. T. H.; de Leeuw, N.; Chiu, M. H. & LaVancher, C. (1994). Eliciting self-explanations improves understanding. Cognitive Science, 18, 439-477.

Cokely, E. T. & Kelley, C. M. (2009). Cognitive abilities and superior decision making under risk: A protocol analysis and process model evaluation. Judgment and Decision Making, 4, 20-33.

Coté, N.; Goldman, S. R. & Saul, E. U. (1998). Students making sense of informational text: Relations between processing and represent-tation. Discourse Processes, 25, 1-53.

Crain-Thoreson, C.; Lippman, M. & McClendon-Magnuson, (1997). Windows on comprehension: Reading comprehension processes as revealed by two think-aloud procedures. Journal of Educational Psychology, 89, 579-591.

Chrysikou, E. G. & Weisberg, R. W. (2005). Following the wrong footsteps: Fixation effects of pictorial examples in a design prob-lem solving task. Journal of Experimental Psychology: Learning, Memory, and Cognition, 31, 1134-1148.

Ericsson, K. A.; Delaney, P. F.; Weaver, G. & Mahadevan, R. (2004). Uncovering the structure of a memorist's superior "basic" memory capacity. Cognitive Psychology, 49, 191-237.

Ericsson, K. A. & Simon, H. A. (1980). Verbal reports as data. Psy-chological Review, 87, 215-251.

Ericsson, K. A. & Simon, H. A. (1993). Protocol analysis: Verbal reports as data (Rev. ed.). Cambridge, MA: MIT Press.

Fassnacht, G. (1982). Theory and Practice of Observing Behaviour. London: Academic Press.

Ferguson, L. E.; Bråten, I. & Strømsø H.I. (2012). Epistemic cognition when students read multiple documents containing conflicting evidence: A think-aloud study. Learning and Instruction, 22, 103-120.

Flower, L.; et al. (1990). Reading to write: Exploring a cognitive and social process. New York/Oxford: Oxford University Press.

Fox, M. C.; Ericsson K. A. & Best, R. (2011). Do procedures for verbal reporting of thinking have to be reactive? A meta-analysis and recommendations for best reporting methods. Psychological Bulletin, 137(2), 316-344.

Gilhooly, K. J.; Fioratou, E. & Henretty, N. (2010). Verbalization and problem solving: Insight and spatial factors. British Journal of Psychology, 101, 81-93.

Gràcia, M.; Castells, N. & Espino, S. (2012). Resúmenes para aprender en Educa-ción Secundaria Obligatoria y en Bachillerato (Summaries to learn in Higher Education). Revista de Educación, 358, 426-449.

Greatorex, J. & Sütő, I. W. M. (2008). What do GCSE examiners think of 'thinking aloud'? Findings from an exploratory study. Educational Research, 50 (4), 319-331.

Heine, L. (2005). Lautes Denken als Forschungsinstrument in der Fremdsprachen-forschung. Zeitschrift für Fremdsprachenforschung, 16 (2), 163-185.

Hughes, J. & Parkes, S. (2003). Trends in the use of verbal protocol analysis in software engineering research. Behaviour & Infor-mation Technology, 22 (2), 127-140.

Kucan, L. & Beck, I. (1997). Thinking aloud and reading comprehension research: Inquiry, instruction, and social interaction. Review of Educational Research, 67, 271-299.

Laing, S.; Fargo, J. D. & Robertson, K. (2009). Comprehension of expository text: insights gained from think-aloud data. American Journal of Speech-Language Pathology,18, 82-94.

Leow, R. P. (2005). Attention, awareness, and foreign language behavior. Language Learning, 51, 113-155.

Leow, R. P. & Morgan-Short, K. (2004). To think aloud or not to think aloud: The issue of reactivity in SLA research methodology. Studies in Second Language Acquisition, 26, 35-57.

Mateos, M. et al. (2008). Reading and writing to learn in secondary education: online processing activity and written products in sum-marizing and synthesizing tasks. Reading and writing, 21, 675-697.

Mateos, M. & Solé, I. (2009). Synthesising information from various texts: A study of procedures and products at different educational levels. European Journal of Psychology of Education, 24 (4), 435-451.

McGinley, W. (1992). The role of reading and writing while composing from multiple sources. Reading Research Quarterly, 27, 227-248.

Mercer, N. (1995). The guided construction of knowledge. Talk amongst teachers and learners. Clevedon: Multilingual Matters Ltd.

Molina, P. G. (2012). Case Study 12: Georgetown University: Web Conferencing — A Critical Skill for the Connected World (pp. 321-325). In D. G. Obliger (Ed.) Game Changers: Education and Infor-mation Technologies. EDUCASE.

Neumann, A.; Mahler, I. & Buhrfeind, I. (2014, im Druck). Wie können mündliche Sprachprozesse für das Schreiben genutzt werden? In: Spiegel, C. & Grundler, E. (Hrsg): Konzeptionen des Mündlichen. Bern: hep-Verlag.

Pressley, M. & Afflerbach, P. (1995). Verbal Protocols of Reading: The Nature of Constructively Responsive Reading. Hillsdale, NJ: Lawrence Erlbaum Associates.

Solé, I. et al. (2012). Integrating Information: An Analysis of the Processes Involved and the Products Generated in a Written Synthesis Task Written Communication. DOI: 10.1177/0741088312466532

Sole, I.; Miras, M. & Gràcia, M. (2005). Interpersonal appropriation of learning instruments: summarising to learn. Presentation in the First ISCAR International Congress. Acting in changing worlds: learning, communication and minds in intercultural activities. Sevilla (SPAIN).

Spivey, N. & King, J. R. (1989). Readers as writers composing from sources. Reading Research Quarterly, 24, 7-26.

Stark, T. (2010). Lautes Denken in der Leseprozessforschung. Kritischer Bericht über eine Forschungsmethode. Didaktik Deutsch (29), 58-83.

Trabasso, T. & Magliano, J. (1996). Conscious understanding during compre-hension. Discourse Processes, 21, 255-287.

Vygotsky, L. S. (1986). Thought and language (A. Kozulin, Trans.). Cambridge, MA: The Massachussets Institute of Technology.

Wade, S. E. (1990). Using think alouds to assess comprehension. The Reading Teacher, 43, 442-451.

Weber, R. P. (1990). Basic Content Analysis. Newbury Park (Cal.): Sage (2nd edition).

Wilson, T. D. & Dunn, E. W. (2004). Self-knowledge: Its limits, value and potential for improvement. Annual Review of Psychology, 55, 493-518.

Wilson, T. D.; Hodges, S. D. & LaFleur, S. J. (1995). Effects of introspecting about reasons: Inferring attitudes from accessible thoughts. Journal of Personality and Social Psychology, 69, 16-28.

---

[i] Morae® makes easier to register eye-track movements, helps to collect and store data neatly in one place and provides the tools to view, analyze, graph, and present results.

[ii] Information on Camtasia Studio and Morae can be obtained at: (http://www.techsmith.com/camtasia-casestudy.html; http://www.techsmith.com/ morae.html; Copyright 2012. TechSmith Corporation).

[iii] Information and the program CamStudio might be found at: (http://camstudio.org/ Copyright 2011. Free Streaming Video Desktop Capture Software.

[iv] The program Subtitle Workshop might be found at: http://www.urusoft.net/pro-ducts.php?cat=sw Programmed by DekSoft. Copyright 2001–2012 URUSoft

[v] To transcribe digitized sound files, there are also specific programs, such as Sound Scriber® (http://www-personal.umich.edu/(ebreck/code/sscriber/ Copyright, 1998. University of Michigan Regents) or NVivo10® (http://www.qsrinternatio-nal.com/products_nvivo.aspx)

[vi] The research project was funded under the National Programme for Basic Re-search Projects 2008–2011 by the Spanish Ministry of Science and Innovation (EDU2009-14278-C02-01/02). Main researchers: M. Mateos & I. Solé